À LA PREMIÈRE PERSONNE

À LA PREMIÈRE PERSONNE
VOIX INTIMES

Ronni L. Gordon
Harvard University

David M. Stillman
Harvard University

With the assistance of
Virginie Guiraudon
École Normale Supérieure, Paris
and
Émile Bédriomo

HOLT, RINEHART AND WINSTON, INC.
Fort Worth   Chicago   San Francisco
Philadelphia   Montreal   Toronto
London   Sydney   Tokyo

Publisher Ted Buchholz
Senior Acquisitions Editor Jim Harmon
Developmental Editor Clifford Browder
Production Manager Annette Dudley Wiggins
Project Manager H. Dean Ragland
Assistant Project Manager Julia Price
Cover Designer Margaret E. Unruh
Text Designer Marsha Cohen
Editorial Production Services Spectrum Publisher Services
Cover Art: Claude Oscar Monet, *Terrace at Sainte-Adresse.* (The Metropolitan Museum of Art)

Library of Congress Cataloging-in-Publication Data

Gordon, Ronni L.
   A la première personne : voix intimes / Ronni L. Gordon, David M. Stillman ; with the assistance of Virginia Guiraudon and Emile Bedriomo.
      p.   cm.
   French and English.
   ISBN 0-03-028764-2
    1. French language—Readers. 2. French language—Textbooks for foreign speakers. 3. French literature. I. Stillman, David M. II. Title.
PC2117.G6525   1990
448.6′421—dc20   89-24634
                                                                                         CIP

ISBN 0-03-028764-2

Copyright © 1990 by Holt, Rinehart and Winston, Inc.

All rights reserved. No part of this publication may be reproduced or transmitted in any form or by any means, electronic or mechanical, including photocopy, recording or any information storage and retrieval system, without permission in writing from the publisher.

Requests for permission to make copies of any part of the work should be mailed to: Copyrights and Permissions Department, Holt, Rinehart and Winston, Inc., Orlando, FL 32887.

Address Editorial Correspondence to: 301 Commerce Street, Suite 3700, Fort Worth, TX 76102

Address Orders to: 6277 Sea Harbor Drive, Orlando, FL 32887
  1-800-782-4479, or 1-800-433-0001 (in Florida)

Printed in the United States of America

0 1 2 3 039 9 8 7 6 5 4 3 2 1

Holt, Rinehart and Winston, Inc.
The Dryden Press
Saunders College Publishing

Un frère est un ami donné par la nature.
                                         Legouvé (1801)

À

**Dianne
Robert
Richard**

*Chère sœur et chers frères,
compagnons de route,
allégeant les soucis,
rehaussant la joie.*

TABLE DES MATIÈRES

Preface ix
Student Introduction to Literary French xv

I. TROIS PROMENADES NOCTURNES — 1

1. Guy de Maupassant (France) — 3
   LA NUIT
   Note littéraire : title; unity of impression
   Grammatical Note : **passé simple/passé composé** vs. the imperfect — 19

2. Yves Thériault (Canada) — 25
   LE VENDEUR D'ÉTOILES
   Note littéraire : poetic expression; personification, metaphor, repetition, alliteration
   Grammatical Note : uses of the preposition **de** — 34

3. Michèle Rakotoson (Madagascar) — 39
   DADABÉ
   Note littéraire : interior monologue; chronological and psychological time
   Grammatical Note : reflexive verbs corresponding to English intransitive verbs — 52

II. TROIS POINTES DE MYSTÈRE — 57

4. Yves Thériault (Canada) — 59
   LE PORTRAIT
   Note littéraire : the narrator — credibility; use of dialogue
   Grammatical Note : adjectives — position, irregular forms — 70

5. Jean Giraudoux (France) — 75
   D'UN CHEVEU
   Note littéraire : irony; literary devices
   Grammatical Note : uses of the prepositions **à, de, par,** and **sur** — 87

6. Pierre Boileau and Thomas Narcejac (France) — 93
   UNE FEMME DE TÊTE
   Note littéraire : changing point of view
   Grammatical Note : **ce qui, ce que** — 111

viii • *TABLE DES MATIÈRES*

III. TROIS MONDES   117

    7. Gabrielle Roy (Canada)   119
         CES ENFANTS DE MA VIE (Extraits)
         Note littéraire : genre; tone
         Grammatical Note : the conditional and indirect address   132

    8. Brick Oussaïd (Morocco)   139
         LES COQUELICOTS DE L'ORIENTAL : CHRONIQUE D'UNE
         FAMILLE BERBÈRE MAROCAINE (Extraits)
         Note littéraire : the chronicle; the author as narrator
         Grammatical Note : expressing manner; the pluperfect   152; 163

    9. Françoise Mallet-Joris (Belgium/France)   167
         LA MAISON DE PAPIER (Extraits)
         Note littéraire : autobiographical literature
         Grammatical Note : relative clauses and future tense   179; 191

Culmination Activities   *195*
     Imagination et création
     Tirez vos conclusions

Vocabulary   *199*

Permissions and Photo Credits   *227*

PREFACE

À la première personne : voix intimes has been developed for students of French in third- or fourth-semester college classes or advanced high school classes who are ready to read literature as a means of strengthening their command of the French language, but who still need the support offered by the glossing of difficult words, some help with the comprehension of difficult structures, vocabulary-building exercises, and comprehension checks. Because of the many creative exercises provided with each selection, *À la première personne : voix intimes* can also be used in composition and conversation courses. The literary preparation provided to help students read the short stories and excerpts from longer narrative works critically make this book an ideal first step in the reading of French literature.

The selections share a common point of view, being narrated in the first person. This unifying element gives an important structure to the volume. Moreover, the first-person narrative invites students to enter directly into the mind of the narrator and to appreciate his or her world from that perspective. This feature should stimulate response and discussion in the classroom and in compositions assigned as homework. It will be easier for students to proceed from first-person narratives to expressing their own thoughts in French. With the exception of Maupassant, the authors included are contemporary French and Francophone writers, some of whom have achieved international recognition, whereas others are not known outside their countries; all are gifted narrators.

While measuring the difficulty of readings is hardly an exact science, the pieces chosen are arranged in approximate order of difficulty within each grouping. The length, style, and content of the narrations have been deciding factors in the editors' choices.

The selections should be of high interest to students. The nine pieces have been chosen for their readability, their capacity to delight, and their potential to stimulate discussion and composition about the readings themselves, as well as topics that spring from them.

Two features make *À la première personne : voix intimes* unique for students of French at this level. The first is the attention to teaching basic elements of the analysis of narrative prose, which gives students tools with which to talk intelligently about what they read. Each chapter contains an informative note about one or more prominent literary features. It is hoped that students will not just read and appreciate these nine selections for their content, but will also understand the formal elements that make them truly excellent narrations. Introducing elements of stylistic analysis will enhance the students' appreciation of narrative works in French or any language. Thus, this reader goes far beyond other readers in its potential for intellectual stimulation and abstraction and makes the intermediate French course a way of contributing to the general education of the student.

The second unique feature is the attention given to levels of language. Appreciating any piece of writing requires that the reader identify the linguistic register chosen by the author, as well as changes in that register. Is the language colloquial? Formal? Regional? Archaic? In one's own language identification is automatic; in a foreign language it is perplexing. Especially in French—a highly stratified language whose different levels involve syntactical as well as lexical differences—the foreign reader may miss a large part of the author's intent by not recognizing the linguistic register. The section called *Les niveaux de langue* accompanying each selection shows students how to recognize clues to register in French and provides exercises that help solidify these new perceptions.

Note that *À la première personne : voix intimes* also contains an introduction to literary French which acquaints students with the forms of the **passé simple**, the imperfect subjunctive, and the use of inversion of subject and verb in formal writing.

The editors have prepared their text with the following goals in mind:

1. To give intermediate and advanced-level French students accessible but stimulating and challenging narrations by French and Francophone writers.
2. To increase students' reading and oral proficiency through the use of reading strategies that emphasize vocabulary expansion, differences between literary and colloquial French, and contextual and situational oral activities.
3. To increase students' writing proficiency by providing ample and varied written practice.
4. To present some important structural and stylistic elements of narrative writing that students can abstract and apply to literary works in any language.
5. To encourage students to express themselves spontaneously in French in response to interpretive questions that require them to relate the themes of the stories to their personal lives.

À la première personne : voix intimes contains nine selections. This allows students more time to concentrate on the story or narrative excerpt itself and on related language study, rather than forcing them to read a larger number of works superficially. The nine selections are grouped thematically into three sections: **Trois promenades nocturnes**, short stories dealing with the night; **Trois pointes de mystère**, engaging mystery stories; and **Trois mondes**, excerpts from longer works revealing three very different Francophone societies: Canada, Morocco, and France.

Each chapter of *À la première personne : voix intimes* contains the following sections:

1. **Objectives**
   Realistic goals that students can strive to achieve by the end of the chapter.

2. **Note littéraire**
   A brief explanation of a formal element present in the short story or other type of narrative selection included in that chapter.

3. **Pour amorcer la lecture**
   (reading strategies: language)
   Vocabulaire utile
   A concise list of words and expressions, alphabetized and arranged by parts of speech, related to one or more topics suggested by the reading text. The semantic grouping makes learning the vocabulary easier and provides a valuable reference list for oral and written activities.
   Idiotismes
   Five to ten high-frequency idioms for students to incorporate into their active vocabulary, presented with illustrative sentences.
   Causons!
   A prereading discussion topic that sets the mood for the selection and gives the students some meaningful practice of the vocabulary.

4. **Avant de lire** (reading strategies: structure and content)
   Un mot sur l'auteur
   A brief identification of the author of the selection.
   Le fond culturel
   Explanation of cultural features essential for understanding the selection.
   Abordons le texte
   Reading strategies that help students formulate expectations about the selection and that suggest multiple approaches to reading.

5. **Literary selection**
   A reading text presented with marginal glosses of more difficult words and phrases, many in French to encourage students to read without resorting to English. Students should read each selection at least twice.

6. **Les niveaux de langue**
   A study of elements of literary French in the story and their colloquial equivalents. The contrast is practiced in the *Exercice stylistique*.

7. **Questions**
   Vérifiez votre compréhension
   Questions designed to test comprehension of the content of the narrative.
   Questions personnelles
   Personal questions relevant to the students, related to the topics of the literary selection. Students will thus incorporate new words and expressions into their active command of French.

8. **Grammatical Note**
   A concise explanation of a specific point of grammar that recurs in the selection. It should be studied after the first but before the second reading. The purpose of this section is to facilitate reading, not to substitute for a review grammar. A brief *Exercice structurel* allows students to practice this structure before rereading the selection.

9. **Perfectionnez votre vocabulaire**
   Varied and productive exercises to help students learn the vocabulary of the *Vocabulaire utile* and *Idiotismes* sections.

10. **Parlons et écrivons**
    Suggested topics for further oral and written practice, presented in stimulating and proficiency-guided exercises: creation of dialogs, mini-dramas, and so on.

11. **Traduction**
    Two passages from the story for translation into English, plus a few sentences for translation into French concentrating on the *Vocabulaire utile*, the *Idiotismes*, and the structures reviewed in the *Grammatical Note*. Instructors objecting to the use of translation may omit this section.

12. **À votre avis**
    A section of interpretive questions divided into two parts:
    A. Commentons le texte
    Interpretation of key passages of the short story.
    B. Thèmes d'interprétation et de conversation
    Questions that summarize the major themes of the narration and invite students to compare their own experience with that of the characters. This part also relates selections, if they are read in order of presentation, and has students interpret stylistic elements of the pieces.

The **Culmination Activities** (**Imagination et création** and **Tirez vos conclusions**) at the end of the nine selections are very useful and stimulating for classroom discussion and assignments. These questions and projects encourage students to use the selections they have read as the springboard for creative expression and help them relate the various selections to each other and compare them from different points of view.

Chapters of *À la première personne : voix intimes* were tested in manuscript form with intermediate students of French at the Harvard University Extension, where they generated interest and increased students' motivation and ability to read in French. The editors feel confident that *À la première personne : voix intimes* will enhance the enjoyment and success of intermediate students and their instructors. We hope they will derive as much pleasure from using this book as we have had in preparing it for them. **Bon succès!**

ACKNOWLEDGMENTS

Several people made invaluable contributions in bringing *À la première personne : voix intimes* to publication. Most notable among them is Clifford Browder, our developmental editor, whose intelligence, skill, and care were so important to us in writing this book and in refining the manuscript for production. We also want to thank Katia Brillié-Lutz and the staff of the modern languages section at Holt, Rinehart and Winston for all their help. We are very grateful for their efforts.

À la première personne : voix intimes attained its final shape in consultation with teachers of French at institutions across the United States who generously gave of their time and creativity to review the manuscript. Their comments played an essential part in making this reader a useful tool for the student of French. Any inadequacies that remain are our responsibility alone. The following people shared their knowledge and expertise with us; we wish to take this opportunity to express our gratitude to them: John T. Booker, University of Kansas, Lawrence; William Cloonan, Florida State University, Tallahassee; Leroy T. Day, Union College, Schenectady; Elizabeth M. Guthrie, University of California, Irvine; Robert J. Hardin, North Texas State University; Jane Kaplan, Ithaca College; John Klee, Foothill College, Los Altos, CA; Renée Larrier, Rutgers University, New Brunswick; Kathryn K. McMahon, University of Pennsylvania, Philadelphia; Catherine R. Montfort, Santa Clara University; Susan Rava, Washington University, St. Louis; Jo Ann M. Recker, Xavier University, Cincinnati; Aurelia Roman, Georgetown University; Harlan R. Swan, Pasadena City College; Clyde Thogmartin, Iowa State University of Science and Technology; Danielle Thompson, Kentucky State University, Lexington; Christian van den Berghe, Santa Clara University.

Ronni L. Gordon and David M. Stillman

STUDENT INTRODUCTION TO LITERARY FRENCH

In all languages there are differences between the everyday spoken language and the written language, especially the literary language. In French the differences are especially marked. Most obvious is the use in written French of several tenses that are no longer used in speaking. Although these forms are used most in literature, they are also common in the press and in light reading such as detective novels. Writers employ these tenses to give their prose a literary flavor, to achieve a greater variety in style, and to change the rhythm of their prose by using forms with fewer syllables than those of the spoken language.

You will read the selections in *À la première personne : voix intimes* with greater enjoyment if you recognize these forms without hesitation. This introduction will cover three aspects of literary French that recur throughout this book: the **passé simple**, the imperfect subjunctive, and the inversion of the subject and verb.

I. THE PASSÉ SIMPLE

The **passé simple** is used in written French to label past events that are seen as completed in past time, and that do not have any connection to the present. The **passé composé**, on the other hand, may express in literary writing events that have been recently completed or that are seen as being connected to the present. The **passé simple**, as its name implies, is formed *without* an auxiliary verb. A special set of endings is added directly to the stem of the verb. There are many irregular stems in this tense.

A. **er** verbs

The **passé simple** has the following endings in the first conjugation:

rentrer

je rentr**ai**	nous rentr**âmes**
tu rentr**as**	vous rentr**âtes**
il/elle/on rentr**a**	ils/elles rentr**èrent**

Verbs ending in **-cer** and **-ger** are spelled with **ç** and **ge** in all forms of the **passé simple** except the third-person plural.

Commencer: je commen*ç*ai, tu commen*ç*as, il commen*ç*a, *but* ils commen**cè**rent.
Nager: je na**ge**ai, tu na**ge**as, il na**ge**a, *but* ils na**gè**rent.

In the first conjugation, be careful not to confuse the first-person singular imperfect with the corresponding form of the **passé simple**:

passé simple	*imperfect*
je rentr**ai**	je rentr**ais**

The endings of the singular forms of the **passé simple** of **-er** verbs are the same as those of the future tense. However, the endings of the future are added to the *infinitive* (or an irregular future form that is a modification of the infinitive such as **fer-**), not to the *stem*:

passé simple	*future*
je rentr**ai**	je rentr**erai**
tu rentr**as**	tu rentr**eras**
il rentr**a**	il rentr**era**

When the third-person singular forms of the **passé simple** of **-er** verbs are inverted, **-t-** is placed between the verb and its subject, as in the present tense (**a-t-il, parle-t-elle**, etc.):

Rentra-t-il?   Rentra-t-elle?   Rentra-t-on?

B. **-ir** and **-re** verbs

The **passé simple** has the following endings in the second and third conjugations:

finir		**vendre**	
je fini**s**	nous fin**îmes**	je vend**is**	nous vend**îmes**
tu fini**s**	vous fin**îtes**	tu vend**is**	vous vend**îtes**
elle fini**t**	elles fin**irent**	elle vend**it**	elles vend**irent**

Note that **-ir** verbs like **finir** have the same forms in the singular of the present tense as in the **passé simple**. The plural of these **-ir** verbs in the **passé simple** does not have the **-iss-** of the present tense.

C. **Irregular verbs**

Irregular verbs may have different stems in the **passé simple**.

    1. Most verbs that have a past participle in **-u** are conjugated as follows:

avoir	pouvoir	lire
j'eus nous eûmes	je pus nous pûmes	je lus nous lûmes
tu eus vous eûtes	tu pus vous pûtes	tu lus vous lûtes
il eut ils eurent	il put ils purent	il lut ils lurent

The verb **être** also has this set of endings in the **passé simple**, added to an irregular stem:

être
je fus nous fûmes
tu fus vous fûtes
il fut ils furent

2. The following verbs having past participles in **-u** form the **passé simple** with the set of **-is** endings rather than endings in **-us**:

   a. regular **-re** verbs

infinitive	past participle	*passé simple*
vendre	vendu	je vend**is**
répondre	répondu	je répond**is**
rompre	rompu	je romp**is**
perdre	perdu	je perd**is**

   b. **battre** and **voir**

infinitive	past participle	*passé simple*
battre	batt**u**	je batt**is**
voir	v**u**	je v**is**

3. **venir** and **tenir** are irregular

venir	tenir
je vins nous vînmes	je tins nous tînmes
to vins vous vîntes	tu tins vous tîntes
elle vint elles vinrent	elle tint elles tinrent

4. Irregular verbs that do not have a past participle in **u** use the **-is** endings in the **passé simple**.

dire	faire	prendre
je dis nous dîmes	je fis nous fîmes	je pris nous prîmes
tu dis vous dîtes	tu fis vous fîtes	tu pris vous prîtes
il dit ils dirent	il fit ils firent	il prit ils prirent

5. Note also the following:
   a. Verbs like **craindre** use the stem ending in **-gn** in the **passé simple**:

craindre	**peindre**	**joindre**
je crai**gnis**	nous pei**gnîmes**	ils joi**gnirent**

   Compare the corresponding present tense forms:

je crai**ns**	nous pei**gnons**	ils joi**gnent**

   b. Verbs like **conduire** use the stem ending in **-uis** in the **passé simple**:

conduire	**produire**	**traduire**
je cond**uisis**	nous prod**uisîmes**	ils trad**uisirent**

   Compare the corresponding present tense forms:

je cond**uis**	nous prod**uisons**	ils trad**uisent**

   c. Note these other forms:

infinitive	past participle	*passé simple*
s'asseoir	assis	je m'assis
cueillir	cueilli	je cueillis
naître	né	je naquis
recevoir	reçu	je reçus
suivre	suivi	je suivis
vaincre	vaincu	je vainquis
vivre	vécu	je vécus

II. THE IMPERFECT SUBJUNCTIVE
(l'imparfait du subjonctif)

In addition to the present subjunctive, literary French has an imperfect subjunctive that is used in subordinate clauses requiring the subjunctive when the main clause is in a past tense or the conditional. In the modern spoken language, the present subjunctive replaces it.

Sequence of tenses (indicative-subjunctive) in spoken French:

Il veut que je le fasse.   *He wants me to do it.*
Il voulait que je le fasse.   *He wanted me to do it.*

Sequence of tenses (indicative-subjunctive) in literary French:

Il veut que je le fasse.   *He wants me to do it.*
Il voulait que je le fisse.   *He wanted me to do it.*

Fisse is the first-person singular imperfect subjunctive of **faire**.

The endings of the imperfect subjunctive all have **ss** except for the third-person singular, which has ˆ **t**. The vowel preceding the endings of the imperfect subjunctive is the same as in the **passé simple**.

A. **-er** verbs
Study the conjugation of **parler** in the imperfect subjunctive:

Il voulait

que je	**parlasse**	que nous	**parlassions**
que tu	**parlasses**	qu'elles	**parlassent**
qu'elle	**parlât**	qu'elles	**parlassent**

B. **-ir** and **-re** verbs
Now study the imperfect subjunctive of **finir** and **répondre**, verbs having the vowel **i** in the **passé simple**:

Il voulait

que je	**finisse**	que nous	**finissions**
que tu	**finisses**	que vous	**finissiez**
qu'il	**finît**	qu'ils	**finissent**

Il voulait

que je	**répondisse**	que nous	**répondissions**
que tu	**répondisses**	que vous	**répondissiez**
qu'il	**répondît**	qu'ils	**répondissent**

The imperfect subjunctive of **avoir** and **être** is typical of those verbs having **u** in the **passé simple**.

avoir

Il voulait

que	j'**eusse**	que nous	**eussions**
que tu	**eusses**	que tu	**eussiez**
qu'il	**eût**	qu'ils	**eussent**

être

Il voulait

que je **fusse**	que nous **fussions**
que tu **fusses**	que vous **fussiez**
qu'il **fût**	qu'ils **fussent**

The same imperfect subjunctive endings are added to the **passé simple** stems of **venir** and **tenir**. Note the circumflex over the **i** in the third-person singular forms: **qu'il vînt, qu'il tînt**. Be careful to distinguish in reading between the third-person singular **passé simple** forms having the vowel **i** or **u**, and the corresponding imperfect subjunctive forms that are the same except for the circumflex accent.

passé simple	*imperfect subjunctive*
il finit	il finît
il répondit	il répondît
il vit	il vît
il écrivit	il écrivît
il fit	il fît
il fut	il fût
il voulut	il voulût
il sut	il sût
il eut	il eût
il vint	il vînt

III. INVERSION

Inversion of subject and verb occurs in questions in formal French and after certain adverbs such as **peut-être**. These uses are analyzed as they come up in the chapters of this book. In addition, literary French uses inversion in phrases such as *he said, I shouted*, and *she asked* following a quote. The words quoted are usually preceded by a dash, according to the rules of French punctuation:

—**Il fait chaud, dit-il.**	*"It's warm," he said.*
—**C'est vrai. Y a-t-il un café près d'ici?, demanda-t-elle.**	*"That's true. Is there a cafe near here?" she asked.*
—**Oui, au coin, répondit-il.**	*"Yes, on the corner," he answered.*

In literary writing the **passé simple** is very common in these verbs that signal a quote. Thus, **dit** should be interpreted as *said*, not *says*. However, other tenses may also be used:

— **C'est délicieux, ai-je déclaré.** *"It's delicious," I stated.*
— **Je n'en peux plus, disait-il toujours.** *"I can't take it any more," he always used to say.*

Noun subjects may be placed after the verb when labeling a quote:

— **Ça suffit, dit mon père.** *"That's enough," said my father.*
— **Où est ce pays?, demanda ma mère.** *"Where is that country?" asked my mother.*

The **passé simple** of **faire** is commonly used in writing to mean *said*.

— **Venez, fit-il.** *"Come," he said.*
— **Pourquoi?, fis-je.** *"Why?" I said.*
— **Obéissez, fit l'agent de police.** *"Obey," said the policeman.*

Le monde francophone

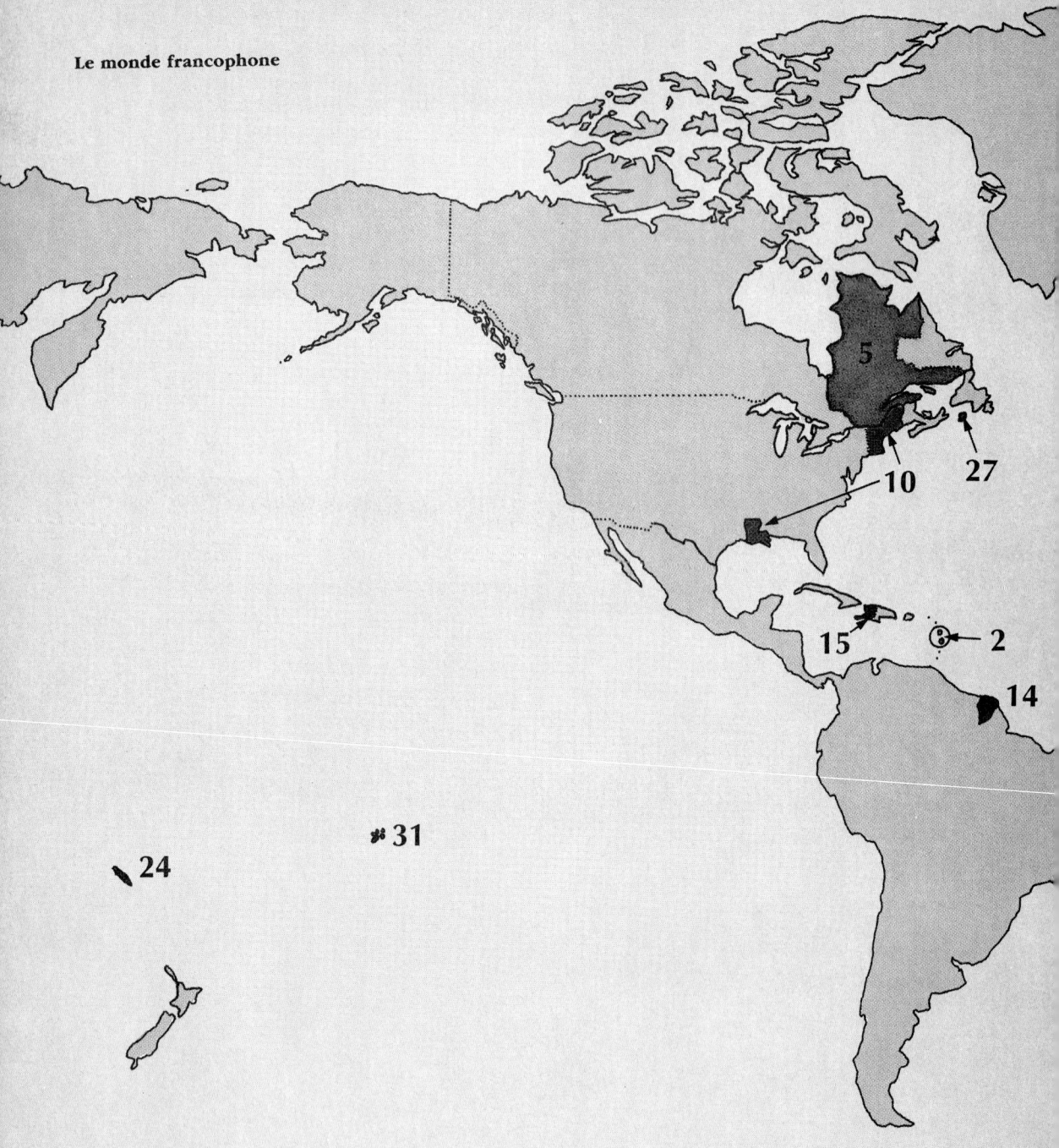

1. l'Algérie
2. les Antilles
   (la Guadeloupe,
   la Martinique,
   Saint-Martin)
3. la Belgique
4. le Cameroun
5. le Canada (le Québec)
6. le Congo
7. la Corse
8. la Côte-d'Ivoire
9. le Bénin
10. les États-Unis
    (la Louisiane,
    la Nouvelle-Angleterre)
11. la France
12. le Gabon
13. la Guinée
14. la Guyane
15. Haïti
16. le Burkina Faso

xxii

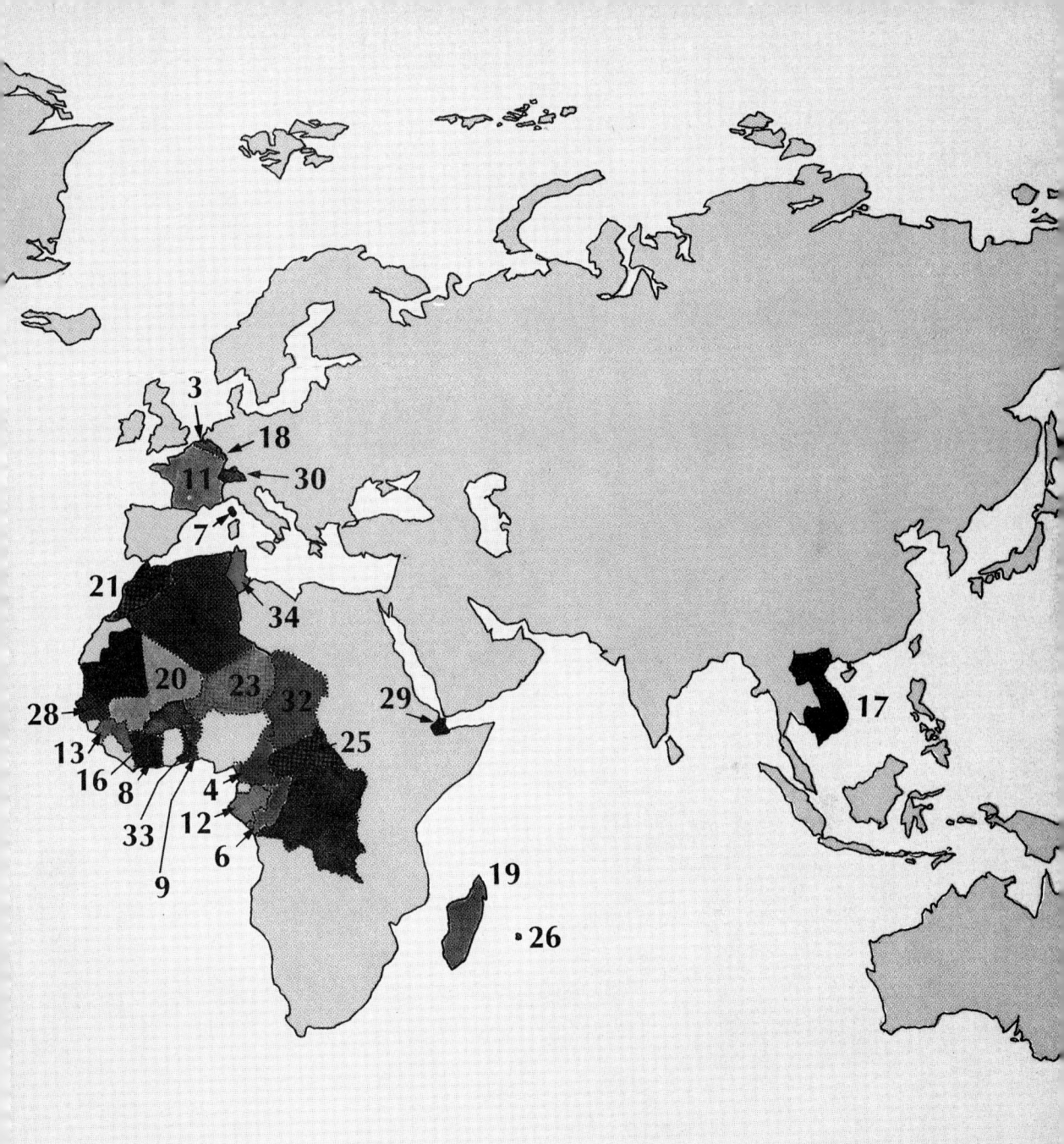

17. l'Indochine
    (le Cambodge,
    le Laos,
    le Viêt-Nam)
18. le Luxembourg
19. Madagascar
20. le Mali
21. le Maroc
22. la Mauritanie
23. le Niger
24. la Nouvelle-Calédonie
25. la République Centrafricaine
26. la Réunion
27. Saint-Pierre-et-Miquelon
28. le Sénégal
29. Djibouti
30. la Suisse
31. Tahiti
32. le Tchad
33. le Togo
34. la Tunisie
35. le Zaïre

À LA PREMIÈRE PERSONNE

I

TROIS
PROMENADES
NOCTURNES

1

La nuit

Guy de Maupassant

Objectives

1. Read and understand a short story about a bizarre and frightening experience that unfolds at night in the streets of 19th-century Paris.
2. Learn vocabulary and expressions that have to do with light, darkness, and sound.
3. Review the contrast between the **passé simple/passé composé** and the imperfect.
4. Learn about two basic elements of the short story: the title and unity of impression.

NOTE LITTÉRAIRE

Le **conte** *(short story)* est une courte narration. Le titre du conte est un des éléments qui sert à identifier le thème ou le sujet, à caractériser le contenu ou l'ambiance du récit *(story)*, ou à prévoir le dénouement *(working out of the conflict)*. Le titre choisi par Maupassant, « La nuit », désigne la passion du narrateur et la cause de sa perte *(undoing)*. Le sous-titre « Cauchemar » *(nightmare)* fait penser à quelque chose d'horrible qui va arriver dans la nuit.

En général, l'auteur du conte essaie de créer une unité d'impression. Dans le cas de « La nuit », Maupassant réussit à créer une ambiance de mystère et de suspense. La rencontre de tous les éléments littéraires du conte fait ressortir la terreur ressentie par le narrateur. Une des figures littéraires *(literary devices)* les plus importantes de « La nuit » est la préfiguration *(foreshadowing)*, une indication qui, sans être trop précise, annonce les événements à venir.

⇌ POUR AMORCER LA LECTURE ⇌

VOCABULAIRE UTILE

Pour parler du clair et de l'obscur

Substantifs

la clarté *brightness*
le feu *fire*
l'incendie (m.) *fire (destructive)*
la lueur *glimmer*
le lustre *chandelier*
la rampe *footlights*
le scintillement *sparkling*

le nuage *cloud*
l'ombre (f.) *shadow*
les ténèbres (f.) *darkness* (litt.)

Adjectifs

clair *bright*
éclatant *dazzling*
étoilé *starry*
luisant *gleaming, shining*
lumineux *shining*
phosphorescent *shining in the dark*

assombri *gloomy*
aveugle *blind*
noir *dark (completely dark)*
obscur *dark (badly lit)*
sombre *dark (dingy)*

Verbes et expressions

allumer *to put on, turn on*
s'allumer *to be kindled, lit*
briller *to shine*
éclairer *to light up*
flamboyer *to flame, be aglow*
éteindre *to extinguish*

tâter *to feel, grope*

Le jour se lève. *It's daybreak.*
Il fait clair. *It's light, bright out.*
Il fait jour. *It's daylight.*

Il fait noir. *It's dark out.*

Pour parler des sons et du silence

Substantifs

le bruit *noise*
le cri *cry, shout*
l'écho (m.) *echo*
le frôlement *rustling*
le miaulement *meowing*

le pas *step*
le roulement *rumbling*
le son *sound*
la sonnerie *doorbell, ringing*
le tic-tac *tick-tock*
le timbre *bell, doorbell*

Verbes et expressions

appeler *to call*	**entendre** *to hear*
battre *to beat, tick*	**grogner** *to growl, grumble*
bouillonner *to bubble, boil*	**hurler** *to shriek*
crier *to scream, shout*	**résonner** *to resound*
écouter *to listen to*	**sonner** *to ring*
s'endormir *to fall asleep*	**tinter** *to ring*

crier de plaisir *to shout with delight*
pousser un cri *to utter a cry*

Adjectifs

bruyant *noisy*	**faible** *weak*
étouffé *suffocated, muffled*	**sonore** *echoing, hollow*

IDIOTISMES

Pour parler un français plus naturel, apprenez par cœur ces idiotismes extraits de « La nuit ». Faites attention aux prépositions qui font partie de ces expressions.

- **de toutes ses forces**
  Il a frappé à la porte de toutes ses forces.

- ***with all one's strength***
  He knocked at the door with all his might.

- **vingt fois de suite**
  Il a sonné vingt fois de suite.

- ***twenty times in a row***
  He rang twenty times in a row.

- **chercher à faire quelque chose**
  Il cherche à trouver un agent de police.

- ***to try to do something***
  He is trying to find a policeman.

- **se décider à faire quelque chose**

  Il s'est décidé à rentrer.

- ***to make up one's mind to do something***

  He made up his mind to go home.

- **avoir envie de faire quelque chose**
  Il a envie de se promener.

- ***to feel like doing something***

  He feels like taking a walk.

- **se mettre en route**
  Demain, on se mettra en route de bonne heure.

- ***to set out***
  Tomorrow we'll set out early.

CAUSONS!

Est-ce qu'il y a des sons qui font un effet différent dans l'obscurité, que l'on remarque à peine pendant la journée mais qui vous frappent la nuit? Parlez un peu des sons qui vous plaisent ou qui vous déplaisent quand vous les entendez dans le noir.

⇌ AVANT DE LIRE ⇌

• UN MOT SUR L'AUTEUR

Guy de Maupassant est un des écrivains français les plus célèbres du 19ième siècle. Né en 1850, il a écrit des romans, des contes et des nouvelles, presque tous dans le courant réaliste de son époque. Les sujets de ses écrits évoquent surtout la vie des petits-bourgeois, les aventures amoureuses et les hallucinations de la folie *(madness)*. Son style littéraire est précis, sobre et mesuré, mais n'exclut pas une pointe d'ironie. Maupassant est mort en 1893, à l'âge de quarante-trois ans. Il a légué *(bequeathed)* à la littérature française une œuvre abondante et admirable. Grâce aux traductions, sa renommée *(fame)* a dépassé les frontières de la France, et il reste un des auteurs les plus lus de la littérature française.

Le conte que vous allez lire, « La nuit », est paru dans l'édition de 1888 de l'anthologie *Clair de Lune*.

Guy de Maupassant

• LE FOND CULTUREL

❈ Le Paris de l'auteur

Guy de Maupassant a écrit « La nuit » en 1887. Le monde matériel où ce conte a lieu est assez différent du nôtre à bien des égards *(in many respects)*. Voici un dictionnaire culturel de son Paris.

anneau (voir **concierge**)
Arc de Triomphe
   Construit sur les ordres de Napoléon et terminé en 1836, ce monument commémore certaines victoires importantes de l'armée française. De l'Arc de Triomphe, on a une vue extraordinaire des Champs-Élysées jusqu'à la Place de la Concorde, qui est située à un kilomètre et demi de distance. Cette vue offre un des panoramas les plus spectaculaires de la capitale.
bec de gaz *(gas lamp)*
   Il y a eu des essais d'éclairage électrique à Paris vers 1844, et l'auteur mentionne l'éclairage électrique sur les Champs-Élysées. La plupart des réverbères *(street lights)* de Paris fonctionnaient au gaz.
Bois de Boulogne
   Immense parc à l'ouest de Paris.
bouton de cuivre (voir **concierge**)
café-concert
   Café avec musiciens et chanteurs.
Champs-Élysées
   Une des avenues les plus imposantes de Paris (71 mètres de large), les Champs-Élysées étaient pendant la deuxième moitié du siècle dernier le centre de la vie aristocratique. Ses **cafés-concerts**, ses restaurants, et ses cirques attiraient le Tout-Paris *(the Parisian smart set)*. Aujourd'hui les Champs-Élysées sont devenus un centre commercial et touristique de luxe.
cocher (voir **fiacre**)
Colonne de Juillet
   Ce monument, 52 mètres de haut et surmonté par une statue dorée appelée **le Génie de la Liberté**, se trouve au milieu de la Place de la Bastille. Il a été construit à la mémoire des Parisiens tombés lors du soulèvement *(uprising)* de 1830, qui a entraîné *(led to)* la chute du roi Charles X.
concierge *(caretaker of a building)*
   La plupart des immeubles de Paris sont sous la garde *(care)* d'un(e) concierge, qui a un appartement au rez-de-chaussée. Il faut sonner chez la concierge pour entrer dans la cour *(courtyard)* de l'immeuble, d'où on peut accéder aux appartements. Au 19ième siècle on sonnait chez le (la) concierge en tirant une chaîne qui finissait en **bouton de cuivre** *(brass knob)* ou en **anneau** *(ring)*. Le **timbre** *(bell)* sonnait dans la cour.

Les Halles au dix-neuvième siècle

faubourgs

Il s'agit des quartiers modestes qui se trouvaient en dehors de l'enceinte (*city walls*) de Paris. Un nouveau mur d'enceinte, construit vers la fin du 18ième siècle, les a incorporés dans la ville de Paris.

fiacre (*hansom cab*)

Les transports urbains, à l'époque, se limitaient à des véhicules tirés par des chevaux. Le **fiacre**, conduit par un **cocher** (*coachman*), était l'équivalent du taxi de notre époque.

Génie de la Liberté (voir **Colonne de Juillet**)

Grands Boulevards

Une grande partie de l'action de « La nuit » se déroule sur les Grands Boulevards (voir le plan). Le côté ouest des boulevards, tout comme les Champs-Élysées, était un lieu d'attractions. Aujourd'hui, bien qu'il reste quelques théâtres et cinémas sur les Boulevards, ces artères ont un caractère plutôt commercial. Parmi les théâtres les plus connus du siècle dernier on comptait **Le Vaudeville**, qui est devenu aujourd'hui le cinéma **Paramount** (voir le plan à la page 10).

Les Halles

Ce grand marché, qui approvisionnait (*supplied*) la ville de Paris, fut construit entre 1854 et 1866. Les fruits, les légumes, la viande et autres denrées alimentaires (*foodstuffs*) arrivaient de la campagne la nuit, entre une heure et cinq heures du matin, et le quartier des Halles pullulait (*swarmed*) d'activité. Outre le commerce, le quartier possédait des restaurants célèbres où l'on dégustait de la soupe à l'oignon et aux escargots. En 1969, on a démoli le marché des Halles, pour le muter (*transfer*) en banlieue, à Rungis, au sud de Paris.

montre

L'heure de la nuit joue un rôle important dans ce conte. Cependant, la montre du narrateur est différente de la nôtre. La montre-bracelet (*wristwatch*) est entrée en usage au début du 20ième siècle. Le narrateur du récit a une montre de gousset (*pocket watch*), qu'il garde dans la poche de sa veste. Pour regarder l'heure, il lui faut **tirer sa montre**, c'est-à-dire, il faut qu'il la sorte de sa poche.

Place de la Bastille
Place qui se trouve à l'emplacement de l'ancienne prison du même nom. La prise de la Bastille par la foule parisienne, le 14 juillet 1789, marque le début de la Révolution française.

Place du Château-d'Eau
Cette place, qui tirait son nom d'une fontaine qui s'y trouvait, a été rebaptisée **Place de la République** vers 1883.

porte cochère *(carriage door)*
Porte très large par où entraient les voitures à chevaux dans la cour d'un immeuble.

ruisseau *(sewage canal*; literally, *brook)*
À l'époque de la parution *(publication)* de « La nuit », un grand nombre de rues parisiennes avait encore **un ruisseau** — un petit canal au milieu de la rue où coulait l'eau de pluie et où l'on jetait les eaux ménagères *(household waste water)*.

Seine
Le fleuve qui traverse la ville de Paris. Ses **quais** *(banks)* constituent une des promenades favorites des parisiens et des touristes. Chaque pont qui traverse la Seine est muni *(equipped)* d'un escalier qui descend jusqu'aux berges *(lower banks with walkways)*.

timbre (voir **concierge**)

Vaudeville (voir les **Grands Boulevards**)

voiture
Une voiture tirée par des chevaux. Après l'invention de l'automobile, ce même mot servait à désigner « la voiture sans chevaux », d'où son sens moderne.

• ABORDONS LE TEXTE

1. En général on doit lire une œuvre littéraire du commencement à la fin, mais un conte écrit dans une langue étrangère présente parfois des problèmes de compréhension, et il est souvent nécessaire de l'aborder *(approach)* d'une autre façon. Avant de lire le conte complet, lisez la première phrase de chaque paragraphe, pour vous faire une idée générale de la marche du récit. Après cela, on peut formuler une hypothèse concrète sur le déroulement de l'action de « La nuit ».

2. Ensuite, lisez toute l'histoire et comparez vos impressions avec l'hypothèse formulée à la suite de la lecture de la première phrase de chaque paragraphe. Est-ce que la lecture complète du conte a justifié votre hypothèse ? Est-ce que vous avez dû modifier vos suppositions ? En quoi ?

3. L'intrigue de « La nuit » se déroule à Paris et l'auteur mentionne beaucoup d'endroits connus de la ville au fur et à mesure que *(as)* le narrateur se plonge dans son cauchemar. Pendant votre lecture, cherchez les endroits mentionnés sur le plan de la page 10. Utilisez aussi le petit dictionnaire de Paris dans la rubrique *Le fond culturel*.

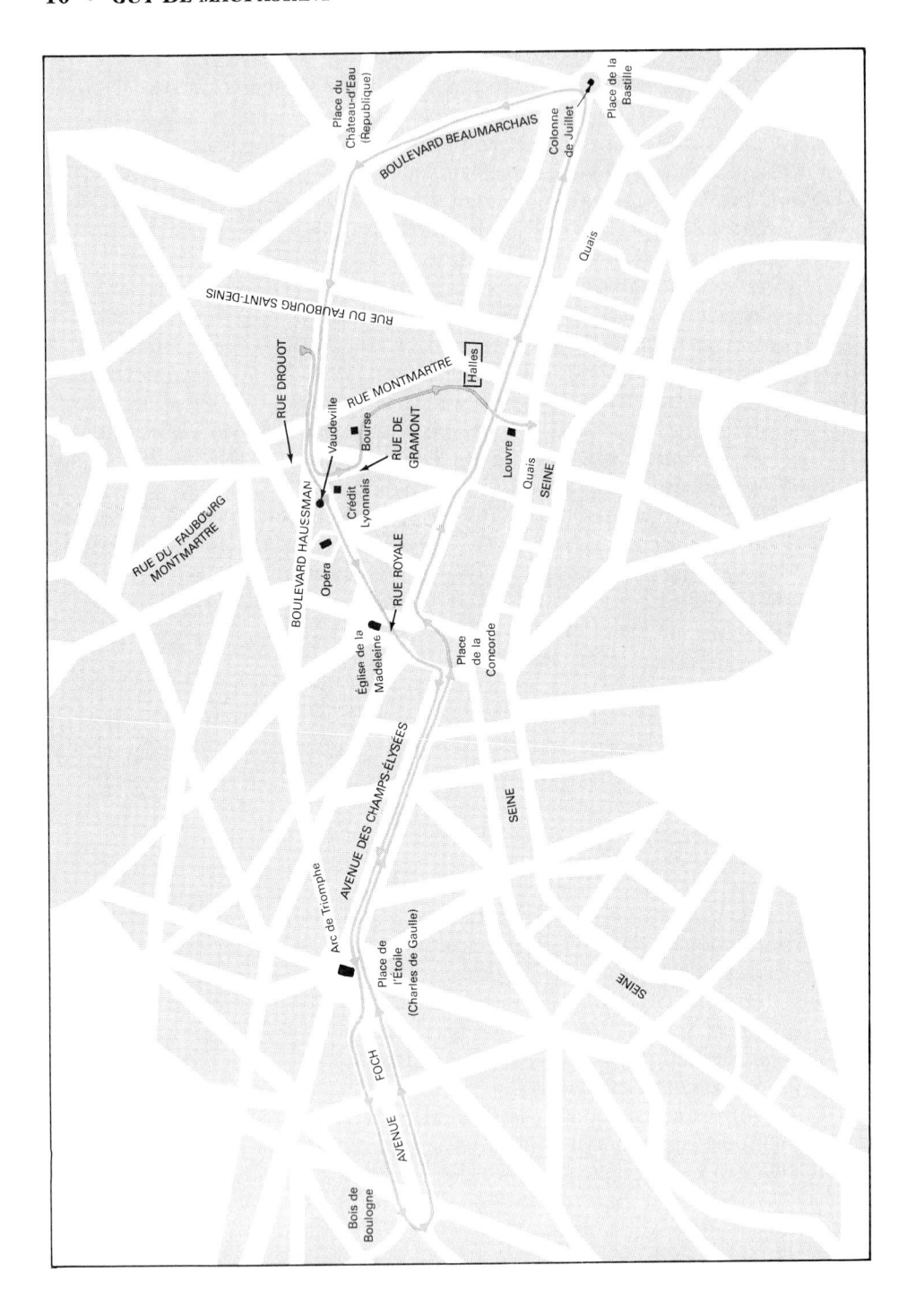

La nuit

Cauchemar°

J'aime la nuit avec passion. Je l'aime comme on aime son pays ou sa maîtresse, d'un amour instinctif, profond, invincible. Je l'aime avec tous mes sens, avec mes yeux qui la voient, avec mon odorat° qui la respire,° avec mes oreilles qui en écoutent le silence,° avec toute ma chair° que les ténèbres caressent. Les alouettes° chantent dans le soleil, dans l'air bleu, dans l'air chaud, dans l'air léger des matinées claires. Le hibou° fuit dans la nuit, tache° noire qui passe à travers° l'espace noir, et, réjoui,° grisé° par la noire immensité, il pousse son cri vibrant et sinistre.

Le jour me fatigue et m'ennuie. Il est brutal et bruyant. Je me lève avec peine, je m'habille avec lassitude, je sors avec regret, et chaque pas, chaque mouvement, chaque geste, chaque parole, chaque pensée me fatigue comme si je soulevais° un écrasant° fardeau.°

Mais quand le soleil baisse, une joie confuse, une joie de tout mon corps m'envahit.° Je m'éveille,° je m'anime.° À mesure que° l'ombre° grandit, je me sens tout autre,° plus jeune, plus fort, plus alerte, plus heureux. Je la regarde s'épaissir,° la grande ombre douce tombée du ciel : elle noie° la ville, comme une onde° insaisissable° et impénétrable, elle cache, efface,° détruit les couleurs, les formes, étreint° les maisons, les êtres,° les monuments de son imperceptible toucher.

Alors j'ai envie de crier de plaisir comme les chouettes,° de courir sur les toits comme les chats ; et un impétueux, un invincible désir d'aimer s'allume dans mes veines.

Je vais, je marche, tantôt° dans les faubourgs assombris, tantôt dans les bois voisins de Paris, où j'entends rôder° mes sœurs les bêtes et mes frères les braconniers.°

Ce qu'on aime avec violence finit toujours par vous tuer. Mais comment expliquer ce qui m'arrive ? Comment même me faire comprendre° que je puisse le raconter ? Je ne sais pas, je ne sais plus, je sais seulement que cela est. Voilà.

Donc hier, était-ce hier ? oui, sans doute, à moins que ce ne soit auparavant,° un autre jour, un autre mois, une autre année, je ne sais pas. Ce doit être hier pourtant, puisque le jour ne s'est plus levé, puisque le soleil n'a pas reparu. Mais depuis quand la nuit dure-t-elle? Depuis quand?... Qui le dira? qui le saura jamais?

45 Donc, hier, je sortis comme je le fais tous les soirs, après mon dîner. Il faisait très beau, très doux, très chaud. En descendant vers les boulevards, je regardais au-dessus de ma tête le fleuve noir et plein d'étoiles découpé° dans le ciel par les toits de la rue qui tournait et   outlined, cut out
50 faisait onduler comme une vraie rivière ce ruisseau°   brook
roulant° des astres.°   rolling/stars (*litt.*)

Tout était clair dans l'air léger, depuis les planètes jusqu'aux becs de gaz. Tant de feux brillaient là-haut et dans la ville que les ténèbres en semblaient lumineuses.
55 Les nuits luisantes sont plus joyeuses que les grands jours de soleil.

Sur le boulevard, les cafés flamboyaient; on riait, on passait, on buvait. J'entrai au théâtre, quelques instants; dans quel théâtre? je ne sais plus. Il y faisait si clair que
60 cela m'attrista° et je ressortis° le cœur un peu assombri   made me sad/went back out
par ce choc de lumière brutale sur les ors° du balcon,   gilt
par le scintillement factice° du lustre énorme de cristal,   artificial
par la barrière du feu de la rampe, par la mélancolie de
cette clarté fausse et crue.° Je gagnai° les Champs-   raw/reached
65 Élysées où les cafés-concerts semblaient des foyers° d'in-   sources

Les Champs-Élysées : l'Arc de Triomphe

Un pont sur la Seine

cendie dans les feuillages. Les marronniers° frottés de° chestnut trees/**frottés de** shining with
lumière jaune avaient l'air peints,° un air d'arbres phos- painted
phorescents. Et les globes électriques, pareils à des lu-
nes éclatantes et pâles, à des œufs de lune° tombés du **œufs de lune** egg-shaped pieces of moon
70 ciel, à des perles monstrueuses, vivantes, faisaient pâ-
lir,° sous leur clarté nacrée,° mystérieuse et royale les fi- **faisaient pâlir** caused to grow pale/pearly
lets° de gaz, de vilain gaz sale, et les guirlandes de verres wisps
de couleur.° **verres de couleur** colored glasses

Je m'arrêtai sous l'Arc de Triomphe pour regarder
75 l'avenue, la longue et admirable avenue étoilée, allant
vers Paris entre deux lignes de feux, et les astres! Les astres là-haut, les astres inconnus jetés au hasard° dans at random
l'immensité où ils dessinent° ces figures bizarres, qui draw, form
font° tant rêver, qui font tant songer. make one

80 J'entrai dans le Bois de Boulogne et j'y restai longtemps, longtemps. Un frisson° singulier m'avait saisi,° shudder/got hold of
une émotion imprévue° et puissante,° une exaltation° unexpected/powerful/ intense excitement
de ma pensée qui touchait à° la folie. **touchait à** bordered on

Je marchai longtemps, longtemps. Puis je revins.
85 Quelle heure était-il quand je repassai sous l'Arc de Triomphe? Je ne sais pas. La ville s'endormait, et des nuages, de gros nuages noirs s'étendaient° lentement sur le were stretching
ciel.

Pour la première fois je sentis qu'il allait arriver quelque chose d'étrange, de nouveau. Il me sembla qu'il faisait froid, que l'air s'épaississait,° que la nuit, que ma nuit bien-aimée, devenait lourde sur mon cœur. L'avenue était déserte, maintenant. Seuls, deux sergents de ville° se promenaient auprès de la station des fiacres,° et, sur la chaussée° à peine éclairée par les becs de gaz qui paraissaient mourants, une file° de voitures de légumes allait aux Halles. Elles allaient lentement, chargées de° carottes, de navets,° et de choux.° Les conducteurs° dormaient, invisibles, les chevaux marchaient d'un pas égal,° suivant la voiture précédente, sans bruit, sur le pavé de bois.° Devant chaque lumière du trottoir, les carottes s'éclairaient en rouge, les navets s'éclairaient en blanc, les choux s'éclairaient en vert; et elles passaient l'une derrière l'autre, ces voitures rouges, d'un rouge de feu,° blanches d'un blanc d'argent,° vertes d'un vert d'émeraude.° Je les suivis, puis je tournai par° la rue Royale et revins sur les boulevards. Plus personne, plus de cafés éclairés, quelques attardés° seulement qui se hâtaient.° Je n'avais jamais vu Paris aussi mort, aussi désert. Je tirai ma montre. Il était deux heures.

Une force me poussait, un besoin de marcher. J'allai donc jusqu'à la Bastille. Là, je m'aperçus° que je n'avais jamais vu une nuit si sombre, car je ne distinguais pas même la colonne de Juillet, dont le génie d'or était perdu dans l'impénétrable obscurité. Une voûte° de nuage, épaisse° comme l'immensité, avait noyé les étoiles, et semblait s'abaisser° sur la terre pour l'anéantir.°

Je revins. Il n'y avait plus personne autour de moi. Place du Château-d'Eau, pourtant, un ivrogne° faillit° me heurter,° puis il disparut. J'entendis quelques temps son pas inégal et sonore. J'allais. À la hauteur du° faubourg Montmartre un fiacre passa, descendant vers la Seine. Je l'appelai. Le cocher ne répondit pas. Une femme rôdait° près de la rue Drouot: « Monsieur, écoutez donc. » Je hâtai° le pas pour éviter sa main tendue.° Puis plus rien.° Devant le Vaudeville, un chiffonnier° fouillait° le ruisseau. Sa petite lanterne flottait au ras du sol.° Je lui demandai: « Quelle heure est-il, mon brave? »°

Il grogna: « Est-ce que je sais! J'ai pas de montre. »

Alors je m'aperçus tout à coup que les becs de gaz étaient éteints. Je sais qu'on les supprime° de bonne heure, avant le jour, en cette saison, par° économie; mais le jour était encore loin, si loin de paraître!

« Allons aux Halles, pensai-je, là au moins je trouverai la vie. »

Je me mis en route, mais je n'y voyais même pas pour me conduire.° J'avançais lentement, comme on fait dans un bois, reconnaissant les rues en les comptant.

Devant le Crédit Lyonnais,° un chien grogna. Je tournai par la rue de Gramont, je me perdis; j'errai,° puis je reconnus la Bourse aux grilles de fer° qui l'entourent.° Paris entier° dormait, d'un sommeil profond, effrayant.°

Au loin pourtant un fiacre roulait,° un seul fiacre, celui peut-être qui avait passé devant moi tout à l'heure.° Je cherchais à le joindre,° allant vers le bruit de ces roues,° à travers les rues solitaires et noires, noires, noires comme la mort.

Je me perdis encore. Où étais-je? Quelle folie d'éteindre si tôt le gaz! Pas un passant,° pas un attardé, pas un rôdeur,° pas un miaulement de chat amoureux. Rien.

Où donc étaient les sergents de ville? Je me dis: « Je vais crier, ils viendront. » Je criai. Personne ne me répondit.

J'appelai plus fort. Ma voix s'envola,° sans écho, faible, étouffée,° écrasée° par la nuit, par cette nuit impénétrable. Je hurlai: « Au secours!° au secours! au secours! »

Mon appel désespéré resta sans réponse. Quelle heure était-il donc? Je tirai ma montre, mais je n'avais point° d'allumettes. J'écoutai le tic-tac léger de la petite mécanique° avec une joie inconnue et bizarre. Elle semblait vivre. J'étais moins seul. Quel mystère! Je me remis en marche° comme un aveugle, en tâtant les murs de ma canne, et je levais à tout moment les yeux vers le ciel, espérant que le jour allait enfin paraître; mais l'espace était noir, tout noir, plus profondément noir que la ville.

Quelle heure pouvait-il être? Je marchais, me semblait-il, depuis un temps infini, car mes jambes fléchissaient° sous moi, ma poitrine haletait,° et je souffrais de la faim horriblement.

Je me décidai à sonner à la première porte cochère. Je tirai le bouton de cuivre, et le timbre tinta dans la maison sonore; il tinta étrangement comme si ce bruit vibrant eût° été seul dans cette maison.

J'attendis, on ne répondit pas, on n'ouvrit point° la porte. Je sonnai de nouveau;° j'attendis encore, rien!

J'eus peur! je courus à la demeure° suivante, et vingt fois de suite je fis résonner la sonnerie dans le couloir° obscur où devait dormir le concierge.° Mais il ne

s'éveilla pas, et j'allai plus loin, tirant de toutes mes forces les anneaux ou les boutons, heurtant° de° mes *banging against/with*
185 pieds, de ma canne et de mes mains les portes obstinément closes.

Et tout à coup, je m'aperçus que j'arrivais aux Halles. Les Halles étaient désertes, sans un bruit, sans un
190 mouvement, sans une voiture, sans un homme, sans une botte° de légumes ou de fleurs. Elles étaient vides, immobiles, abandonnées, mortes! *bunch*

Une épouvante° me saisit,° horrible. Que se passait-il? Oh! mon Dieu! que se passait-il? *grande peur/m'a pris*
195 Je repartis.

Mais l'heure? l'heure? qui me dirait l'heure? Aucune horloge° ne sonnait dans les clochers° ou dans les monuments. Je pensai: «Je vais ouvrir le verre de ma montre et tâter l'aiguille° avec mes doigts.» Je tirai ma montre… *(large) clock/bell towers* / *hand of watch*
200 elle ne battait plus… elle était arrêtée. Plus rien, plus rien, plus un frisson dans la ville, pas une lueur, pas un frôlement de son dans l'air. Rien! plus rien! plus même le roulement lointain du fiacre, plus rien!

J'étais aux quais, et une fraîcheur° glaciale montait de *coolness*
205 la rivière.

La Seine coulait-elle° encore? *was flowing*

Je voulus savoir, je trouvai l'escalier, je descendis… Je n'entendais pas le courant bouillonner sous les arches du pont… Des marches° encore… puis du sable… de la *steps*
210 vase…° puis de l'eau… j'y trempai° mon bras… elle coulait… elle coulait… froide… froide… froide… presque gelée…° presque tarie…° presque morte. *mud, sludge/dipped in* / *frozen/dried up*

Et je sentais bien° que je n'aurais plus jamais la force de remonter…° et que j'allais mourir là… moi aussi, de *indeed* / *go back up*
215 faim, de fatigue, et de froid.

Les niveaux de langue

Introduction

En français, comme en anglais, il y a souvent plusieurs façons d'exprimer la même idée. Comparez ces deux propositions *(clauses)* anglaises:

lest we forget   *so that we don't forget*

Elles ont toutes les deux le même sens, mais la première ne s'emploie pas dans la langue de tous les jours; elle se limite à des situations où on emploie un langage plutôt soigné, élégant. *So that we don't forget* est acceptable dans tous les styles.

Dans « La nuit » nous trouvons plusieurs exemples de vocabulaire et de grammaire littéraires, des mots et des tournures *(phrases)* que l'on emploie rarement dans la conversation.

1. VOCABULAIRE

clos (au lieu de **fermé**) *closed*

2. EMPLOI DE NE

Dans le français littéraire, les propositions subordonnées introduites par une conjonction comme **à moins que** *(unless)* ont un **ne** devant le verbe, appelé **ne explétif**. Cet emploie de **ne** ne donne pas à la phrase un sens négatif. Comparez en français littéraire la proposition

à moins que ce ne soit auparavant   *unless it was previously*

avec la proposition du français parlé qui a le même sens:

à moins que ce soit auparavant   *unless it was previously*

Remarquez (ligne 131) la réponse du chiffonnier à la question du narrateur sur l'heure : « J'ai pas de montre. » L'omission du mot **ne** dans les phrases négatives est très fréquente dans le français parlé.

3. INVERSION

L'inversion du sujet et du verbe dans les questions est assez rare dans le français parlé, mais courante dans la langue écrite.

français littéraire	*français parlé*
Mais depuis quand la nuit dure-t-elle?	Mais depuis quand est-ce que la nuit dure?
Où étais-je?	Où est-ce que j'étais?
La Seine coulait-elle encore?	La Seine coulait encore?
Que se passait-il?	Qu'est-ce qui se passait?
Était-ce hier?	C'était hier?
	ou Est-ce que c'était hier?

Les questions commençant par **est-ce que** sont acceptables à tous les niveaux de la langue. Dans la colonne intitulée **français parlé**, les questions sans **est-ce que** sont typiques du langage familier.

Exercices stylistiques

A. Déterminez si chacune des phrases suivantes est typique de la langue littéraire ou du français de tous les jours. Justifiez vos réponses.

1. Que faisais-je?
2. Le quartier des Halles était très animé?
3. Depuis quand travaillez-vous ici?
4. Toutes les fenêtres étaient closes.
5. Ils prendront l'avion aujourd'hui, à moins qu'il ne soit trop tard.
6. Est-ce pour demain?

B. Donnez, pour les phrases de l'exercice A qui seraient écrites en français littéraire, leur équivalent dans le français de tous les jours.

❋ Questions

Vérifiez votre compréhension

1. Analysez l'attitude du narrateur en ce qui concerne la nuit et le jour au début du conte.
2. Comment se sent le narrateur quand la nuit tombe?
3. Quels animaux, quels oiseaux est-ce que le narrateur mentionne? Qu'est-ce que ces bêtes symbolisent?
4. Pourquoi est-ce que le narrateur ne sait pas quand ont eu lieu *(have taken place)* les événements dont il parle?
5. Quand est-ce que le narrateur a commencé sa promenade? Quel temps faisait-il? Qu'est-ce qu'il voyait? Est-ce que ses impressions de la nuit étaient positives ou négatives?
6. Nommez les premiers endroits qu'il visite dans Paris. Comment sont ces endroits? Qu'est-ce que le narrateur en pense?
7. L'auteur s'arrête deux fois sous l'Arc de Triomphe. Quand? Qu'est-ce qu'il fait entre ces deux visites? Quelles différences y a-t-il entre ce qu'il avait vu la première fois et ce qu'il a vu à son retour?
8. Qui sont les personnes qu'il voit quand il revient du Bois de Boulogne, avant de se mettre en marche vers la Bastille?
9. Pourquoi est-ce que le narrateur est allé à la Bastille? Comment est-ce qu'il s'est rendu compte, là-bas, que l'obscurité de la nuit n'était pas normale?
10. Quels signes de vie le narrateur remarque-t-il en remontant les boulevards, en revenant de la Bastille?
11. Quels sont les éléments qui font penser au narrateur qu'il est la seule personne dans Paris?
12. Selon la note sur les Halles, ce quartier était connu pour son animation nocturne, car c'était un endroit où l'on travaillait la nuit. Comparez cette description des Halles avec ce que le narrateur a vu en y arrivant.

13. Comment est-ce que la montre contribue à l'épouvante croissante *(growing)* du narrateur?
14. Où est-ce que le conte finit? Comment est-ce qu'il finit? Est-ce que vous êtes complètement sûr(e) de ce qui arrive à la fin? Pourquoi ou pourquoi pas?

Questions personnelles

1. Est-ce que vous avez déjà fait un cauchemar comme celui du narrateur de « La nuit »? Un cauchemar où vous étiez perdu(e), seul(e) ou isolé(e) de tous, et de tout ce que vous connaissiez? Parlez-en un peu.
2. Comment est la ville où vous habitez, le soir? Est-ce qu'elle est déserte ou animée? Quels changements, dans votre ville, vous feraient penser que vous êtes en train de faire un cauchemar?
3. Est-ce que vous préférez sortir le jour ou la nuit? Partagez-vous les sentiments du narrateur en ce qui concerne le jour et la nuit? Expliquez pourquoi.
4. Faites-vous souvent des rêves? Sont-ils agréables ou pénibles? Est-ce que vous avez fait plusieurs fois le même rêve? À votre avis, que signifie ce rêve?
5. Comparez un cauchemar que vous avez fait avec celui du narrateur de « La nuit ».

GRAMMATICAL NOTE

Before rereading the story, make sure you understand the author's use of this structure.

THE TWO ASPECTS OF THE PAST : **LE PASSÉ COMPOSÉ/LE PASSÉ SIMPLE** AND THE IMPERFECT.

Each action has three parts : a beginning, a middle, and an end. When talking about something that happened in the past, French speakers put the verb into the **passé composé** to refer to the beginning or end of the action; they choose the imperfect tense when they want to focus on the middle of the action without any reference to its beginning or end. Thus, the **passé composé** is the tense chosen to tell *what happened* in the past; it relates the events of the story. The imperfect is selected to describe the *background* against which these past events took place.

Note that in literary French, the **passé simple** often replaces the **passé composé** to narrate events. Some examples:

Sur le boulevard, les cafés **flamboyaient; on riait, on passait, on buvait. J'entrai** au théâtre, quelques instants;...

On the boulevard, the cafes were aglow; people were laughing, people were passing by, people were drinking. I went into the theater for a few minutes;...

Quelle heure **était-il** quand je **repassai** sous l'Arc de Triomphe?	*What time was it when I came back under the Arc de Triomphe?*
Et tout á coup, **je m'aperçus** que **j'arrivais** aux Halles.	*And all of a sudden I noticed that I was arriving at the Halles.*

Exercices structurels

A. *Refaites les phrases suivantes du texte dans le français courant, en changeant le passé simple en passé composé. N'oubliez pas que certains verbes, y compris les verbes pronominaux (réfléchis) se conjuguent avec* **être** *au passé composé.*

1. Il y faisait si clair que cela m'attrista et je ressortis le cœur un peu assombri par ce choc de lumière...
2. J'entrai dans le Bois de Boulogne et j'y restai longtemps, longtemps.
3. Je marchai longtemps, longtemps. Puis je revins. Quelle heure était-il quand je repassai sous l'Arc de Triomphe?
4. Je tournai par la rue de Gramont, je me perdis; j'errai, puis je reconnus la Bourse aux grilles de fer qui l'entourent. Paris entier dormait...

B. *Faites deux phrases en utilisant les groupes d'éléments proposés dans chaque colonne. La première phrase exprime un événement, et la seconde, le fond* (background) *de l'action. Employez le passé composé pour exprimer l'événement, et l'imparfait pour décrire le fond.*

Modèle

événement	*fond*
je / descendre l'escalier	la Seine / couler sans bruit
J'ai descendu l'escalier.	*La Seine coulait sans bruit.*

événement	*fond*
1. le narrateur / arriver au Champs-Élysées	les globes électriques / briller
2. une épouvante / saisir le narrateur	les Halles / être vides et abandonnées
3. je / tirer ma montre	je / n'avoir pas d'allumettes
4. nous / s'arrêter sous l'Arc de Triomphe	l'avenue / s'étendre devant nous
5. je / appeler les sergents de ville	ils / se promener près de la station de taxis

Perfectionnez votre vocabulaire

A. *Rayez de chaque groupe de mots celui qui ne convient pas.*

1. allumer   briller   éteindre   éclairer
2. ombre   ténèbres   noir   bruit

3. luisant   bruyant   brillant   éclatant
4. assombri   lumineux   phosphorescent   clair
5. rampe   globe électrique   lustre   nuage
6. battre   entendre   sonner   tinter
7. bouillonner   grogner   crier   hurler
8. scintillement   frôlement   roulement   miaulement

B. *Reliez chaque mot ou expression de la colonne A à son synonyme de la colonne B.*

A

1. tôt
2. essayer de
3. soudain
4. avoir un désir de
5. partir
6. sombre

B

a. tout à coup
b. se mettre en route
c. chercher à
d. obscur
e. de bonne heure
f. avoir envie de

Parlons et écrivons

1. Relisez « La nuit » en faisant attention aux adjectifs choisis par l'auteur. Quelle sorte d'adjectifs emploie-t-il pour décrire la nuit ? Pour décrire le jour ? Y a-t-il un changement dans son choix au cours du conte ? Les adjectifs de couleur ont une importance spéciale.
2. Écrivez deux ou trois paragraphes sur le changement qui se produit dans les sentiments du narrateur vis-à-vis de la nuit pendant le déroulement du conte. Vous pourrez puiser *(draw, take)* des mots et des expressions utiles dans la liste suivante.

   aimer avec passion, avec tous ses sens
   faire quelque chose avec regret, avec peine, avec lassitude
   fatiguer quelqu'un, ennuyer quelqu'un
   se sentir fort, jeune, heureux
   avoir envie de faire quelque chose
   brutal, monstrueux, vilain
   un frisson, une épouvante envahit quelqu'un
   mourant, sombre, effrayant, solitaire, noir, désespéré
   abandonné, mort
   un nuage s'abaisse, noie les étoiles
   anéantir
   avoir peur
   glacial, gelé, tari

Traduction

A. Traduisez en anglais.

1. Donc, hier, je sortis comme je le fais tous les soirs, après mon dîner. Il faisait très beau, très doux, très chaud. En descendant vers les boulevards, je regardais au-dessus de ma tête le fleuve noir et plein d'étoiles découpé dans le ciel par les toits de la rue qui tournait et faisait onduler comme une vraie rivière ce ruisseau roulant des astres.
2. Alors je m'aperçus tout à coup que les becs de gaz étaient éteints. Je sais qu'on les supprime de bonne heure, avant le jour, en cette saison, par économie ; mais le jour était encore loin, si loin de paraître !

B. Traduisez en français.

1. I fell asleep in the theater during the play.
2. It was dark. The footlights were out.
3. I tried to put on the lights five times in a row, but I couldn't.
4. Outside the street was noisy. It was daybreak.
5. I heard the ticking of the clock, but I couldn't see it.
6. I found the door! I shouted with pleasure.

À votre avis

Commentons le texte

Dans le cadre du récit, analysez l'importance de ces citations.

1. J'entrai dans le Bois de Boulogne et j'y restai longtemps, longtemps. Un frisson singulier m'avait saisi, une émotion imprévue et puissante, une exaltation de ma pensée qui touchait à la folie.
2. La Seine coulait-elle encore ?
   Je voulus savoir, je trouvai l'escalier, je descendis... Je n'entendais pas le courant bouillonner sous les arches du pont... Des marches encore... puis du sable... de la vase... puis de l'eau... j'y trempai mon bras... elle coulait... elle coulait... froide... froide... froide... presque gelée... presque tarie... presque morte.

Thèmes d'interprétation et de conversation

1. Choisissez trois phrases clés qui marquent des tournants *(turning points)* dans l'histoire. Expliquez pourquoi vous avez choisi ces phrases et comment elles contribuent à l'unité d'impression ou comment elles servent de préfiguration des événements à venir.
2. Parlez un peu des personnes que le narrateur rencontre en revenant de la Bastille. Comment sont-elles ? Comment est-ce que ces rencontres renforcent l'impression générale de cette partie de « La nuit » ?

3. Il y a des symboles importants, universels dans le conte, comme le hibou et l'alouette. Pourquoi est-ce que Maupassant les a choisis? Est-ce qu'ils ont pour le narrateur leur valeur universelle? Est-ce que vous vous êtes déjà aperçu(e) d'un symbole qui apparaît dans vos rêves? Lequel? Qu'est-ce qu'il représente?
4. Un élément important de « La nuit » est la présence d'une force à la fois horrible et inexorable qui pousse le narrateur vers son destin et qui peu à peu le sépare de tout ce qui vit. Trouvez des mots et des phrases qui expriment cette sensation d'une force mystérieuse. Par exemple:

> **son cri... sinistre** (en parlant du hibou)
> **Je n'avais jamais vu Paris aussi mort, aussi désert.**
> **Une force me poussait, un besoin de marcher.**
> **Une épouvante me saisit, horrible.**

5. Que pensez-vous du narrateur? Quelle sorte de personne est-il? Parlez un peu de sa psychologie. Est-ce que vous le trouvez sain d'esprit *(of sound mind)*? Fou *(crazy)*? Croyez-vous que c'est un homme facile à vivre *(easy to get along with)*, sympathique? Justifiez vos réponses.
6. Si vous pouviez « mettre en scène » *(stage)* un cauchemar, en quoi consisterait-il? Qu'est-ce que vous choisiriez pour éveiller *(awaken)* la peur? Quel dénouement *(outcome)* aurait-il? Le cauchemar que vous voulez ainsi « monter » vous ferait-il peur également, ou est-ce que vous le décririez seulement pour l'épouvante des autres?

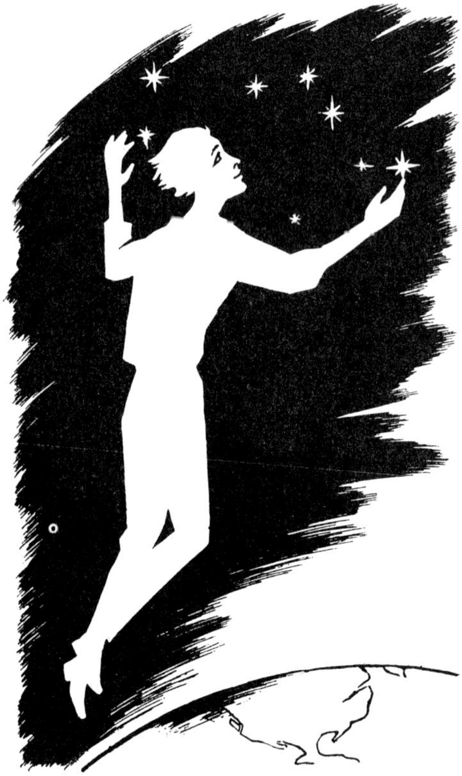

2

Le vendeur d'étoiles

Yves Thériault

Objectives

1. Read and understand a short story of a fantastic nature about the strength of a person's belief in God.
2. Learn vocabulary and expressions related to physical movements of the human body and to God and religion.
3. Review the uses of the preposition **de**.
4. Learn about how an author uses poetic expression in a prose work to create a story of fantasy. The literary devices examined are personification, metaphor, repetition, and alliteration.

NOTE LITTÉRAIRE

Dans « Le vendeur d'étoiles » Yves Thériault construit tout son récit sur un mode fantastique et irréel. Il parle des beautés de la nature et de la foi en Dieu, et façonne son récit dans un style poétique.

La **personnification** (la représentation d'une chose sous les traits d'une personne) joue un rôle important parmi les figures littéraires employées par Thériault. Il parle, par exemple, du « ciel renfrogné, grognon » *(frowning, grumbling sky)* et dit que « la lune s'ennuie » *(the moon is bored)*. Il emploie aussi des **métaphores**, figures littéraires qui consistent à transférer le sens d'un mot à un autre mot pour ainsi faire une comparaison implicite sans avoir recours au mot *comme*. Par exemple, Thériault appelle le ciel « un sac renversé plein de milliards d'étoiles » *(a bag turned upside down, full of billions of stars)*.

Un deuxième procédé littéraire utilisé à plusieurs reprises dans ce conte est la répétition, mécanisme stylistique qui contribue à l'expression poétique, voire *(even)* musicale du « Vendeur d'étoiles ». Thériault répète les mots là où cette répétition n'est pas strictement nécessaire du point de vue du sens. Il y a de la musicalité dans « mon ciel et ton ciel », « cent fois et mille fois », « éti**nce**l**ant**, mouv**ant**, grouill**ant** ». L'**alliténation**, c'est-à-dire, la répétition de sons initiaux, est une des catégories de la répétition. Considérez, par exemple, le /m/ de « **m**erveilleux et **m**agnifique ».

Remarquez que « Le vendeur d'étoiles » est appelé *conte* par l'auteur. Il est tiré d'un livre qui s'appelle *Le vendeur d'étoiles et autres contes*. Le conte, à la différence de la nouvelle, est un récit fantastique, souvent irréel, surnaturel.

≽ POUR AMORCER LA LECTURE ≼

VOCABULAIRE UTILE

La clarté et l'obscurité

Substantifs

le clignotement *blinking*
l'étoile (f.) *star*
la lueur *glimmer*
la lumière *light*

le noir *darkness*
le nuage *cloud*
l'ombre (f.) *shadow*
la silhouette *outline, figure*

Adjectifs

brillant *shining*
étincelant *sparkling, twinkling*

falot *wan* (litt.)
sombre *dull*

Verbes et expressions

briller *to shine*

écarquiller les yeux *to open one's eyes wide*

Operations manuelles et corporelles

s'acheminer vers   *to make one's way toward, head for*
s'agripper à quelque chose   *to clutch something*
baisser la tête   *to lower one's head*
se balancer   *to swing, sway*
barrer le chemin   *to block the way*
décrocher   *to unhook*
s'éloigner   *to move away*
enserrer   *to hug tightly*
se frayer un chemin à travers   *to force one's way through*
fuir   *to flee*
grimper   *to climb*
monter   *to go up*
ramener   *to bring back* (person)
redescendre   *to go back down*
retourner   *to go/come back*
revenir   *to come back*
secouer la tête   *to shake one's head*
se tirer plus haut   *to pull oneself up higher*

IDIOTISMES

Pour parler un français plus naturel, apprenez par cœur les expressions suivantes.

- **faire signe à**
    Le machiniste nous a fait signe de descendre.

- ***to motion to***
    The driver motioned to us to get off.

- **frapper (à la porte)**
    ENTREZ SANS FRAPPER (sign)

- ***to knock (at the door)***
    Enter without knocking.

- **se mettre à** + infinitive
    Les enfants se sont mis à grimper aux arbres.

- ***to begin to do something***
    The children began to climb trees.

- **mettre du temps à** + infinitive
    Il mettra du temps à arriver — c'est loin.

- ***to take a long time to do something***
    It will take him a long time to get there — it's far away.

CAUSONS!

Quels problèmes y a-t-il pour se déplacer la nuit, surtout quand il n'y a pas beaucoup de lumière?   Est-ce qu'il vous est déjà arrivé de vous perdre la nuit?   Comment est-ce que ça s'est passé?   Expliquez comment l'obscurité a compliqué votre voyage.

⇒ AVANT DE LIRE ⇐

• UN MOT SUR L'AUTEUR

L'œuvre littéraire d'Yves Thériault (1915-83), écrite à partir de 1944, comprend une trentaine de titres. Sa vie a été étroitement *(closely)* liée au Grand Nord canadien, et le protagoniste de son roman le plus connu, *Agaguk,* est un Esquimau. Dans ces régions peu peuplées, où la résistance physique est essentielle face à la puissance *(power)* et à la brutalité de la nature, Thériault a appris à apprécier les intuitions et les instincts par opposition au rationnel. C'est de ce point de vue qu'il essaie de comprendre la vie et le destin de l'homme.

• LE FOND CULTUREL

Vénus : planète située entre la Terre et Mercure. Corps céleste extrêmement lumineux.
Titan : dieu primitif de la mythologie grecque. La bande des Titans (souvent représentés comme des géants) fut vaincue par Zeus et les dieux olympiens.
le nectar : dans la mythologie grecque, le breuvage *(potion)* des dieux.

• ABORDONS LE TEXTE

1. Quelle conclusion tirez-vous du titre « Le vendeur d'étoiles » sur la nature du récit que vous allez lire?
2. Lisez la première phrase des trois premiers paragraphes. Quelles hypothèses pouvez-vous formuler sur le conte?
3. Lisez le premier paragraphe. Son style poétique vous présente la prémisse *(premise)* du conte. Quelle relation s'y dessine *(is drawn there)* entre l'homme et le ciel?
4. L'écoulement *(passing)* du temps du récit est mesuré en unités concrètes, réelles (heures, jours, semaines), ce qui contraste avec le monde féerique, mystique de Patrice qui passe de la Terre au Ciel et inversement. Notez les phrases qui mesurent le déroulement de l'action : 10, 20 jours, presque le mois fini ; une heure ; au matin ; c'est ce soir-là ; le lendemain même ; à la même heure ; les jours suivants ; trois jours plus tard ; il y a bien dix ans.
Trouvez-vous dans le conte d'autres empiètements *(encroachments)* de la réalité quotidienne *(everyday)* et prosaïque sur le monde poétique de Patrice?   Lesquels?

Yves Thériault

Le vendeur d'étoiles

Qu'est-ce que ça vous fait,° le ciel d'étoiles? Pas le ciel et trois étoiles falotes. Pas le ciel renfrogné,° grognon,° asséché,° sombre et avec seulement Vénus qui se balance à l'horizon et fait signe aux hommes que la nuit
5 est belle et la brise bien douce. Non plus que° ce ciel sans vie où la lune s'ennuie dans le soir de juillet. Mais un ciel qui est un sac renversé,° plein de milliards d'étoiles. Un ciel étincelant, mouvant,° grouillant° de tous ces clignotements, de toutes ces lueurs en têtes d'épin-
10 gle.° Merveilleux et magnifique, mon ciel, et ton ciel, l'ami heureux. Le ciel à boire[1] comme un flot° d'or, comme une cassette° de joyaux.° Se plonger° les mains dans l'immensité et se laisser couler les étoiles° entre les doigts. Devenir un titan riche à milliards qui paie de dix
15 étoiles chaque verre de nectar.

Elle est ainsi l'histoire de celui qui marchait dans nos sentiers,° que nous nommions° Patrice, et qui voulut un jour vendre des étoiles.

« Tu es fou, Patrice. Les beaux jours te montent à la
20 tête.° Tu t'enivres° avec du soleil et de la nuit bleue. Tu

<small>**Qu'est-ce... fait** What does that do to you?/frowning/ grumbling
dried up

Non plus que And not

turned upside down
shifting/teeming

tête d'épingle pinhead
torrent
box/jewels/thrust
se... étoiles let the stars run

paths/*appelions*

te... tête are going to your head/are intoxicated</small>

---
[1] Play on words reminiscent of the expression **Ce n'est pas la mer à boire.** *It's not impossible; it's not asking too much.*

es saoul° de trop bien vivre en ce mois plus beau que *drunk*
tous les mois de la vie. » Nous avons bien ri. Mais il le répétait. Il allait nous vendre des étoiles. Il allait grimper
dans le ciel, frapper à la porte de Dieu. *(Bonjour Sei-*
25 *gneur Dieu que nous aimons bien sur notre terre, et* Virgin Mary
comment va le ciel, et la douce Vierge° votre mère, et
tous vos saints? Et vos anges? Et les chérubins?)
— Patrice, tu divagues.° Tu aurais des étoiles, certes, **Tu divagues.** *Tu es fou.*
si tu allais les demander à Dieu... Mais comment irais-
30 tu? Comment te rendrais-tu° jusque-là? **se rendre (à)** *aller à*
Il a souri, il a secoué la tête, il s'est éloigné. Dix jours,
vingt jours, presque le mois fini, toujours, de maison en
maison, Patrice parle de ces étoiles. Il va nous en vendre
tant et plus.° Chacun de nous en possédera au moins **tant et plus** ever so many
35 une. Nous allons jouir de° cette propriété de Dieu, **jouir de** to enjoy, have use of
confiée° en vente à Patrice notre ami, notre voisin, Pa- entrusted
trice qui nous aime assez pour se rendre au ciel décrocher des étoiles.
Un soir, il s'est trouvé avec trois filles du village, et
40 deux gars° qui allaient marcher avec les filles. boys, guys
Ils sont sur une colline, ils regardent le ciel plein. Ils
voient le milliard d'étoiles, et tout là-haut,° derrière **tout là-haut** way up there
elles, comme une lueur, une tache° de lumière dans le spot
grand noir.
45 — Ça, leur dit Patrice, cette tache, c'est le paradis de
Dieu. D'ici, ça vous paraît grand comme ma main, et
moins encore, mais allez-y voir... c'est grand, c'est immense, on y mettrait toute la terre cent fois et mille fois.
De la place pour tous les hommes nés avant nous, et
50 nous en plus,° et tous ceux qui viendront après nous. Un **en plus** aussi
beau ciel, le vrai celui-là, le paradis, la place de Dieu,
son pays qu'il a inventé et qu'il habite avec ses anges et
ses saints. Voilà l'endroit où frapper.
L'un des gars a dit, en riant:
55 — Vas-y,° Patrice! Vas-y donc! Go ahead
Patrice l'a regardé d'un air étonné.
Et l'une des filles, la jolie Lison, la petite Lison de Lor-
bel, s'est mise à rire, et elle aussi a dit:
— Vas-y, Patrice! Tu parles des étoiles et du pays de
60 Dieu, tu dis que le chemin y est court et que tu pourrais
le parcourir.° Alors, vas-y! to travel it
Patrice a rougi.° Il a rougi, puis il est devenu pâle... blushed
— Vous ne me croyez pas, dit-il, voilà ce que c'est.
Vous croyez que je vous mens. Vous voudriez que je
65 prouve ce que j'avance.° Je ne suis pas prêt. Je voulais at- *je propose*
tendre encore un peu. Des raisons qui sont bien° à moi very much

et qui ne regardent° personne. Mais puisque vous me défiez,° je vais aller visiter Dieu dans son ciel. Je vais partir d'ici, ce soir, devant vous, et je reviendrai un de ces jours, les mains pleines d'étoiles, que je vous offrirai.°

° concern
° are defying, challenging

° donnerai

Patrice, redevenu silencieux, baissa la tête et se recueillit° un moment pendant que les jeunes riaient et se poussaient du coude° en le montrant si grave, si ému,° si determiné.

se recueillir to collect oneself
se pousser du coude to nudge each other/excited

Puis il se mit à grimper dans l'air vide.

Ah! voisin, ne t'en va pas, laisse-moi finir. Je ne ris pas de toi, je suis sincère. J'étais là, j'étais un de ceux qui ont ri. J'ai vu Patrice grimper comme il l'a dit, comme on grimpe dans un arbre, ou un poteau.° Seulement, ce qu'il enserrait de° ses jambes, ce à quoi° il s'agrippait pour se tirer plus haut, c'était l'air vide. C'était la nuit, c'était rien, et c'était aussi la foi en Dieu. Je ne sais plus comment nommer ces choses. On les voit, elles nous étonnent, mais ensuite on ne leur trouve plus de nom, plus de façon d'être décrites.

° post, pole
° with/**ce à quoi** that which

Il a grimpé pendant de longues minutes. Je l'ai vu, nous l'avons tous vu qui s'en allait,° là-haut, vers le noir. Il ne fut bientôt plus qu'une ombre, et puis un point sombre, et puis, même en écarquillant les yeux, nous ne le voyions plus. Il était devenu invisible.

nous... allait we all saw him go away

Nous sommes restés là une heure, les yeux vers le ciel, à chercher l'endroit de ce chemin où voyageait Patrice... C'est Lison qui a dit:

— Il mettra du temps à revenir. Le paradis est loin, il n'a pas fini de monter.

Cela nous a ramenés aux réalités de l'instant° et à l'énormité de ce que nous avions vu. Mais je ne crois pas que l'un d'entre nous ait dit trois mots. Nous avons attendu encore un moment, puis comme il ne revenait pas, comme Patrice ne redescendait pas du ciel où il était disparu, nous sommes retournés au village. Moi, avant d'entrer dans ma maison, j'ai bien vu, en regardant le ciel, quatre étoiles en un faisceau° qui ont tout à coup cessé de briller. Mais je me suis dit que je rêvais, que j'avais des visions.

du moment actuel

° bundle

Au matin nous avons regardé vers les nuages, voir si Patrice n'apparaîtrait pas tout à coup tout là-haut.

C'est ce soir-là qu'il est revenu, le lendemain même° de son départ, et à la même heure.

le lendemain même the very next day

Nous nous étions postés° sur le sentier à l'attendre. Et il est apparu.

se poster to take up positions

— Patrice, explique-nous...
Mais il a secoué la tête, il a souri, il a voulu se frayer un chemin à travers le groupe que nous formions, pour monter le sentier, disparaître vers sa maison.

Nous avons questionné, barré le chemin, nous l'avons pressé° de nous répondre, mais il a secoué la tête, il a souri encore, il a surtout cherché à° nous fuir.

Les jours suivants, il s'est affairé° dans le village; il payait des vieux comptes,° il réglait° ses affaires. Je lui ai demandé:

— Tu t'en vas, Patrice?

Mais il ne m'a pas répondu. Trois jours plus tard, j'étais à la fenêtre, c'était le soir brillant d'étoiles, et j'ai vu, là-bas sur la colline, une silhouette qui grimpait, qui s'acheminait vers le ciel, tel que° Patrice l'avait fait quelques jours auparavant.° Cette fois-là, il n'est jamais revenu, et je crois bien° que maintenant il est inutile de l'attendre, car il y a bien° dix ans qu'il est parti.

urged
chercher à *essayer de*
s'affairer to bustle about
bills/was settling

tel que *tout comme*
avant
je crois bien I'm pretty sure
au moins

Les niveaux de langue

La mise en relief *(emphasis)*

Le français peut avoir recours à **c'est** + proposition subordonné pour mettre en relief *(highlight, emphasize)* n'importe quel élément d'une phrase:

phrase normale, sans mise en relief spéciale:

Jean lit un beau livre maintenant.

mise en relief du sujet:

C'est Jean qui lit un beau livre maintenant.

mise en relief du complément direct:

C'est un beau livre que Jean lit maintenant.

ou

Ce que Jean lit maintenant, c'est un beau livre.

mise en relief d'un adjectif:

C'est beau, le livre que Jean lit maintenant.

mise en relief d'un adverbe:

C'est maintenant que Jean lit un beau livre.

Parfois on ajoute **ça** à ces tournures *(patterns)* quand on veut mettre en relief un sujet ou un objet direct (quand il s'agit d'une chose, pas d'une personne):

Ça, c'est un beau livre.

Exercise stylistique

Voici quelques phrases tirées du « Vendeur d'étoiles » où Thériault a employé la mise en relief. Refaites-les sous la forme de phrases normales, sans mise en relief.

Modèle

C'est maintenant qu'il arrive.
Il arrive maintenant.

1. C'est Lison qui a dit:...
2. C'est ce soir-là qu'il est revenu,...
3. Seulement, ce qu'il enserrait de ses jambes..., c'était l'air vide.
4. Ça, cette tache, c'est le paradis de Dieu.
5. Qu'est-ce que ça vous fait, le ciel d'étoiles?

❋ Questions

Vérifiez votre compréhension

1. Comment est le ciel décrit par le narrateur dans le premier paragraphe? Quels sentiments personnels le narrateur éprouve-t-il envers le ciel qu'il contemple?
2. Quelle est l'idée de Patrice? Comment le narrateur et les amis réagissent-ils à ce projet? Comment s'expliquent-ils que leur ami a des idées si bizarres?
3. Comment est-ce que Patrice comptait arriver au ciel? Comment allait-il se présenter devant Dieu?
4. Pouquoi est-ce que Patrice veut décrocher des étoiles?
5. Décrivez la petite excursion à la colline. De quoi Patrice parlait-il? Où, dans le ciel, habite Dieu, selon Patrice?
6. Comment les amis réagissent-ils aux explications de Patrice? Quel défi *(challenge)* lui lancent-ils? Pour relever *(accept)* leur défi, comment Patrice doit-il modifier ses projets?
7. Qu'est-ce que Patrice a fait devant ses amis stupéfaits?
8. Pourquoi est-ce que le narrateur a du mal *(difficulty)* à décrire ce qu'il a vu?

9. Qu'est-ce que le narrateur a vu, juste avant d'entrer chez lui? Quelle explication ce phénomène aurait-il si l'on suivait le raisonnement de Patrice? Pourquoi le narrateur s'est-il dit que c'était un rêve?
10. Quand est-ce que Patrice est revenu au village? Comment s'est-il comporté avec ses amis?
11. Qu'est-ce que Patrice faisait dans le village après son retour?
12. Qu'est-ce que le narrateur a vu de sa fenêtre trois jours après? Pourquoi ne s'attend-il plus à ce que son ami Patrice revienne?

Questions personnelles

1. Est-ce que vous aimez contempler le ciel étoilé? Qu'est-ce que vous y voyez? Quels sentiments éprouvez-vous en le regardant?
2. Quand vous étiez petit, croyiez-vous que vous pouviez tendre la main et toucher le ciel? Quelle idée vous faisiez-vous des étoiles?
3. Avez-vous la foi? Sentez-vous un rapport entre la foi et la nature, et surtout entre la foi et le ciel? Pourriez-vous décrire ce rapport?
4. Avez-vous déjà eu une expérience que l'on pourrait caractériser de mystique, surnaturelle? Décrivez-la. Dans quelles circonstances ce contact avec le surnaturel est-il survenu *(arise)*?

GRAMMATICAL NOTE

Before rereading the story, make sure you understand the author's use of this structure.

THE MEANINGS OF THE PREPOSITION **DE**

Prepositions rarely correspond between languages. The preposition **de** in French has a multitude of meanings that are expressed in English in different ways. In order to read French easily, you must be able to recognize the following two functions of **de**:

1. **De** without the definite article links two nouns in such a way that the second noun describes the first. The English equivalent of this is a compound noun (noun + noun).

    le soir de juillet   *the July evening*
    la tête d'épingle   *the pinhead*

2. **De** is often the equivalent of English *with* and can label the *means by which* something is done:

    se pousser du coude   *to nudge each other with their elbows*

Exercice structurel

Traduisez les phrases suivantes, en faisant attention à la fonction de la préposition **de**.

1. ce qu'il enserrait **de** ses jambes
2. le vendeur **d'**étoiles
3. le ciel **d'**étoiles[2]
4. qui paie **de** dix étoiles chaque verre de nectar
5. le soir brillant **d'**étoiles

Perfectionnez votre vocabulaire

A. Review the following nouns that you have learned. Then match the adjectives related to them with their English translations.

le clignotement / l'étoile / la lueur / la lumière / le noir / le nuage / l'ombre / la silhouette

1. clignotant
2. étoilé
3. luisant
4. lumineux
5. noirâtre
6. nuageux
7. ombragé
8. silhouetté

a. blackish
b. shady
c. outlined
d. blinking
e. cloudy
f. gleaming
g. starry
h. illuminated

B. Complete each sentence with the correct verb form.

1. Ils ont _____ les yeux en le voyant revenir.
   a. secoué   b. écarquillé   c. ramené

2. On ne voulait pas qu'il entre dans le village. On a essayé de lui _____ le chemin.
   a. barrer   b. frayer   c. acheminer

3. Il s'est _____ à la table pour ne pas tomber.
   a. tiré   b. agrippé   c. grimpé

4. Je rêvais dans ma chambre. La sonnerie du téléphone m'a _____ à la réalité.
   a. décroché   b. fui   c. ramené

5. L'actrice a eu du mal à se _____ un passage à travers la foule d'admirateurs.
   a. balancer   b. tirer   c. frayer

---

[2]Formule poétique. On dit généralement **le ciel étoilé**.

Parlons et écrivons

1. Jouez le rôle de Patrice. Créez un monologue dans lequel vous décrirez en détail votre voyage au ciel. Mentionnez tout ce que vous y voyez : les étoiles, les anges, même Dieu.
2. Vous trouverez ci-après une liste des constellations les plus connues qu'on peut voir dans le ciel assombri *(dark)*. Décrivez ce qu'elles représentent et comment on peut les reconnaître.

   La Grande Ourse   *The Big Dipper*
   La Petite Ourse   *The Little Dipper*
   Orion   *Orion*
   Cassiopée   *Cassiopeia*

   On voit aussi **la Voie Lactée** *(the Milky Way)* dans le ciel. Qu'est-ce que c'est? Comment est-elle?

Traduction

A. Traduisez en anglais.

1. « Tu es fou, Patrice. Les beaux jours te montent à la tête. Tu t'enivres avec du soleil et de la nuit bleue. Tu es saoul de trop bien vivre en ce mois plus beau que tous les mois de la vie. »
2. Mais il a secoué la tête, il a souri, il a voulu se frayer un chemin à travers le groupe que nous formions, pour monter le sentier, disparaître vers sa maison.

B. Traduisez en français.

1. The little boy began to climb *(dans)* the tree.
2. He clutched the branch and pulled himself up.
3. He hugged the branch tightly with his legs.
4. We motioned to him to come down, but he shook his head.
5. He said he was making his way towards the clouds.

À votre avis

Commentons le texte

Dans le cadre du récit, analysez l'importance de ces citations.

1. Il va nous en vendre tant et plus. Chacun de nous en possédera au moins une. Nous allons jouir de cette propriété de Dieu, confiée en vente à Patrice notre ami, notre voisin, ...

2. Seulement, ce qu'il enserrait de ses jambes, ce à quoi il s'agrippait pour se tirer plus haut, c'était l'air vide. C'était la nuit, c'était rien, et c'était aussi la foi en Dieu.

Thèmes d'interprétation et de conversation

1. Pour le narrateur du « Vendeur d'étoiles », la contemplation du ciel est un acte esthétique, mythique et mystique. Partagez-vous ce sentiment? Pourquoi ou pourquoi pas?
2. Le français se sert des mots **étoile** et **lune** dans plusieurs expressions. Apprenez par cœur les idiotismes suivants et expliquez leur sens propre *(literal)*.

Croire en sa bonne étoile.	*To trust to luck.*
Son étoile commence à pâlir.	*He/she is on the way out.*
Il/elle est dans la lune.[3]	*His/her mind is a million miles away.*

3. Parlez du rôle de la foi et de la religion dans votre vie. Croyez-vous en Dieu? Quels sont les principes fondamentaux de votre religion ou de vos croyances personnelles? Expliquez le concept de l'être humain et de la nature, dans votre foi.
4. Les amis de Patrice pensaient qu'il était fou parce qu'il prétendait pouvoir grimper dans le ciel, frapper à la porte de Dieu et décrocher des étoiles pour les vendre et pour les répartir entre ses amis. Que pensez-vous de Patrice? Est-ce un fou ou un idéaliste? Connaissez-vous quelqu'un comme Patrice? Est-ce que les gens comme Patrice sont dangereux (pour eux-mêmes, pour les autres)? Expliquez pourquoi.
5. Relisez la description de la nuit faite par Guy de Maupassant dans son conte « La nuit ». Comparez-la avec celle de Thériault dans « Le vendeur d'étoiles ». Quels sont les sentiments évoqués par la nuit dans les deux contes?
6. L'expression **décrocher une étoile** est un lieu commun *(cliché)* du français dans le langage des amoureux. Par exemple, un amoureux peut jurer à son bien-aimée : « Pour toi j'irais décrocher une étoile ». Croyez-vous que Thériault ait pensé à ce sens de l'expression en écrivant « Le vendeur d'étoiles »? Pourquoi ou pourquoi pas?
7. La prose poétique de Thériault se prête à la lecture à haute voix, comme un poème. Lisez le premier paragraphe à haute voix à vos camarades de classe. Eux, ils feront de même. Faites attention aux sonorités et au rythme, aux répétitions et à la mélodie des phrases.

---
[3] On dit aussi: **Il/Elle est dans les nuages.**

3

Dadabé
Michèle Rakotoson

Objectives

1. Read and understand a short story about a young woman's feelings of anxiety, loneliness, and alienation from her current life in Antananarivo, the capital city of Madagascar.
2. Learn vocabulary and expressions related to reality and fantasy and to feelings and attitudes.
3. Review the use of reflexive verbs corresponding to English intransitive verbs.
4. Learn about the use of the interior monologue and time (chronological and psychological) in the short story.

NOTE LITTÉRAIRE

L'auteur de Dadabé appelle son œuvre **une nouvelle.** Une nouvelle est un court récit construit autour d'un seul événement et qui étudie surtout la réalité psychologique des personnages. Dans la nouvelle, à la différence du conte, les personnages sont en général peu nombreux.

La narratrice de « Dadabé » révèle ses souvenirs, ses pensées et ses sentiments dans un **monologue intérieur,** mécanisme littéraire au moyen duquel le lecteur pénètre dans l'esprit du personnage, qui s'exprime « sans l'intervention de l'auteur. »

Le temps chronologique, c'est-à-dire, l'ordre de succession des événements, peut être étendu *(extended)* et approfondi *(deepened)* par le recours au **temps psychologique.** Dans « Dadabé » le temps chronologique se limite à une seule nuit et finit à l'aube. Cependant, le temps psychologique évoqué dans le courant de conscience *(stream of consciousness)* de la narratrice englobe toute sa vie et même celle de ses ancêtres.

Tout comme Maupassant dans « La nuit », Michèle Rakotoson crée, dans sa nouvelle « Dadabé », une atmosphère qui nous donne une **unité d'impression.** Les sentiments d'angoisse et de solitude sont moins nets que dans « La nuit »; ils sont plutôt voilés *(veiled)* et étouffés *(muffled)* (ou, suivant le choix de mots de l'auteur, « feutrés »), parce qu'ils arrivent filtrés par la mémoire. « Dadabé », comme « La nuit », est un récit **sensoriel,** plein d'images qui viennent d'impressions des cinq sens, surtout de l'ouïe *(hearing)*.

➣POUR AMORCER LA LECTURE ➣

VOCABULAIRE UTILE

Sentiments et attitudes

Substantifs

l'angoisse (f.) *anguish*
le bien-être *well-being*
la chaleur *warmth*
le désir de hurler *desire to scream*
la hantise *obsessive fear*
la paix *peace*

la peur *fear*
la sérénité *calm*
la solitude *loneliness*
la tendresse *tenderness*
la tranquillité *tranquility*

Adjectifs

affairé *busy*
affolé *panic-stricken*
caché *hidden, innermost*
calme *calm*
doux *gentle, soft, quiet*
énervé *annoyed, edgy, upset*

maladroit *awkward*
menteur, menteuse *lying, deceitful*
pressé *rushed*
pudique *modest, self-conscious*
serein *calm, serene*

Verbes et expressions

s'affoler *to panic*
être à l'aise *to be at ease*
hurler *to scream*
mentir *to lie*

se relâcher *to relax* (muscles)
subir *to experience, undergo, be subjected to*

Réalité et fantaisie

Substantifs

la brume *mist*
le fantasme *fantasy*
le fantôme *ghost, phantom*
l'hallucination (f.) *hallucination*

l'ombre (f.) *shadow*
le rêve *dream*
le souvenir *memory*

Adjectifs

diffus *diffuse*
féerique *magical, fairy-like*

halluciné *suffering from hallucinations*
quotidien *daily, everyday*

Verbes

se passer *to happen*
voiler *to veil*

IDIOTISMES

Pour parler un français plus naturel, apprenez les expressions suivantes.

- **avoir l'air de** + infinitive
  Les enfants avaient l'air de jouer.

- ***to seem to be doing something***
  The children looked like they were playing.

- **se prendre pour**
  Pour qui se prend-il?

- ***to take oneself for***
  Who does he think he is?

- **remettre quelqu'un à sa place**
  Je vais lui dire quelque chose pour le remettre à sa place.

- ***to put someone in his / her place***
  I'm going to say something to him to put him in his place.

- **se diriger vers**
  Je me suis dirigé vers la sortie.

- ***to head for***
  I headed for the exit.

CAUSONS!

Quels sont les sentiments que vous éprouvez quand vous vous promenez en ville? À la campagne? Éprouvez-vous les mêmes sentiments le jour que la nuit? En quoi ces sentiments diffèrent-ils?

⇛ AVANT DE LIRE ⇚

• UN MOT SUR L'AUTEUR

Michèle Rakotoson est née à Madagascar en 1948. Elle a débuté comme écrivain dans le théâtre, à Madagascar, où elle a écrit et fait jouer plusieurs pièces. Son œuvre dramatique reste inédite. Elle travaille aussi comme professeur et enseigne le français et le malgache (voyez *Le fond culturel*). À présent, elle réside en France où elle prépare un doctorat d'études théâtrales. Elle collabore aussi à des revues, *Jeune Afrique,* par exemple, où ses articles paraissent de temps en temps.

« Dadabé » est un recueil de trois nouvelles. C'est un livre autobiographique où Rakotoson nous présente les angoisses profondes d'une jeune fille face à l'amour et face à la réalité du monde adulte.

Son œuvre est caractérisée par un ton fantastique, presque mythique. L'Ombre, souvenir de la maladie et de la mort de son grand-père, est élevée au niveau d'un personnage. L'atmosphère mystérieuse, folklorique de « Dadabé » convient *(is appropriate)* aussi à l'expression des conflits culturels que ressentent les Africains francisés obligés de naviguer entre deux mondes.

• LE FOND CULTUREL

Michèle Rakotoson est un écrivain francophone, c'est-à-dire originaire d'une ancienne colonie française où le français reste une langue culturelle très importante même après l'indépendance. Elle est née à Madagascar, une grande île de l'Océan Indien séparée de l'Afrique par le canal *(channel)* de Mozambique. Colonie française jusqu'en 1960, Madagascar est maintenant une république démocratique. La langue indigène est le malgache, qui est aujourd'hui la langue officielle ; mais le français a gardé son importance. Les habitants de Madagascar descendent des Africains et des Indonésiens qui ont peuplé l'île pendant le premier millénaire *(thousand-year period)* avant Jésus-Christ.

La nouvelle que vous allez lire se déroule *(unfolds)* à Antananarivo (appelé Tananarive sous les Français), capitale de Madagascar. C'est précisément dans cette ville que l'influence française est la plus forte, et là où l'élite du pays vit à la française *(in the French way)*. Dans le reste de l'île, la culture indigène est dominante, l'influence européenne étant plus faible.

À la fin du récit, Rakotoson mentionne le zébu, le bœuf à bosse *(humpbacked ox)* domestiqué d'Asie et de Madagascar. Utilisé comme bête de somme *(beast of burden)* et animal de trait *(draft animal)* pour labourer *(plow)* la terre, le zébu attelé *(yoked)* est typique de la vie traditionnelle, agricole de ces régions.

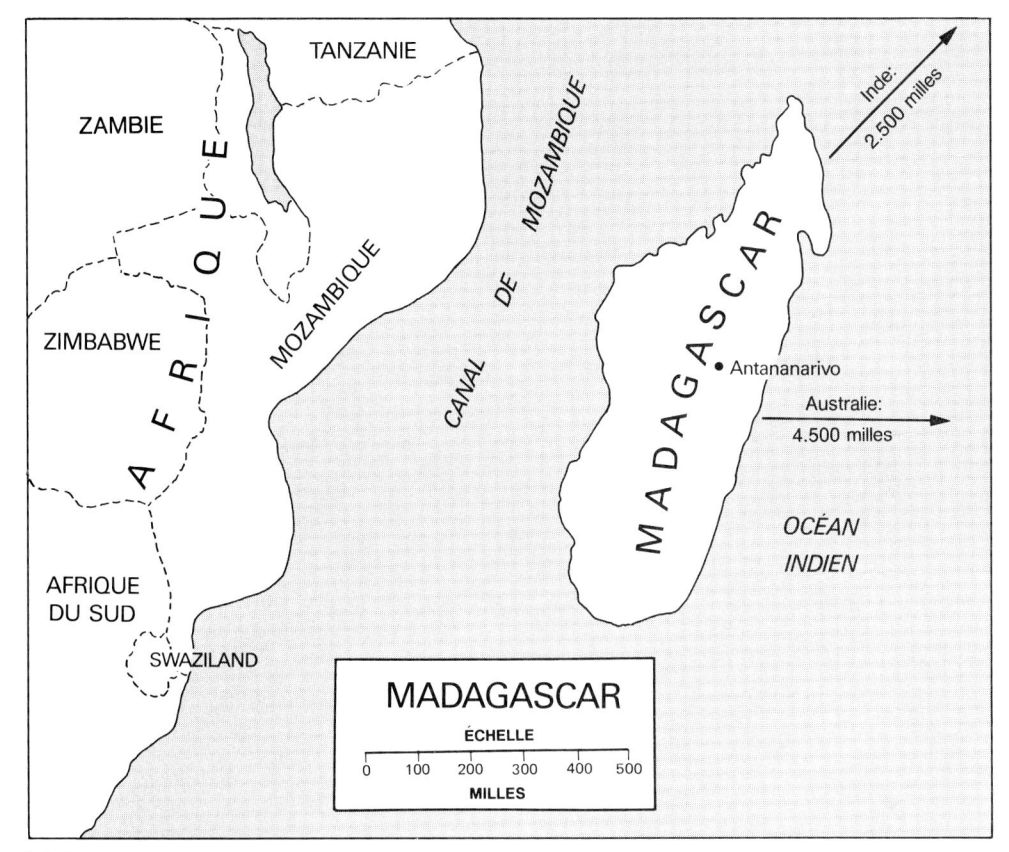

Madagascar

- ABORDONS LE TEXTE

    1. Le titre de cette nouvelle ne vous dira pas grand'chose sur le sujet du récit. **Dadabé** est un mot malgache qui veut dire *grand-père*. Remarquez que Dadabé apparaît au début du récit, ainsi que *(as does)* l'Ombre, une mystérieuse personnification qui revient plusieurs fois dans la narration. En lisant « Dadabé », essayez de formuler une opinion sur la signification de l'Ombre et son importance dans le cadre *(framework)* du récit.
    2. Identifiez les mots-clés de « Dadabé » tels que **angoisse**, **solitude**, **peur**, **être**. Lesquels parmi ces mots sont employés à plusieurs reprises *(are repeated)*?
    3. Le dialogue joue un rôle important dans « Dadabé », mais dans un écrit à atmosphère mystique il est souvent difficile de déterminer

l'identité précise de celui qui parle. L'auteur utilise la ponctuation pour indiquer que quelqu'un est en train de parler :

a. Les tirets *(dashes)* indiquent une conversation. Déterminez qui parle chaque fois que vous voyez un tiret.

— Vous voulez bien?

b. Des alinéas *(indentations)* sans tiret : En quoi est-ce que ces bribes *(snatches)* de conversation se distinguent de celles marquées par les tirets?

c. Des guillemets *(quotation marks « »)* : À quoi servent les guillemets? À quelle fin *(to what end)* est-ce que l'auteur les emploie?

Ils me répondraient au mieux « C'est bien, c'est étrange »...

Dadabé

Comprenne qui voudra.°   *Let him understand who wants to.*
Ce soir-là, dans la moiteur° de cette boîte de nuit° m'est revenu Dadabé.   *dampness/**boîte**... nightclub*
Ce soir-là, à travers ces corps qui gigotaient° j'ai revu   *gyrated*
5   l'Ombre. J'étais venue pour danser, mais comment pouvoir le faire quand les regards autour de° soi° sont fixes,   *around/oneself*
hallucinés, quel° repos pourrait apporter cette musique   *here : what kind of?*
qui vous martèle° le tympan?° Dans cette foule qui voudrait avoir l'air de jouer, plusieurs ont l'air de fantômes,   *hammers/eardrum*
10   fantômes qui s'appelleraient angoisse, solitude.
Et même mes amis qui voulaient être gais et rire se sont retrouvés° là, tassés,° regardant d'un air° vide ceux   **se retrouver** *to meet/packed together/look*
qui désespérément essayaient de mouvoir leur corps.
La sensation de subir un étau° qui se resserre° est de-   *a vise/**se resserrer** to tighten*
15   venue pratiquement intolérable. J'ai essayé de me lever pour danser, et devant l'impression de vide qui m'a assaillie,° j'ai serré° mes bras contre ma poitrine° pour me   *attaquée/tightened/chest*
faire une compagnie.° Mais la sérénité n'est pas venue,   **me... compagnie** *keep myself company*
l'angoisse devint même insupportable. La peur m'envahit,° le désir de hurler aussi. Il fallait sortir, s'en aller de   *overcame*
20   là. J'ai essayé de trouver la sortie pour pouvoir prendre de l'air° quand une impression différente vint à moi.   *get some air*
Cette impression bizarre, alourdissante° que l'on subit° quand on a un regard fixé sur soi.   *that weighs on one/is affected by*
25   Je l'ai repéré.°   *spotted, located*

C'est un homme qui me regarde
sans ciller°
qui s'est levé
avec un sourire
un sourire un peu ironique
Conquérant :
« El Macho. »°
   Cette sûreté° qui n'est pas mienne me fascine, il le sent ; il en° joue. Imperceptiblement, sa démarche,° ses gestes se sont ajustés.° Il est déjà devant moi.
   — Bonjour, vous permettez ?°
   Et la révolte, fugitivement se fait jour° en moi.
   — Mais pour qui se prend-il celui-là ?°
   Je le fustige° du° regard, cherche une phrase cinglante° pour lui répondre, le remettre à sa place. Mais il me sourit, différemment, une quête,° une tendresse perce dans le regard, et la voix est basse, très basse, chaude qui me dit :
   — Vous voulez bien,° n'est-ce pas ?
   Cette voix je la connais.
   Elle fait partie de moi, de mes souvenirs.
   Elle est le vent, la fraîcheur.
   Des souvenirs vont revenir, sont là, au fond de° la mémoire.
   Mais il attend, un petit sourire aux lèvres, et devant ce qu'il prend pour une hésitation, insiste :
   — Vous voulez bien ?
   La voix est très douce, et une sensation de bien-être m'envahit, l'impression d'avoir trouvé un nid,° un refuge.
   Je me suis levée, et je me laisse aller. Toute la folie, toutes les hantises, toutes les angoisses sont parties, et le rythme de la musique est là, qui berce,° qui calme. Je sens la chaleur de sa main dans mon dos. Des bribes° de conversations m'arrivent des couples qui dansent à côté de nous, des regards semblent nous suivre, mais en fait,° je n'entends rien de ce qui se dit autour de moi. Un dialogue est en train de° se créer, mais est-ce vrai, ou est-ce moi qui une fois de plus essaie de recréer des fantasmes ? Et pourtant, la nuit semblait loin, les peurs aussi, je sentis mes muscles se relâcher, le rythme de la musique entrer petit à petit en moi, j'allais pouvoir discuter,° être à l'aise. Mais la lumière se fit° plus violente, deux danseuses apparurent sur scène, souriantes, maquillées,° les yeux noirs, trop noirs. Elles ajustèrent le micro,° et se mirent à° chanter :

« *Si tu imagines* »
« *une nuit avec moi* »

Je le regardais, et vis son sourire, ses dents toutes° blanches; ce sourire, je le connaissais, je l'avais déjà vu, c'était celui de l'Ombre, elle était là, de nouveau...
NON!!!
Sa main m'effleura° tout doucement la joue.°
« Que se passe-t-il ? »
NON!!!
Qu'il ne me touche pas !°
La sortie,° il fallait que je trouve la sortie, que je sorte, que je...
Dehors, il faisait nuit.
Dehors, il faisait froid.
Dehors, une fois de plus° ma vieille amie l'Ombre m'attendait, une fois de plus, une fois de trop. Je la connaissais bien celle-là, elle avait toujours été à mes côtés,° Ombre fidèle, solitude.
Quand j'étais enfant, elle s'installait confortablement dans le lit trop grand pour moi. Et elle fut la fidèle amie de la jeune fille trop maigre, trop laide, Ombre sans corps, sans visage, sans voix, qui se contentait de me regarder en me narguant.°
Elle m'avait guettée° toute cette soirée, je l'avais vue à travers tous ces visages, riant de mes efforts pour être gaie, se gaussant de° mes gestes maladroits. Elle était là, dans chacun d'entre eux, qui° regardait et qui riait, riait, riait. Et elle était là, dehors, dans la nuit, devant moi, elle m'avait attendue, elle m'attendait. Je me secouai.° Non, ce n'était qu'une hallucination, l'Ombre n'existait pas, j'étais fatiguée, harassée.° Il y avait eu beaucoup trop de bruit dans cette salle, trop de rires, trop de voix, je devais pourtant y retourner, mes amis, mes cousins devaient m'y attendre. Mais le chuchotement° du vent dans les feuilles me fit penser à° grand-mère qui me disait :
« Dans le vent très souvent, reviennent les ancêtres. Écoute-les, très souvent ils essaient de nous expliquer, de parler, mais nous ne savons plus entendre, nous ne savons même pas entendre la voix des nôtres. »°
Mais quelles voix pouvais-je entendre ici dans la nuit, dans le vent ?
L'orchestre semblait loin, les airs aussi, les feuilles bruissaient;° tout avait l'air serein. Pourquoi m'étais-je affolée ainsi, pourquoi cette peur, cette angoisse ? J'allais redevenir calme, quand un bruit de pas° se fit

° *tout à fait*

° *toucha légèrement* / cheek

Qu'il... pas Don't let him touch me
the exit

une fois de plus *encore une fois*

à mes côtés *à côté de moi*

scoffing at me

lain in wait for

se gausser de *se moquer de*
here : and she was

shook

exhausted

murmur
me fit penser à made me think of

des nôtres *de nos ancêtres*

were rustling

steps

Antananarivo (Tananarive)

entendre° derrière moi. C'était lui, il était sorti à ma recherche,° « El Macho » le sourire. Je le regardais appro-
120 cher, la démarche légèrement chaloupée,° sûr de lui, il me recherchait, pensait me retrouver dehors, je lui expliquerais peut-être mon attitude. Il s'approchait, s'approchait. Il était habillé de sombre° et n'avait plus son sourire. Je le regardais, ne le reconnaissais pas. Que
125 m'était-il arrivé° tout à l'heure?°

Je me glissai° tout doucement derrière un arbre et m'y tapis.° Il ne fallait pas que cet inconnu me vît,[1] il fallait que je me cache. Il passa devant moi, je le regardais, aller et venir dans le parc, me recherchant, je vis ses gestes
130 décontractés° de tout à l'heure devenir saccadés.° Je le vis hausser° les épaules° et se diriger vers le parking, d'où peu après une voiture sortit à toute allure.° Je suivis la voiture du regard° et la vis disparaître.

L'orchestre reprenait de plus belle° à côté, et le froid
135 descendait petit à petit. Je retournai dans la salle et demandai à être raccompagnée,° je n'avais plus rien à faire ici. Chez moi, tous dormaient, la maison semblait étrangère,° indifférente, eux° avaient vécu leur vie quotidienne et moi...?

se faire entendre to be heard
à ma recherche *pour me chercher*
swaying

in dark colors

Que... arrivé? What had happened to me?/ tout à l'heure a moment ago
slipped, glided

m'y cachai

relaxed/jerky
shrug / shoulders
à toute allure *très vite*
du regard *des yeux*
reprendre... to start up again

taken home

inconnue/ils

---
[1] That stranger was not supposed to see me. (**vît** — imperfect subjunctive of **voir**)

J'eus envie de les réveiller, mais les réveiller pour leur raconter quoi? Pour eux qui s'étaient reposés que comprendraient-ils, que saisiraient-ils° de ce qui s'était passé ce soir? On ne peut guère° raconter l'angoisse, la peur, la solitude. Quels mots allais-je employer pour décrire ce qui s'était passé?

    Ils me répondraient au mieux «C'est bien, c'est étrange», au pire «Va te reposer, tu sembles très énervée.» Quels mots allais-je utiliser pour leur faire partager° ce que j'avais vécu?

    Cela appartenait à une vie extérieure à celle-ci,° eux qui avaient dormi, qu'en saisiraient-ils?

    Je refermai tout doucement la porte et ressortis.° Dehors, la ville était plongée dans un cocon° d'ouate.° Des silhouettes à peine entrevues,° me croisaient,° ou me dépassaient,° ombres silencieuses allant vers quelque rendez-vous, ou vers un travail inconnu. La brume enveloppait tout, feutrait° chaque geste, chaque bruit. Les sons eux-mêmes semblaient différents, inhabituels, j'entendis au loin le chant d'un oiseau. Le jour n'était point° encore là, les voitures étaient encore dans leurs garages, et la plupart des hommes devaient° dormir.

    Le bruit de mes pas sur l'asphalte me semblait incongru° et j'eus envie de m'asseoir, d'assister° au lever du jour° sur Tananarive. Mais où m'asseoir? De plus, cette naissance,° justement,° me poussait à marcher, à bouger,° à ne pas m'immobiliser.° J'enlevais° mes chaussures, il fallait être silence pour que les multiples petits bruits de la vie vinssent à moi : [2] le son d'une voiture qui passait au loin, le son d'une carriole,° le claquement° des sabots° des chevaux. J'eus l'impression d'être dans une ville aux multiples facettes,° une ville de lumière et une ville de brume. Mais n'était-ce pas plutôt moi qui étais inconnue, incongrue dans ce Tananarive qui m'offrait ainsi son vrai visage, celui de sa création.

    La brume était là, qui voilait toutes les silhouettes donnant un aspect féerique à la ville, qui devenait une ville d'ouate, pudique, cachée. Et pourtant, elle était donnée, offerte, je pouvais y circuler,° voir les rues se peupler° petit à petit. Je voyais les maisons, les rues vidées de tous les habitants inopportuns, habillées d'une sérénité inhabituelle, étrange. J'errais° à travers ma ville, à la recherche des° détails, d'une vie autre,° tout

would they grasp
hardly

share

this one (life)

went back out
cocoon/(absorbent) cotton
caught sight of / passed
overtook

muffled

pas du tout

were probably

out of place/be present
le lever du jour daybreak
birth (of the day) / precisely
move/*m'arrêter*/took off

cart / banging
hooves
aux... facettes many-sided

move about
fill up with people

wandered
à la recherche de *cherchant*/*différente*

---

[2]There had to be silence so that the many little noises of life could get to me. (**vinssent** — imperfect subjunctive of **venir**)

Zébus dans une rizière à Madagascar

était éclairé° d'une lumière diffuse, d'une lumière intérieure, de paix, de tranquillité. J'eus l'impression de faire corps avec° ma ville, de la comprendre, de l'aimer, les vagues° avaient reflué° au loin, l'angoisse avait reflué au loin.

Mais avec le jour allaient venir, le bruit, la foule. Ils allaient prendre possession de la ville, et elle aurait son visage quotidien, son visage d'indifférence. Les gens allaient marcher les uns à côté des autres sans se voir.

Qu'aurais-je à faire dans cette ville-là? Le rêve allait se terminer, il fallait rentrer chez soi, retrouver° les habitudes, les années au collège,° les livres à lire, l'entrée à l'université à préparer. Je n'en avais point envie, point envie que la trêve° se terminât, que la sérénité s'en allât.

Je n'en avais absolument pas envie. Dans cette recherche° qu'est la vie° — que doit être la vie — pourquoi mentir, se° mentir?

Être adulte ne m'intéressait pas, être pressée, affairée, menteuse. Je voulais autre chose, une autre vie, une autre ville. Pourquoi retrouver ce quotidien, si morose? Qu'y faire?

illuminé

faire... to be one with
waves / ebbed

rediscover
school

respite (*litt.* truce)

search/**qu'est la vie** which is life
to oneself

Et petit à petit, vouloir° ou fantasme, au gré de mon errance,° aux maisons de Tananarive se transposèrent d'autres maisons, aux bruits d'autres bruits,[3] l'appel d'un maraîcher° devint autre chose que je n'arrivais pas à° définir, les claquements des sabots des chevaux devinrent plus lents, ressemblant ainsi à ceux de zébus qui descendaient lentement dans les rizières.°

will
au... mon errance wherever I wandered

vegetable vendor
arriver à to manage to

rice paddies

---

[3] **aux maisons... d'autres bruits** The houses of Antananarivo were replaced by other houses, the noises by other noises.

Les niveaux de langue

Dans le style poétique de Michèle Rakotoson, on trouve des mots et des tournures littéraires qui ne font pas partie de la conversation de tous les jours. En voici quelques exemples avec leurs équivalents dans le français parlé.

1. VOCABULAIRE

français littéraire	*français parlé*
la quête	la recherche
le vouloir	la volonté
fustiger	critiquer
ne... point	ne... pas
incongru	déplacé

2. SYNTAXE

L'emploi de **Que** + inversion au lieu de **Qu'est-ce que** ou **Qu'est-ce qui** sans inversion :

français littéraire	*français parlé*
Qu'aurais-je à faire dans cette ville-là?	Qu'est-ce que j'aurais à faire dans cette ville-là?
Que se passe-t-il?	Qu'est-ce qui se passe?
Que m'était-il arrivé...?	Qu'est-ce qui m'était arrivé...?

Exercice stylistique

Refaites la conversation suivante en français parlé, en remplaçant les mots en italique.

1. — Cet écrivain a *fustigé* ses ennemis littéraires.
2. — *Qu'aurait-il* trouvé à dire à leur sujet?
3. — Je ne sais *point*, mais il montre un mauvais *vouloir* à leur égard.
4. — *Que lui arrive-t-il?*
5. — Je trouve qu'il se sent *incongru* à cause de son âge.

❋ Questions

Vérifiez votre compréhension

1. Où est la narratrice au début de la nouvelle? Comment est l'endroit où elle se trouve? Quand est-ce que l'action se passe?
2. Quels sentiments éprouve-t-elle?
3. Qu'est-ce qui l'a arrêtée quand elle sortait de cet endroit?
4. Qui est « El Macho »? Que lui demande-t-il? Quelle est la réaction de la narratrice à cette demande?
5. Pourquoi est-ce que la narratrice finit par accepter son invitation à danser? Quels sentiments éprouve-t-elle en dansant avec « El Macho »?
6. Avec qui la narratrice commence-t-elle à confondre « El Macho »?
7. L'Ombre, c'est qui, ou quoi? Que représente-t-elle pour la narratrice?
8. Quels raisonnements la narratrice fait-elle pour déterminer si l'Ombre était vraiment avec elle ce soir-là? Qu'est-ce qu'elle en conclut?
9. Quelles explications lui donnait sa grand-mère? Pourquoi est-ce que les mots de sa grand-mère se présentent à son esprit à ce moment du récit?
10. Quels sont les bruits que la narratrice entend dans la nuit?
11. Quand elle revoit « El Macho » dehors, en quoi lui semble-t-il différent? Qu'est-ce qu'elle fait pour qu'il ne la voie pas?
12. Qu'est-ce que la narratrice voudrait raconter à sa famille? Pourquoi croit-elle qu'ils ne comprendraient pas?
13. Qu'est-ce que la narratrice a vu, entendu et senti après être ressortie de chez elle?
14. Quels changements subit la ville quand le jour se lève?
15. À la fin de la nouvelle, la narratrice parle d'un rêve qui se termine. À quoi est-ce qu'elle fait allusion? Quel contraste désagréable trouve-t-elle entre le monde du rêve et le monde qui commence à Antananarivo avec le jour?

Questions personnelles

1. Quel rapport avez-vous avec votre milieu *(environment)*, c'est-à-dire votre ville, votre école, votre entourage social? Avez-vous l'impression de faire corps avec lui, ou éprouvez-vous des sentiments de désaffection *(alienation)* vis-à-vis de tout ce qui vous entoure?
2. Vivez-vous selon les coutumes de vos grands-parents? Est-il important « d'écouter les ancêtres? » Pourquoi ou pourquoi pas?
3. Avez-vous déjà fait la connaissance de quelqu'un qui vous ait rappelé un parent ou un(e) ami(e)? Décrivez cette personne et les circonstances dans lesquelles vous l'avez connue. Qu'est-ce qu'il y avait en elle qui vous a rappelé le parent ou l'ami(e)?
4. Aimez-vous danser? Quel genre de danses aimez-vous? Est-ce que la danse joue un rôle important dans votre vie et dans celle de vos amis? Pourquoi ou pourquoi pas?
5. La narratrice de « Dadabé » ressent beaucoup d'angoisse face au monde réel, au monde des adultes. Avez-vous partagé (ou partagez-vous encore) ses sentiments de peur et d'inquiétude face à l'enfance qui s'en va? Parlez-en.

GRAMMATICAL NOTE

Before rereading the story, make sure you understand the author's use of this structure.

FRENCH REFLEXIVE (PRONOMINAL) VERBS CORRESPONDING TO ENGLISH INTRANSITIVE VERBS

Study the following examples of reflexive verbs from « Dadabé ». For each, the corresponding non-reflexive meaning is given.

- **retrouver quelqu'un**
   Je retrouve mes amis au café.

- **se retrouver**
   Mes amis et moi, nous nous retrouvons au café.

- *to meet (up with) someone*
   I see my friends at the cafe.

- *to meet*
   My friends and I meet at the cafe.

- **lever**
   Elle a levé le livre.

- **se lever**
   Elle s'est levée.

- *to raise*
   She raised the book.

- *to get up*
   She got up.

- **relâcher un muscle**
   Tu peux relâcher ton bras.

- **se relâcher**
   Mes muscles se sont relâchés.

- *to relax a muscle*
   You may relax your arm.

- *to relax* (said of muscles)
   My muscles relaxed.

- **ajuster quelque chose**
   Les chanteuses ont ajusté le micro.

- **s'ajuster**
   Ses gestes se sont ajustés.

- *to adjust something*
   The singers adjusted the mike.

- *to adjust, move into line with*
   His movements adjusted to it.

- **installer quelqu'un**
   Ils ont installé leurs hôtes au séjour.

- **s'installer**
   Leur cousine s'est installée chez eux.

- *to settle, lodge someone*
   They put their guests in the living room.

- *to settle in, move in*
   Their cousin moved in with them.

Exercice structurel

Complete the following French sentences so that they translate the corresponding English sentences correctly. Select between the reflexive and the non-reflexive forms of each verb given.

1. **glisser**
   a. He slipped an envelope under the door.
      Il _____ une enveloppe sous la porte.
   b. I slipped behind a tree.
      Je _____ derrière un arbre.

2. **approcher**
   a. The man is coming closer.
      L'homme _____.
   b. The man is bringing a chair over.
      L'homme _____ une chaise.

3. **réveiller**
   a. I must wake up my parents.
      Je dois _____ mes parents.
   b. They must wake up.
      Ils doivent _____.

4. **immobiliser**
   a. The train came to a halt.
      Le train _____.
   b. The engineer brought the train to a halt.
      Le machiniste _____ le train.

5. **calmer**
   a. The people calmed down when they heard the music.
      Les gens _____ quand ils ont entendu la musique.
   b. The music calmed the people down.
      La musique _____ les gens.

6. **affoler**
   a. The news is throwing the nation into a panic.
      Les nouvelles _____ la nation.
   b. The nation is panicking.
      La nation _____.

7. **lever**
   a. He raised his chair.
      Il _____ la chaise.
   b. He got up.
      Il _____.

Perfectionnez votre vocabulaire

Reliez les mots de la colonne A avec leurs synonymes de la colonne B.

A

1. angoisse
2. paix
3. affairé
4. arriver
5. caché
6. se diriger vers
7. rêve

B

a. voilé
b. pressé
c. aller à
d. peur
e. fantasme
f. se passer
g. sérénité

Parlons et écrivons

1. Il y a un certain conflit dans l'esprit de la narratrice entre ses souvenirs et sa vision de l'avenir. Comprend-elle son passé? En garde-t-elle la nostalgie? A-t-elle le désir de retourner à ses racines? Est-ce qu'elle est rebelle ou résignée? Répondez à ces questions en vous fondant sur des citations du texte. Ensuite, comparez vos propres attitudes envers le passé, le présent et l'avenir à celles de la narratrice.
2. Au moyen de la personnification de l'Ombre, la narratrice fait allusion à l'angoisse, à la solitude et à la peur qui l'accompagnaient pendant son enfance et qui ne l'ont pas encore abandonnée. Est-ce que les adolescents sont souvent hantés par les «ombres» de leur enfance, par des doutes qui les accablent *(overwhelm)*? Parmi ces «ombres», lesquelles sont les plus fréquentes? Connaissez-vous des personnes qui ne réussissent pas à se libérer des hantises de leur enfance?

Traduction

A. Traduisez en anglais.

1. Je me suis levée, et je me laisse aller. Toute la folie, toutes les hantises, toutes les angoisses sont parties, et le rythme de la musique est là, qui berce, qui calme. Je sens la chaleur de sa main dans mon dos.
2. La brume était là, qui voilait toutes les silhouettes donnant un aspect féerique à la ville, qui devenait une ville d'ouate, pudique, cachée. Et pourtant, elle était donnée, offerte, je pouvais y circuler, voir les rues se peupler petit à petit.

B. Traduisez en français.

1. We were at ease. We had the feeling of peace and well-being.
2. My friends looked like they were having a good time.
3. Then I panicked.
4. I headed for the exit.
5. I don't know what happened.

À votre avis

Commentons le texte

Dans le cadre du récit, analysez l'importance de ces citations.

1. Quand j'étais enfant, elle s'installait confortablement dans le lit trop grand pour moi. Et elle fut la fidèle amie de la jeune fille trop maigre, trop laide, Ombre sans corps, sans visage, sans voix, qui se contentait de me regarder en me narguant. Elle m'avait guettée toute cette soirée...
2. Le rêve allait se terminer, il fallait rentrer chez soi, retrouver les habitudes, les années au collège, les livres à lire, l'entrée à l'université à préparer. Je n'en avais point envie, point envie que la trêve se terminât, que la sérénité s'en allât.

Thèmes d'interprétation et de conversation

1. « El Macho » est un homme qui présente deux masques contradictoires à la narratrice. Il est à la fois Dadabé, son grand-père, avec la voix douce, chaude, qui lui donne une sensation de bien-être chassant les hantises et l'angoisse. Mais il est aussi l'homme inconnu avec un sourire ironique, conquérant, dans lequel la narratrice reconnaît l'Ombre, c'est-à-dire, la solitude et ses hantises. Connaissez-vous aussi une personne qui représente pour vous des traits opposés, comme par exemple le bien et le mal, la bonté et la méchanceté *(meanness)*? Décrivez cette personne et expliquez l'influence qu'elle a ou qu'elle a eue sur vous.
2. Dans ce récit écrit à la première personne l'auteur nous fait entrer dans l'esprit de la narratrice. Nous arrivons à connaître d'une façon très profonde sa psychologie, qui est assez complexe. Mais comme dans toutes les œuvres littéraires écrites à la première personne, l'auteur ne décrit pas la psychologie de ses personnages. C'est à nous de la découvrir à partir de ce qu'ils disent, tout comme on parvient à comprendre la psychologie d'un ami en écoutant ce qu'il dit et en observant ce qu'il fait. Voici quelques groupes de citations tirées de « Dadabé »; presque toutes sont des mots de la narratrice. Décrivez sa psychologie, sa personnalité avec ces citations comme point de départ.

   Premier groupe :
   a. La sérénité n'est pas venue.
   b. L'angoisse devint même insupportable.
   c. La peur m'envahit, le désir de hurler aussi.
   d. Elle avait toujours été à mes côtés, Ombre fidèle, solitude.

   Deuxième groupe :
   e. J'eus l'impression de faire corps avec ma ville, de la comprendre, de l'aimer, les vagues avaient reflué au loin, l'angoisse avait reflué au loin.
   f. Mais n'était-ce pas plutôt moi qui étais inconnue, incongrue dans ce Tananarive qui m'offrait ainsi son vrai visage, celui de sa création.

g. Mais avec le jour allaient venir, le bruit, la foule. Ils allaient prendre possession de la ville, et elle aurait son visage quotidien, son visage d'indifférence.

Troisième groupe :
h. ... il fallait rentrer chez soi, retrouver les habitudes, les années au collège, les livres à lire, l'entrée à l'université à préparer. Je n'en avais point envie, point envie que la trêve se terminât, que la sérénité s'en allât.
i. Dans cette recherche qu'est la vie — que doit être la vie — pourquoi mentir, se mentir?
j. Être adulte ne m'intéressait pas, être pressée, affairée, ...

Quatrième groupe :
k. «Dans le vent très souvent, reviennent les ancêtres. Écoute-les, très souvent ils essaient de nous expliquer, de parler, mais nous ne savons plus entendre, nous ne savons même pas entendre la voix des nôtres.»
l. Et petit à petit, vouloir ou fantasme, au gré de mon errance, aux maisons de Tananarive se transposèrent d'autres maisons, aux bruits d'autres bruits, l'appel d'un maraîcher devint autre chose que je n'arrivais pas à définir, les claquements des sabots des chevaux devinrent plus lents, ressemblant ainsi à ceux de zébus qui descendaient lentement dans les rizières.

3. Quand la narratrice s'en va de chez elle pour attendre le lever du soleil, elle dit que Tananarive est «plongé dans un cocon d'ouate». Expliquez ce qu'elle veut dire par là et trouvez d'autres exemples dans la nouvelle de cette ambiance qu'elle trouve dehors avant que le jour se lève. Relevez ses impressions auditives et visuelles.
4. Vous avez sûrement remarqué la personnification comme procédé littéraire dans «Dadabé»; vous le voyez aussi dans «Le vendeur d'étoiles» de Thériault. Citez des exemples de personnification dans «Dadabé». Précisez les effets produits sur le lecteur par ce mécanisme littéraire.

II

TROIS POINTES DE MYSTÈRE

4

Le portrait
Yves Thériault

Objectives

1. Read and understand a mysterious story about a young girl who finds an old portrait in the attic and is captivated by the young, handsome uncle she never knew.
2. Learn vocabulary and expressions related to painting and relative position.
3. Review position of adjectives.
4. Learn about the narrator's credibility and the use of dialogue in the short story.

NOTE LITTÉRAIRE

Le lecteur, en lisant un conte, doit se décider si le conteur est digne de foi *(reliable)*, c'est-à-dire, si le lecteur peut croire les jugements portés par le narrateur sur les personnages et sur l'action du conte. Pour parler de la crédibilité du narrateur, on emploie le terme de **vraisemblance**. L'auteur du conte peut créer un narrateur dont la crédibilité n'est pas parfaite pour susciter l'intérêt de ses lecteurs.

Dans « Le portrait », la question de la vraisemblance de la narratrice se présente de la façon suivante : la narratrice est-elle une jeune fille sensible et impressionable, sujette à des expériences mystiques et spirituelles, ou le monsieur dépeint sur le tableau a-t-il réellement le regard changeant ?

En plus de **la narration**, indispensable dans un conte, il existe d'autres éléments littéraires auxquels l'auteur peut avoir recours, par exemple **la description** et **le dialogue**. Dans « Le portrait », le dialogue est présent tout au long du récit, surtout entre la narratrice et sa mère. Dans chaque échange de conversation, la mère d'Hélène nous fournit des informations sur la vie de l'oncle Jean, et, ce faisant *(by so doing)*, fait progresser l'action du récit. Pour bien comprendre « Le portrait », faites particulièrement attention à la conversation entre Hélène et sa mère. N'oubliez pas que le dialogue est marqué par des tirets dans un texte français.

⇒ POUR AMORCER LA LECTURE ⇐

VOCABULAIRE UTILE

Pour parler de la peinture

Substantifs

le cadre *frame*
le coup de pinceau *brushstroke*
la dorure *gilt, gold edge*
le pinceau *paintbrush*
la teinte *hue, shade*
la teinte chaude *warm hue*

Verbes et expressions

accrocher un tableau au mur *to hang a painting on the wall*
peint *painted*
peindre *to paint* **(je peins, nous peignons)**
poser la couleur *to put down, apply the color*
rendre habilement *to depict, render skillfully*
tracer *to sketch, draw*

Notez : **la peinture** *painting* (branch of art) vs. **le tableau** *painting* (picture)

Relative position — prepositions and adverbs of place

derrière *behind*
devant *in front of*

sous *under*
sur *on*

aux côtés de *beside*
face à *facing*
le long de *all along*
vers *towards*

ailleurs *elsewhere*
dehors *outside*
en face *straight ahead*

IDIOTISMES

Pour parler un français plus naturel, apprenez les idiotismes suivants par cœur.

- **faire oui de la tête**
  Je lui ai demandé s'il voulait sortir; il m'a fait oui de la tête.

- *to nod yes*
  I asked him if he wanted to go out; he nodded yes to me.

- **secouer la tête**
  J'ai répondu en secouant la tête.

- *to shake one's head*
  I answered by shaking my head.

- **ça n'a plus d'importance**
  C'est une très vieille histoire, tu sais. Ça n'a plus d'importance.

- *it doesn't matter any more*
  It's a very old story, you know. It doesn't matter any more.

- **au fond**
  Au fond, ses reproches m'importaient fort peu.

- *actually, now that I think about it*
  Actually, his reproach mattered very little to me.

- **aborder le sujet**
  C'est un sujet que je n'ose pas aborder avec mon père.

- *to bring up the subject*
  It's a subject that I don't dare bring up with my father.

- **avoir la bougeotte**
  Il s'est enfui plusieurs fois de la maison. Il avait la bougeotte.

- *not to be able to settle down*
  He ran away from home several times. He couldn't settle down.

- **n'importe où**
  Sans diplôme, il lui faut travailler n'importe où.

- *anywhere*
  Without a diploma, he has to work anywhere.

- **se méprendre sur**
  Elle s'est méprise sur ses intentions.

- *to be mistaken about*
  She was mistaken about his intentions.

CAUSONS!

Aimez-vous pendre des tableaux aux murs pour décorer votre chambre ou votre maison? Où est-ce que vous les accrochez? Comment sont les tableaux que vous avez? Préférez-vous les portraits ou les paysages?

⇒ AVANT DE LIRE ⇐

• UN MOT SUR L'AUTEUR

Yves Thériault, né dans la ville de Québec, a travaillé comme présentateur *(announcer)* de radio, comme scénariste *(scriptwriter)* pour le Département Ministériel des Affaires Indiennes et du Nord Canada et comme directeur culturel de l'Office National du Film. Jusqu'à sa mort en 1983, il a travaillé comme co-directeur d'une compagnie cinématographique.

Pendant son enfance, il a appris la langue Cris *(Cree, an Indian language)* de son père, qui comptait des Cris dans son ascendance. Parmi ses romans sont des œuvres classiques sur le Nord canadien. Il a écrit plus de mille contes, dont la plupart restent inédits *(unpublished)*. Le conte que vous allez lire, « Le portrait », a paru dans l'anthologie « L'île introuvable », publiée en 1968.

• LE FOND CULTUREL

Yves Thériault était canadien. Comme vous savez, le Canada est un pays officiellement bilingue, c'est-à-dire un pays qui a deux langues officielles, le français et l'anglais. À peu près le quart des Canadiens (presque 6 millions) sont francophones, concentrés pour la plupart dans la Province de Québec où le français est la langue officielle. La présence de la langue française au Québec est un des vestiges de l'empire français du nouveau monde qui comprenait, avant l'achat de la Louisiane par Thomas Jefferson en 1803, une grande partie de ce qui forme aujourd'hui les États-Unis.

• ABORDONS LE TEXTE

1. Dans la *Note littéraire* on a parlé du rôle important joué par le dialogue dans « Le portrait ». En anglais on se sert des guillemets *(quotation marks)* pour signaler le dialogue. En français on utilise une succession de tirets *(dashes)* pour indiquer un changement d'interlocuteur *(speaker)*, comme dans l'extrait suivant où la mère de la narratrice pose une question à sa fille à laquelle la narratrice répond :

   — Tu as toujours le portrait dans ta chambre ? dit ma mère.
   — Oui.

   Maintenant, parcourez *(scan)* rapidement « Le portrait ». Cherchez les tirets pour avoir une idée de la quantité de dialogue dans le récit.
2. Lisez les premiers paragraphes et échanges du récit, jusqu'à la ligne 19 « — Quel oncle ? » Qu'est-ce qui se passe au début du conte ? Quel est le ton du récit ? Y a-t-il la préfiguration de quelque chose de funeste *(sinister)* ? À votre avis, que pourrait-il arriver après qu'Hélène, la narratrice, a posé la question **Quel oncle ?**

LE PORTRAIT • 63

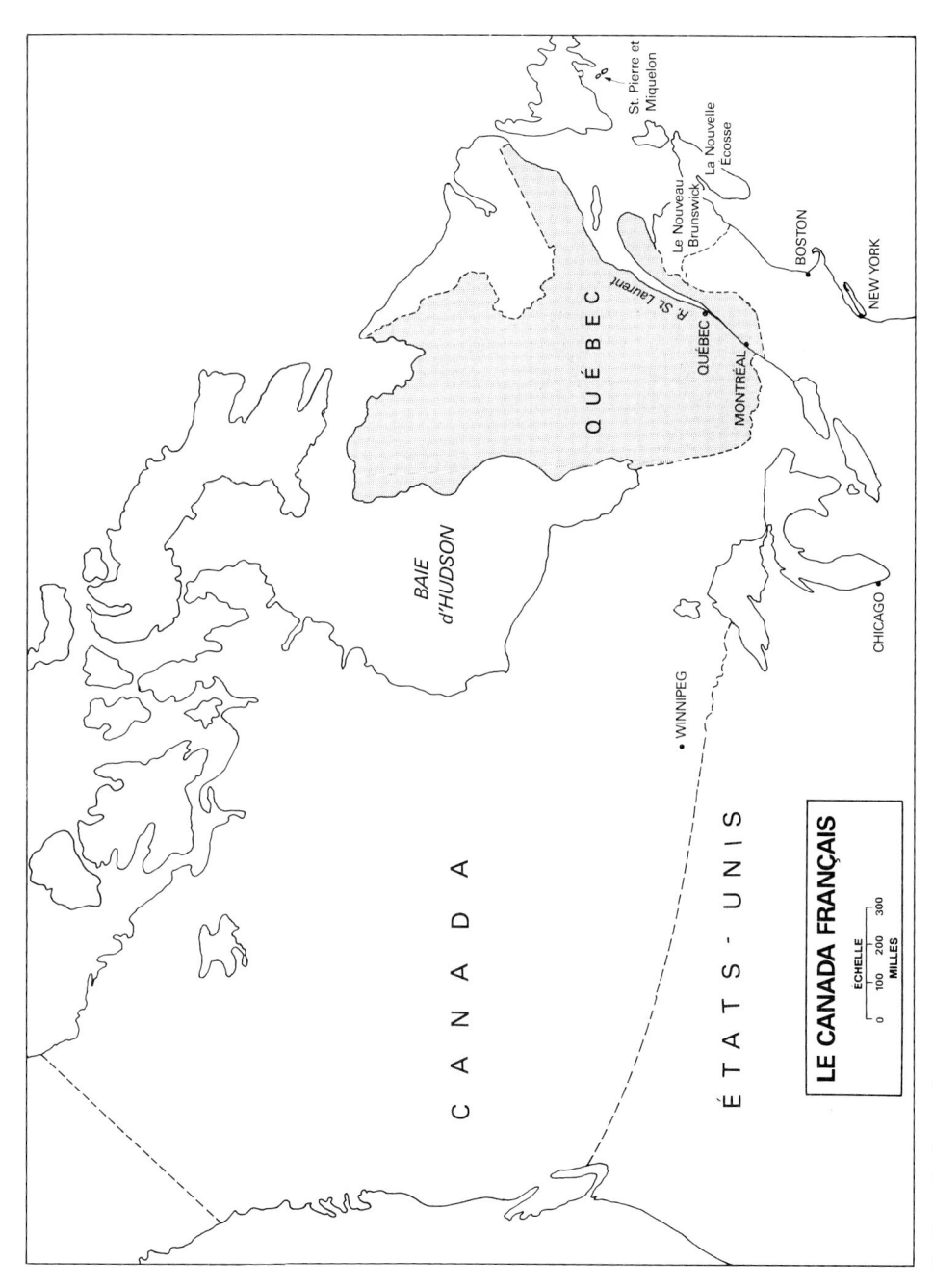

Le Canada français

3. La construction **ne** + verbe + **que** *(only)* apparaît plusieurs fois au cours du récit. Il est important de la traduire correctement et de ne pas l'interpréter comme étant une construction négative :

Je **ne** me connaissais **qu'**une vague tante...	*I only knew about a vaguely related aunt...*
Il **ne** reste **que** ton père et ta tante Valérienne.	*The only ones left are your father and your aunt Valérienne.*

4. Après avoir lu le récit entier, comparez son dénouement *(outcome)* avec les suppositions lorsque vous n'aviez lu que le début selon les instructions données ci-dessus au numéro 2.

Le portrait

J'ai trouvé le portrait dans le grenier,° un matin de juin.   attic
J'y étais à quérir° des pots° pour les confitures° de   *chercher (litt.)*/jars/jams
fraises,° puisque nous étions au temps de l'année pour   strawberries
ces choses.

5   Le portrait était derrière un bahut.° J'ai vu la dorure   chest
du cadre. Fanée,° noircie. J'ai tiré° à moi, et voilà que   tarnished/pulled
c'était le portrait.
    Celui d'un homme jeune, aux cheveux bruns, à la bouche agréable, et des yeux qui me regardaient. Des
10 grands yeux noirs, vivants...
    J'ai descendu° le portrait dans la cuisine.   took down
    — Voilà, mère, c'était au grenier.
    Elle regarda le portrait d'un air surpris.°   **d'un air surpris** with a surprised look
    — Nous avions donc ça ici, ma fille ? Tiens, tiens°...   well now
15 J'ai demandé :
    — Qui est l'homme ? Parce que c'est un bel homme.
Il est vêtu° à la mode ancienne,° mais c'est un magni-   *habillé*/**à la mode ancienne** in an old-fashioned way
fique gaillard...°
    — Ton oncle, dit-elle, le frère de ton père. Le portrait   fellow
20 a été peint alors qu'il était jeune.
    — Quel oncle ?
    Je ne me connaissais qu'une vague° tante, pâle, ané-   distant, vaguely related
mique, dolente° qui vivait à la ville et venait s'évanouir°   mournful *(litt.)*/to faint
chez nous une fois l'an. Elle arrivait, portait un mou-
25 choir° à son nez, murmurait quelques mots au sujet des   handkerchief
odeurs de la campagne, puis s'évanouissait. Au bout de°   **au bout de** after
la troisième fois, elle repartait° pour la ville. C'était, à   set off again
ma connaissance,° la seule parente° de mon père.   **à ma connaissance** to my knowledge/relative

Je l'ai dit à ma mère.

30 — Je ne me connais point d'oncle...°   **Je...** I didn't know I had an uncle.

— C'était le plus jeune frère de ton père. Ils étaient quatre. Trois garçons, une fille. Il ne reste que ton père et ta tante Valérienne.

— Les autres sont morts?

Elle fit oui de la tête.

35 — Même celui-là? dis-je, même ce bel oncle-là?

— Oui.

Cela n'était pas honnête,° d'être si beau et d'être mort. Il me venait° des bouffées° de colère.° On ne fait 40 pas mourir du beau monde° comme ça, on attend un peu.

fair
Il me venait I got, there came upon me/bursts/ anger
du beau monde a handsome person

— N'empêche que° j'avais un bel oncle... Dommage qu'il soit mort...

N'empêche que Well, just the same

Ma mère me regardait curieusement.

45 — Hélène, tu dis de drôles° de choses...   funny

Mais je n'écoutais pas ma mère. Je regardais le portrait. Maintenant, à la lumière plus crue° de la cuisine, le portrait me paraissait encore plus beau, encore mieux fait... Et j'aimais bien les couleurs.

harsh

50 — Je le pends° dans ma chambre, dis-je...   will hang

— Comme tu voudras, dit ma mère, aujourd'hui, ça n'a plus d'importance.

La remarque n'était pas bien claire, et j'ai voulu savoir.

55 — Vous ne trouvez pas que c'est d'en dire beaucoup,° et bien peu,° mère?

d'en... saying a lot about it
very little

— Peut-être. De celui-là,° mieux vaut° en dire le moins possible...

De celui-là About that fellow/**mieux vaut** it's better

— Comment se nommait-il?°   **s'appelait-il**

60 — Tout simplement Jean...

— Et qu'est-ce qu'il faisait, demandai-je, qu'est-ce qu'il faisait dans la vie?

Mais ma mère secoua° la tête.   shook

— Pends, dit-elle, ce portrait où tu voudras... Ça n'a 65 plus d'importance, mais si tu veux un bon conseil,° ne dis rien, ne cherche à° rien savoir.° Et surtout, ne parle de rien à ton père.

piece of advice
chercher à *essayer de/* find out

Au fond, ça m'importait peu. J'aimais le coup de pinceau de l'artiste. J'aimais sa façon de tracer, de poser la 70 couleur, j'aimais les teintes chaudes... Je trouvais l'oncle bien° beau, et bien jeune...

very

Mais ça n'était pas si important que je doive encourir° d'inutiles colères. Et quelque chose me disait, quelque chose dans le ton de la voix de ma mère, dans la détermi-

bring upon myself

nation de son visage, que mon père n'aimerait pas du tout que j'aborde le sujet de son frère Jean.

J'ai pendu le portrait au mur de ma chambre.

Je l'ai regardé chaque matin en m'éveillant,° et chaque soir avant de souffler° la lampe.

Et puis, au bout de deux semaines, une nuit, j'ai senti que quelqu'un me touchait l'épaule.

Je me suis éveillée en sursaut.° J'ai allumé° ma lampe de chevet.° J'avais des sueurs° froides le long du° corps... Mais il n'y avait personne dans ma chambre.

Machinalement,° j'ai regardé le portrait, et en le voyant j'ai crié,° je crois, pas fort,° mais assez tout de même,° et je me suis enfoui° la tête sous l'oreiller.°

Dans le portrait, l'oncle Jean, très habilement rendu, regardait droit devant lui... Mais lorsque je me suis éveillée, j'ai vu qu'à cette heure-là de la nuit, il se permettait de regarder ailleurs.° En fait° il regardait vers la fenêtre. Il regardait dehors...

Le matin, je n'ai rien dit. Rien dit non plus° les jours suivants, même si, chaque nuit, quelqu'un... ou quelque chose m'éveillait en me touchant l'épaule. Et même si chaque nuit, l'oncle Jean regardait par la fenêtre...

Naturellement, je me demandais bien ce que ça voulait dire. Plusieurs fois je me suis pincée,° très fort,° pour être bien sûre que je ne dormais pas.

Chose certaine,° j'étais bien éveillée.

Et quelque chose se passait°... Mais quoi?

Au sixième matin... vous voyez comme je suis patiente... j'ai voulu tout savoir de maman.

— L'oncle Jean, qui est-il? Qu'est-ce qu'il faisait? Pourquoi ne faut-il pas en parler devant papa, de cet oncle?

— Tu as toujours le portrait dans ta chambre? dit ma mère.

— Oui.

Elle continua à vaquer à ses occupations° pendant quelques minutes, puis elle vint s'asseoir devant moi, à la table.

— Ma fille, me dit-elle, il y a des choses qui sont difficiles à dire. Moi, ton oncle Jean, je l'aimais bien, je le trouvais charmant. Et ça mettait ton père dans tous les états° quand j'osais° dire de telles choses.

Je lui ai demandé :

— Mais pourquoi, mère?

— Parce que ton oncle Jean, c'était une sorte de mouton noir° dans la famille... Il a eu des aventures, je t'épargne° les détails. Surtout, il avait la bougeotte. Il s'est enfui° jeune de la maison, on ne l'a revu que plus tard°...

Puis il est reparti. Un jour, ton père a reçu une lettre. Ton oncle Jean s'était fait tuer,° stupidement, dans un accident aux États-Unis. On a fait transporter sa dépouille° ici, pour être enterrée° dans le lot° familial au cimetière. Il n'aurait pas dû°... mais...

— Pourquoi? ai-je demandé, pourquoi n'aurait-il pas dû?

— Parce que, dans un testament déniché° par la suite° dans les effets de Jean, celui-ci exigeait° d'être enterré n'importe où, mais pas dans le lot familial... Il disait dans cet écrit° qu'il n'avait aucunement° le désir de reposer aux côtés de° la paisible° et sédentaire° famille. Il avait un autre mot pour eux... pas très gentil.

Moi, je croyais comprendre, maintenant.

— Est-ce que papa l'a fait transporter ailleurs?

— Euh... non... question des° dépenses° que ça signifiait... Jean n'a rien laissé, il est mort pauvre.

Ce soir-là, j'ai mieux dormi. J'ai été éveillée vers quatre heures, et toute la scène d'habitude s'est répétée.

— Soit,° ai-je déclaré au portrait de l'oncle Jean... Demain, je vais y voir.°

Et le lendemain matin, j'ai pris le portrait, et je l'ai porté dehors, derrière la remise.° Je l'ai appuyé° là, face au soleil levant.°

Plusieurs fois dans la journée, je suis allée voir. L'oncle Jean regardait en face, mais j'ai cru voir° comme° une lueur° amusée dans ses yeux. Je me suis dit que je n'avais pas remarqué ce sourire auparavant°...

Au crépuscule,° le portrait était encore là...

Durant la nuit, je fus éveillée de nouveau. Seulement, au lieu d'une° main discrète sur mon épaule, ce fut un très gentil baiser° sur la joue° qui m'éveilla.

Et je vous jure° que pendant les quatre ou cinq secondes entre le sommeil profond et l'éveil° complet, durant cette espèce° de douce° transition j'ai fort bien° senti des lèvres tièdes° sur ma joue.

N'allez pas croire surtout qu'une jeune fille va se méprendre là-dessus.° À force d'en° rêver aux lèvres tièdes, on vient tout de même à en reconnaître le toucher!

Je me suis rendormie° paisiblement. J'avais comme° une sensation de bien-être.°

Au matin, le portrait n'était plus à sa place.

J'ai demandé à papa s'il l'avait pris, et m'a dit que non. Maman n'y avait pas touché. Mes petits frères non plus.

Le portrait avait disparu.° Et moi j'étais convaincue que sa disparition coïncidait avec le baiser de reconnaissance° si bien donné au cours de° la nuit.

Vous voulez une explication? Je n'en ai pas. La chose
est arrivée.° Elle s'est passée comme ça. Ça peut être une   *happened*
suite° de rêves. Freud aurait une explication, je sup-   *série*
pose... N'empêche que les faits° sont là. Un portrait est   *facts*
disparu,[1] et l'oncle Jean regardait. Pour un homme qui
avait toujours de la bougeotte, c'était tout de même assez significatif.

---

[1]Normalement on dit **a disparu**.

Les niveaux de langue

Le langage canadien

Le français du Canada et le français de France ne sont pas identiques. Il existe des mots français qu'on emploie au Canada avec un sens différent, et des mots et des tournures qui sont archaïques en France, mais que l'on emploie toujours au Canada. De même, l'anglais et l'espagnol américains conservent des mots et expressions devenus depuis longtemps hors d'usage en Europe. Voici quelques exemples du français canadien trouvés dans « Le portrait », et leurs équivalents en français européen.

français canadien	*français de France*
du beau monde	des gens beaux
s'éveiller	se réveiller
une fois l'an	une fois par an
lot familial	caveau familial
se mettre dans tous *les* états	se mettre dans tous *ses* états
le mouton noir *(anglicisme)*	la brebis galeuse
se nommer	s'appeler

Notez que **s'éveiller** et **se nommer** se disent en France aussi, mais **s'éveiller** a en général un sens figuré et **se nommer** est un mot du style soutenu *(formal)*. L'expression **une fois l'an** est vieille en français européen.

Exercice stylistique

Les phrases suivantes sont écrites selon les normes canadiennes. Refaites-les selon les préférences linguistiques françaises.

1. Mon père s'est mis dans tous les états quand il a vu que j'avais ce portrait dans ma chambre.
2. Nous allons visiter le lot familial une fois l'an.
3. Comment se nommait-il, cet oncle qui était le mouton noir de la famille?
4. Quel beau portrait familial! On ne voit pas souvent tant de beau monde dans une seule famille.
5. Les enfants s'éveillent toujours à six heures du matin.

❋ Questions

Vérifiez votre compréhension

1. Où est-ce que la narratrice a trouvé le portrait? Pourquoi y était-elle allée?
2. Décrivez le sujet et le cadre du portrait.
3. Expliquez la surprise d'Hélène en apprenant que l'homme du portrait était son oncle.
4. Qui est la seule parente paternelle que la jeune fille connaisse? Comment est cette personne?
5. Quel conseil est-ce que la mère d'Hélène donne à sa fille quand Hélène dit qu'elle va accrocher le portrait dans sa chambre?
6. Quels aspects du portrait ont plu à Hélène?
7. Deux semaines après qu'Hélène a accroché le portrait dans sa chambre, il arrive quelque chose de bizarre. Qu'est-ce qui arrive et quand?
8. Six jours après ces événements bizarres, Hélène a demandé à sa mère des précisions *(further explanations)* sur l'oncle Jean. Qu'est-ce qu'elle voulait savoir exactement?
9. La mère d'Hélène n'était pas tellement prête à parler de l'oncle Jean. Pourquoi? Comment est-ce qu'elle trouvait son beau-frère *(brother-in-law)*? Quelle sorte d'opinion le père d'Hélène avait-il de l'oncle Jean?
10. Qu'est-ce que la mère entendait *(meant)* quand elle disait que Jean « avait la bougeotte »?
11. Qu'est-ce qui est arrivé à Jean?
12. Selon les dispositions *(provisions)* de son testament, où voulait-il qu'on l'enterre?
13. En laissant le portrait de son oncle dehors, derrière la remise, qu'est-ce qu'Hélène a remarqué qu'elle n'avait pas vu avant dans le portrait?
14. Qu'est-ce qui l'a réveillée cette nuit? Décrivez ce qu'elle a senti.

Questions personnelles

1. Est-ce que vous avez un oncle, une tante ou un autre parent dont vous ne connaissez que le portrait? Qu'est-ce que vous savez de cette personne? Qui vous a renseigné sur elle? Voudriez-vous faire sa connaissance?
2. Connaissez-vous le cas d'une brebis galeuse? D'où venait la mauvaise réputation de cette personne?
3. Avez-vous déjà fait des rêves ou des cauchemars inspirés par un tableau? Décrivez-les et le tableau qui en était à l'origine. Vous aviez quel âge à l'époque? Comment y avez-vous réagi?
4. Est-ce qu'il y a déjà eu dans votre famille un désaccord qui provenait d'une divergence d'opinion au sujet d'un membre de la famille? Quelles ont été les conséquences de ce conflit entre la sympathie et l'antipathie éprouvées *(felt)* envers la même personne?

GRAMMATICAL NOTE

Before rereading the story, make sure you understand the author's use of this structure.

POSITION OF ADJECTIVES

Most French adjectives follow the nouns they modify:

aux cheveux **bruns**	*with **brown** hair*
à la bouche **agréable**	*having a **pleasant** mouth*
une main **discrète**	*a **discreet** hand*

However, the following common adjectives usually precede their nouns:

beau, bel / belle	**vilain / vilaine**	**gros / grosse**
bon / bonne	**mauvais / mauvaise**	**haut / haute**
grand / grande	**petit / petite**	**joli / jolie**
jeune	**vieux, vieil / vieille**	**long / longue**
	nouveau, nouvel / nouvelle	

de(s) **grands** yeux	***big** eyes*
un **bon** conseil	*a **good** piece of advice*

Note that the superlative of these adjectives usually comes before the nouns too:

C'était **le plus jeune** frère de ton père.	*He was your father's **youngest** brother.*

Note that some adjectives which appear in « Le portrait » have different meanings, depending on whether they are placed before or after the noun:

une idée **vague**	*a **vague** idea*
une **vague** tante	*a **distantly related** aunt*
une parente **seule**	*a **lonely** female relative*
la **seule** parente	*the **only** female relative*

When adjectives that usually come *before* their nouns are placed *after* them, the emphasis is shifted to the adjective:

un **jeune** homme	*a young man*
un homme **jeune**	*a **young** man (stresses not old)*

LE PORTRAIT • 71

When adjectives that are usually placed *after* their nouns are placed *before* them, emphasis may be shifted to the noun:

| la **paisible et sédentaire** famille | the peaceful and sedentary family (Everyone knows they're peaceful and sedentary.) |

Alternatively, the impression may be created that the adjective and noun form a unit similar to **jeune fille** *girl*, **petit pain** *roll*, etc. Contrast the following:

| un gaillard **magnifique** | *a great-looking guy* (Contrasts with *a not so good-looking guy*.) |
| un **magnifique** gaillard | *a great-looking guy* |

Exercice structurel

Formez des locutions avec les noms et les adjectifs proposés. Mettez l'adjectif à sa place normale.

Modèles

sourire / beau → *un beau sourire*
portrait / magnifique → *un portrait magnifique*

1. couleur / chaud
2. oncle / vieux
3. lumière / cru
4. remise / vieux
5. cadre / nouveau
6. cheveux / noir
7. éveil / long
8. attente / long
9. écrit / nouveau
10. journée / beau
11. grenier / vieux
12. lèvres / petit

Perfectionnez votre vocabulaire

Complétez les phrases avec les mots de cette liste :

accroché / le grenier / cadre / la dorure / posé / tête / pinceau / mur / peint / abordé / chaudes / le portrait / long / vers

1. Hélène a trouvé _____ dans _____.
2. Elle aime le coup de _____ de l'artiste.
3. Le _____ du portrait est très noirci.
4. Pourquoi est-ce que tu n'as pas _____ ce sujet avec ton père ?
5. Il y avait de _____ tout le _____ du cadre.
6. L'artiste a _____ son sujet avec des teintes _____.
7. Elle m'a répondu en faisant oui de la _____.
8. Hélène a _____ le portrait au _____ de sa chambre.

Parlons et écrivons

1. Dans ce conte, le regard de l'oncle Jean, sur le portrait, a changé de direction. Allons un peu plus loin. Imaginons que le portrait parle. Comment est-ce que l'oncle Jean se présenterait à sa nièce ? Et elle, quelles questions lui poserait-elle pour arriver à le connaître ? Écrivez ou présentez avec un autre étudiant un dialogue entre Hélène et le portrait de son oncle. Si vous l'écrivez, ne manquez pas *(be sure to)* d'employer les tirets pour indiquer le changement d'interlocuteur (voyez *Avant de lire*, p. 62).

2. La narratrice parle des éléments artistiques du portrait qu'elle aime. Elle dit :

   J'aimais bien les couleurs.
   J'aimais le coup de pinceau de l'artiste
   J'aimais sa façon de tracer, de poser la couleur, j'aimais les teintes chaudes.

   Voici un peu de vocabulaire pour « parler peinture ». Choisissez un tableau que vous aimez bien et écrivez un paragraphe où vous expliquez pourquoi vous l'aimez.

   l'art abstrait   *abstract art*
   la composition   *composition*
   le croquis   *sketch*
   les couleurs vives / sombres   *light / dark colors*
   l'esquisse (f.)   *sketch*
   la lumière   *light*
   le paysage   *landscape*
   le / la portraitiste   *portrait painter*
   le sujet   *subject*
   aimer / ne pas aimer sa palette   *to like / not like his (her) palette*
   attirer   *to attract*
   faire de l'aquarelle / de la peinture à l'eau   *to paint in watercolors*
   faire des croquis   *to sketch, do sketching*
   faire de la peinture à l'huile   *to paint in oils*
   plaire à quelqu'un   *to appeal to someone, to like something*

Traduction

A. Traduisez en anglais.

1. Je ne me connaissais qu'une vague tante, pâle, anémique, dolente, qui vivait à la ville et venait s'évanouir chez nous une fois l'an. Elle arrivait, portait un mouchoir à son nez, murmurait quelques mots au sujet des odeurs de la campagne, puis s'évanouissait.

2. Et je vous jure que pendant les quatre ou cinq secondes entre le sommeil profond et l'éveil complet, durant cette espèce de douce transition j'ai fort bien senti des lèvres tièdes sur ma joue.

B. Traduisez en français.

1. The portrait was painted when my aunt was young.
2. The eyes of the portrait look straight ahead.
3. Actually, I had never noticed the beautiful brush strokes and warm tones before.
4. You can hang that picture anywhere. It doesn't matter.
5. You are mistaken about the name of the artist. It's my uncle Jean.
6. He left Canada twenty years ago; he just couldn't settle down.

À votre avis

Commentons le texte

Dans le cadre du récit, analysez l'importance de ces citations.

1. Il disait dans cet écrit qu'il n'avait aucunement le désir de reposer aux côtés de la paisible et sédentaire famille. Il avait un autre mot pour eux... pas très gentil.
2. N'empêche que les faits sont là. Un portrait est disparu, et l'oncle Jean regardait. Pour un homme qui avait toujours eu la bougeotte, c'était tout de même assez significatif.

Thèmes d'interprétation et de conversation

1. En découvrant le portrait, Hélène éprouve *(feels)* une sympathie presque instantanée pour son oncle. Elle dit : les yeux du portrait « me regardaient », c'est-à-dire qu'elle sent un rapport personnel qui se crée entre elle et le portrait de son oncle. À votre avis, qu'est-ce qui attire Hélène, dans le portrait? Est-ce que cet attrait est purement physique? Expliquez vos idées là-dessus.
    Décrivez un portrait qui vous plaît. Où se trouve-t-il? Chez vous? Au musée? Qu'est-ce qu'il y a, dans le portrait, qui vous attire?
2. Jusqu'à ce qu'elle ait découvert le portrait de son oncle Jean, la narratrice de « Le portrait » croyait que sa tante Valérienne était la seule parente de son père. Quelle a été la réaction d'Hélène à la nouvelle de l'existence d'un oncle inconnu? Quel effet est-ce que ça lui a fait? Si vous appreniez tout d'un coup que vous aviez un oncle (ou une tante) dont vous ignoriez l'existence *(whose existence you were not aware of)*, quel effet est-ce que ça vous ferait? Est-ce que vous feriez un effort pour en savoir davantage sur lui (elle)?
3. Quel âge donnez-vous à la narratrice? Est-ce une jeune fille de 15, de 16 ou de 17 ans? Qu'est-ce qui fait penser qu'elle a à peu près cet âge-là? Pourquoi pensez-vous qu'elle éprouve tant de sympathie pour le sujet du portrait qu'elle a trouvé dans le grenier?

4. Décrivez Hélène en vous rapportant aux termes suivants, le cas échéant *(if necessary)* :

> **romantique**
> **idéaliste**
> **sensible**   *sensitive*
> **rebelle**
> **avoir une nature élevée**   *to be spiritual*
> **avoir de l'esprit**   *to be witty*
> **être impertinente**
> **avoir l'esprit d'aventure**   *to have a spirit of adventure*
> **avoir un sens esthétique (très) développé**

Quels traits de caractère avez-vous en commun avec Hélène? Pouvez-vous vous décrire vous-même en employant les termes mentionnés ci-dessus au sujet d'Hélène?

5. Quelle explication des mystérieux événements nous propose la narratrice? Discutez des possibilités qu'elle présente et analysez surtout le sens de ses paroles « Freud aurait une explication. » Selon les idées de Freud, comment pourrait-on expliquer le regard changeant du portrait et les autres phénomènes bizarres qui s'y rattachent? Et vous, comment est-ce que vous les expliqueriez?

5

D'un cheveu
Jean Giraudoux

Objectives

1. Read a humorous and sarcastic portrayal of the famous detective Sherlock Holmes.
2. Learn vocabulary and expressions that have to do with nervousness.
3. Review some important uses of prepositions in French.
4. Learn about the use of irony in the short story and the use of literary devices in the author's style.

NOTE LITTÉRAIRE

Le terme **ironie** a deux sens en littérature. L'ironie peut signifier l'emploi d'un mot pour dire exactement le contraire, ce qui donne un ton de raillerie *(mockery)* et de sarcasme à la phrase. Par exemple, quand le narrateur rencontre Sherlock, mari de son amante, il dit « Voilà ma veine ! » *(What good luck!)*. Il est évident qu'il veut faire entendre tout le contraire. L'emploi des mots dans un sens ironique est un des éléments importants du ton humoristique de « D'un cheveu ». En lisant ce conte, cherchez d'autres exemples du recours à l'ironie *(use of irony)*.

L'ironie, c'est aussi un développement inattendu, une résolution qu'on n'avait pas prévue. Vous verrez comment Giraudoux met l'ironie au service de l'action dans son récit.

Giraudoux emploie plusieurs **figures littéraires** *(literary devices)* dans « D'un cheveu » pour créer un ton d'humour et de raillerie, par exemple **la métaphore**. La métaphore est une comparaison sous-entendue *(non-explicit)* à laquelle on parvient en donnant quelque chose un autre nom :

Ils ne pourront jamais concevoir quel étau broyait mon cœur.	*They will never be able to imagine the vise that was crushing my heart.*

Giraudoux a aussi recours à **la comparaison directe**, qui utilise le mot **comme**.

Mon cœur, en quatrième vitesse, ronflait au milieu de ce silence comme un moteur.	*My heart, in fourth gear, was throbbing in the midst of this silence like a motor.*

Trouvez au moins une métaphore et deux autres comparaisons dans « D'un cheveu ».

⇒ POUR AMORCER LA LECTURE ⇐

VOCABULAIRE UTILE

La nervosité *(nervousness, agitation)*

Substantifs

l'air (m.) *look, appearance*
l'allure (f.) *look, appearance*
le badinage *banter*

le battement du cœur *the beating of one's heart*
l'émotion (f.) *emotion*
le frisson (f.) *shudder*

Adjectifs

désolé *terribly sorry*

surpris *surprised*

Adverbes

bêtement *stupidly, foolishly*
fiévreusement *feverishly*

froidement *coldly*
précipitamment *hastily*

Verbes

bafouiller *to talk nonsense, gibberish*	**se méfier** *to be wary, distrustful*
balbutier *to stammer*	**siffloter** *to whistle (a tune)*
intimider *to intimidate*	**sourire** *to smile*
marivauder[1] *to banter, chatter*	**torturer** *to torture*
	se troubler *to get flustered*

Expressions

affecter de sourire (literary) *to pretend to smile*
Cela le reprend. *There he goes again.*
dissimuler sa terreur *to hide one's terror*
se donner une contenance *to try to look composed*
fixer quelqu'un *to look someone straight in the eye*
mes cheveux se sont dressés *my hair stood up on end*
trêve *(truce)* **de plaisanterie** *stop your joking, let's stop joking*

IDIOTISMES

Pour parler un français plus naturel, apprenez par cœur les idiotismes suivants.

- **tendre un piège à quelqu'un**
    Faites attention! C'est un piège qu'on vous tend.

- *to set a trap for someone*
    Be careful! That's a trap they're setting for you.

- **mettre quelque chose sur le compte de**
    Je mettais son impatience sur le compte de la nervosité.

- *to attribute something to something*
    I attributed his impatience to nervousness.

- **se servir de quelque chose**
    Sherlock Holmes se servait d'une loupe.

- *to use something*
    Sherlock Holmes used a magnifying glass.

- **être payé pour le savoir**
    Ce cours est difficile. Je suis payé pour le savoir.

- *to learn the hard way*
    That course is hard. I know it from bitter experience.

---

[1] From the French playwright Pierre Marivaux (1688–1763), known for his refined and amusing language.

- **être du nombre**

    Il y a des hommes qui ne vivent que pour le travail. Mon mari est du nombre.

- **tenir à ce que** (+ subjunctive)

    Je tiens à ce que vous preniez un verre avec moi.

- **Je ne vous en veux pas.**

    Je sais que vous sortez avec ma bonne. Mais je ne vous en veux pas.

- *to be one of them, be (counted) among them*

    There are men who live only for their work. My husband is one of them.

- *to insist that*

    I insist that you have a drink with me.

- *I bear you no grudge.*

    I know that you're going out with my maid. But I don't hold that against you.

CAUSONS!

Comment est-ce que votre comportement change quand vous êtes très nerveux (nerveuse)? Est-ce vous avez les mêmes réactions que vos amis? Décrivez ces réactions.

⇒ AVANT DE LIRE ⇐

- ## UN MOT SUR L'AUTEUR

    Jean Giraudoux (1882–1944) est né en France dans le Limousin (région du centre). Écrivain prolifique, il est connu pour ses romans, et surtout pour son théâtre. Mais Giraudoux était aussi un excellent conteur. La plupart de ses contes ont paru dans deux journaux parisiens, *Le Matin* et *Paris-Journal*, entre 1908 et 1912. Celui que vous allez lire, « D'un cheveu », fut publié dans le numéro du 9 novembre 1908 du *Matin*, où Giraudoux était éditeur littéraire.

    On trouve dans l'œuvre de Giraudoux un monde de fantaisie et d'humour exprimé dans un langage parfois extravagant *(extremely unconventional)*. « D'un cheveu » en est un bon exemple.

Jean Giraudoux

• LE FOND CULTUREL

Dans un récit policier, les détails sont toujours de première importance, surtout les détails du cadre *(surroundings)* dans lequel les personnages évoluent. Giraudoux a écrit « D'un cheveu » au début du siècle. Il y a donc plusieurs aspects du monde des personnages qu'il faut connaître avant de commencer la lecture du conte.

1. La chaussure *(footwear)* : En France à l'époque, les hommes portaient des **bottines**, chaussures hautes qui ressemblaient à des bottes, et qui fermaient avec des boutons. Pour les fermer, il fallait employer un **tire-bouton** *(button-hook)*. Les **souliers à lacets** *(shoes with laces)* étaient une mode britannique d'importation récente. Remarquez que le mot **soulier** est vieux maintenant, ayant été remplacé pour la plupart par **chaussure**.
2. Les vêtements : **Le paletot** est un manteau de laine porté par les hommes.
3. Les armes : Le narrateur du conte a un pistolet dans la poche. À l'époque, les duels étaient encore fréquents pour régler les disputes.

80 • JEAN GIRAUDOUX

• ABORDONS LE TEXTE

1. Lisez le premier paragraphe du conte. Vous connaissez maintenant les deux personnages principaux du récit. Qu'est-ce qui va arriver? Formulez une hypothèse sur les événements qui peuvent s'ensuivre. Après la lecture du conte entier, comparez cette hypothèse préliminaire avec le vrai dénouement *(resolution)*.
2. En lisant le conte, notez l'évolution de la logique de Sherlock. Quelles sont les preuves dont il se sert? Qu'est-ce qu'il est amené *(led)* à conclure après chacune des preuves?

D'un cheveu°

by a hairbreadth

Je sortais des° bras de Mme Sherlock Holmes, quand je tombai,° voilà ma veine,° sur son époux.°
— Hé! bonjour! fit l'éminent détective. On° dîne avec moi? Voilà des siècles qu'on° ne vous a vu!
5 Quelque chose de mon émotion transparut sur mon visage. Sherlock sourit finement° :
— Je vois ce que c'est, dit-il, Monsieur va chez une amie.
Si je disais non, j'avais l'air de faire des mystères.° Si je
10 disais oui, j'avais l'air de vouloir l'éviter. Je répondis donc, peut-être un peu précipitamment, que l'amie en question pouvait parfaitement attendre; que, si je n'arrivais pas à huit heures, ce serait à neuf, et que, d'ailleurs, si elle n'était pas contente, je ne rentrerais pas du tout.
15 Sherlock, pour toute réponse,° posa° les mains sur mes épaules, me fixa, et dit :
— Ne bafouillez pas, cher.° Je vous avais tendu un piège. Vous sortez d'un rendez-vous!
Un frisson parcourut° mon corps et sortit par mes che-
20 veux, qui se dressèrent.
Par bonheur,° il ajouta :
— Mais trêve de plaisanterie. Allons au restaurant. Désolé de ne pas vous emmener° chez moi, mais on ne m'y attend° pas. La bonne° a son jour.°
25 Je me crus sauvé. Mon ami rêvait bien sur° son potage,° mais je mettais ses rêveries sur le compte de quel-

sortir de to have just left
here : stumbled upon / luck / *mari*
Vous
nous

subtly, cleverly

faire des mystères to act mysterious

Sherlock... réponse Sherlock's only reply was to / placed
my dear man

went through

par bonheur *heureusement*

take (someone somewhere)
expect / *domestique* / day off
over
soup

« C'est un mouchoir de femme. »

que professionnel du vol à la tire° et du vagabondage spécial.² Soudain, du pied,° il cogna° légèrement ma cheville.°

30 — Voilà la preuve, fit-il.

Cela le reprenait.

— La preuve indéniable, la preuve irréfutable, expliqua-t-il, que vous sortez bien d'un rendez-vous : vos bottines sont à demi° reboutonnées : ° ou vous avez été
35 surpris en flagrant délit,° hypothèse inadmissible, car une main de femme noua° à loisir° votre cravate, ou votre amie appartient à° une famille où l'on n'use point du tire-bouton, une famille anglaise, par exemple.³

J'affectai de sourire.

40 — Toute femme, insinuai-je, a des épingles à cheveux.° Une épingle à cheveux remplace avantageusement° un tire-bouton.

— Votre amie n'en a pas, laissa-t-il tomber.° Vous ignorez° peut-être que certaines Anglaises ont formé
45 une ligue contre les épingles à cheveux. D'ailleurs, sans chercher si loin,° les femmes qui portent perruque° ne s'en servent pas. Je suis payé pour le savoir. Ma femme est du nombre.

le vol à la tire pickpocketing

du pied with his foot/ banged against ankle

à demi half, only half/ rebuttoned

en flagrant délit in the act knotted/**à loisir** *sans se presser*
appartenir à to belong to

épingle à cheveux hairpin

honorably

laisser tomber to drop

don't know

far afield/wig

---

²Old term for crime of a pimp.
³Les Anglais et les Anglaises, on le sait, affectent de *(put on a show of)* ne porter que des souliers découverts *(low shoes)* et à lacets *(with laces)*, dits *(called)* Richelieu. *(Author's note)*

— Ah! fis-je.

Il s'amusait évidemment à me torturer. De plus,° l'imbécile m'avait placé dos à° la fenêtre, et il en° venait un courant d'air° qui me pénétrait jusqu'aux moelles.° J'éternuai.° En tirant° mon mouchoir, j'en fis tomber° un second,° orné de dentelles,° un peu plus grand qu'une feuille et un peu moins grand que ma main. Sherlock le posa° sur la table, et s'abîma° à nouveau° dans ses contemplations.

— C'est un mouchoir de femme, prononça-t-il enfin.

Puis il sourit.

— Enfant! fit-il. Vous vous laissez trahir° par un mouchoir. Depuis Iago et Othello, ce genre° d'accessoires n'appartient plus qu'à l'opérette. Mais je ne veux pas être indiscret. Me permettez-vous de l'examiner?

— Vous pouvez, balbutiai-je bêtement;° il est propre.

Je sifflotai pour me donner une contenance, puis, comme j'avais par cela même l'air d'en chercher une,° je me tus. On aurait entendu voler les mouches.[4] Mais les sales bêtes, intimidées, s'en gardaient bien.° Mon cœur, en quatrième vitesse,° ronflait° au milieu de ce silence comme un moteur. Sherlock but un doigt° de bordeaux, en rebut° un second doigt, et posa un des siens,[5] l'index, sur le mouchoir.

— C'est la femme de quelqu'un qui se méfie et qui est malin,° fit-il. Il n'a pas d'initiales.

J'avalai° de soulagement° deux grands verres d'eau. Sherlock respira° le mouchoir, et l'approcha° délicatement de mon nez.

— Qu'est-ce qu'il sent?° demanda-t-il.

Il sentait le Congo° si affreusement° qu'on pouvait prendre pour du pigeon la bécassine° faisandée° de quinze jours° qu'on nous servait. C'était en effet le soir de l'ouverture de la chasse.°

— Ce qu'il sent? murmurai-je.

Heureusement, Sherlock n'écoute pas ses interlocuteurs.° Les questions qu'il leur pose sont des réponses qu'il se fait.

— Pour moi, raisonna-t-il, il ne sent rien. C'est donc un parfum auquel je suis habitué. Celui du Congo, par exemple : celui de ma femme.

---

[4] The French idiom **on aurait entendu voler des mouches** is the equivalent of English *you could hear a pin drop*. Its literal meaning is *you could have heard flies flying* (**la mouche** *fly*). You need to keep in mind the literal meaning to understand the use of **sales bêtes** *(filthy beasts)* in the next sentence.
[5] Pun on the two meanings of **doigt** : *finger* and *drop, small amount to drink*.

Ceux qui n'ont jamais été pris° dans une machine à battre° ou passés au laminoir° ne pourront jamais concevoir quel étau° broyait° mon cœur. Je me penchai° sur mon assiette et essayai de me trouver de l'appétit,° dans un de ces silences qui doublent de hauteur° la colonne d'air° que supportent nos épaules.° Sherlock continuait à me fixer.°

— Un cheveu, fit-il.

Je me penchai vers son assiette.

— Ce n'est pas un cheveu, dis-je. Du poireau,° sans doute.

Sans répondre, il se leva, allongea° la main vers moi et me présenta, entre le pouce° et l'index, après l'avoir cueilli° sur le col° de mon paletot, un fil° doré,° soyeux,° souple,° bref° un de ces cheveux qui font° si bien sur l'épaule de l'amant,° quand toutefois° la tête de l'aimée° est au bout.°

— Eh bien, dit-il, qu'est-ce que cela?

— Ça, fis-je, d'un ton que j'aurais voulu° indifférent, mais qui malgré moi° prenait des allures provocantes,° vous l'avez dit vous-même, c'est un cheveu!

Il le posa sur la nappe° blanche. Je profitai des facilités° qui me donnaient le courant d'air et la rêverie° de mon bourreau,° pour diriger un éternuement° dans la direction du cheveu qui s'éleva,° ondoya° comme un serpent sur sa queue,° sans pourtant,° l'infâme,° quitter la table.

— Rééternuez,° commanda Sherlock Holmes, qui avait perçu° évidemment mon manège.°

Je la trouvai mauvaise.°

— Si vous tenez à ce que° j'éternue, protestai-je, éternuez vous-même.

Il éternua. Le cheveu s'éleva, ondoya (voir plus haut°).

— C'est bien un cheveu de perruque,° conclut-il, la racine° colle!°

Le cheveu était retombé en travers° et nous séparait comme un cadavre. Il me paraissait plus long encore mort que vivant.

Sherlock vida° son verre et s'en saisit° comme d'une loupe,° malgré mes efforts pour lui verser un chablis, d'ailleurs° exécrable.°

— C'est bien° un cheveu de ma femme, dit-il.

Je dissimulai ma terreur sous le voile° d'un aimable badinage.°

— Eh! eh! marivaudai-je, Mme Sherlock est jolie. Vous me flattez.

Sherlock vida son verre et s'en saisit comme d'une loupe...

Il me regarda d'un air de commisération.
140 — Pauvre ami, fit-il, une femme qui a traîné tous les bars.°   *qui... bars* whom you could find in any bar

La mort valait mieux que l'incertitude. Je n'aime pas mourir à petit feu.° Surtout en présence d'un garçon stupide qui vous écoute en vous servant. Je congédiai° l'in-
145 trus° dans les règles.°   *lentement, peu à peu* / dismissed / intruder / *dans les règles* (*humorous*: according to the rule book)

— Et vous, fis-je en me levant et en fixant Sherlock, expliquez-vous!

C'était prendre le taureau par les cornes.° Mais j'aurais fait plus encore.   **prendre le taureau par les cornes** to take the bull by the horns

150 Mon adversaire, d'ailleurs, ne sortit pas de° son ironie déférente.   **sortir de** *here*: abandon

— En deux mots, dit-il. Vous sortez d'un rendez-vous et vous vous troublez à ma vue,° donc, vous avez intérêt° à ce que je ne connaisse pas celle qui vous prodigue° ses
155 faveurs. Vos bottines sont défaites, donc... vous ne les avez pas reboutonnées. C'est le jour où ma bonne s'absente° et laisse ma femme seule. Vous sortez un mouchoir qui appartient à ma femme. Je trouve sur votre épaule un cheveu de sa plus belle perruque. Donc...   **à ma vue** when you see me / an interest / lavishes / is away

160 Mes yeux ne firent qu'un tour.⁶ Le temps passait en raison inverse° du battement de mon cœur.   **en raison inverse** in inverse proportion

— Donc, reprit° Sherlock, qui me fixait toujours avec les yeux du boa qui va engloutir° son bœuf... Donc... concluez vous-même.°   continued / to swallow up / draw your own conclusions

---

⁶Jeu de mots. *Usual expression*: **Mon sang n'a fait qu'un tour.** My heart skipped a beat.

165   Je conclus en me renversant sur mon fauteuil° et en caressant fiévreusement la crosse° de mon revolver, un excellent browning à douze coups.° Quelle bêtise° de ne jamais le charger!°
        — Donc... dit Sherlock froidement (avouez-le,° mon
170 pauvre ami, je ne vous en veux pas). Vous êtes... l'ami de ma bonne!
        — Garçon, criai-je. Où diable vous cachez-vous! Il y a une heure que je vous appelle! Apportez du champagne!

se renverser... fauteuil to tip one's chair back
butt
shots/stupidity
load
admit it

Les niveaux de langue

La prose de ce récit est assez élégante.   L'ambiance créée par l'auteur nous rappelle la haute bourgeoisie parisienne du début du siècle.   Le style soutenu *(formal)* des descriptions, et même celui du dialogue, donnent un ton élevé, cultivé au conte, sans rien enlever à l'impression humoristique de la narration.   Voici quelques exemples du langage littéraire tirés du conte de Giraudoux avec leurs équivalents dans le français de tous les jours.

français littéraire	*français de tous les jours*
1. LE CHOIX DE MOTS OU DE LOCUTIONS :	
Qu'est-ce que cela?	Qu'est-ce que c'est que cela (ça)?
(Sherlock) s'abîma dans ses contemplations.	(Sherlock) s'est perdu, plongé dans ses contemplations.

2. LA NÉGATION
    L'OMISSION DE **PAS** AVEC LE **PASSÉ COMPOSÉ** APRÈS **VOILÀ**, **DEPUIS**, etc. :

Voilà des siècles qu'on ne vous a vu!	Voilà des siècles qu'on ne vous a pas vu!

LE REMPLACEMENT DE **PAS** PAR **POINT** :

où l'on n'use point du tire-bouton	où l'on n'use pas du tire-bouton

Notez que l'emploi de **point** ajoute aussi une touche d'humour à la prose.

3. L'INVERSION DU SUJET ET DU VERBE DANS LES QUESTIONS :

Me permettez-vous de l'examiner?   Vous me permettez de l'examiner?
Où diable vous cachez-vous?   Où diable est-ce que vous vous cachez?

Exercice stylistique

Refaites les phrases suivantes en français familier.

1. Elle n'a point d'épingles à cheveux.
2. D'où venez-vous?
3. Voilà un an que je ne l'ai vu!
4. Qu'est-ce qu'un tire-bouton?
5. Me conseillez-vous de partir?

❋ Questions

Vérifiez votre compréhension

1. D'où venait le narrateur au début du conte?
2. Sur qui est-il tombé? Pourquoi cette rencontre était-elle ironique?
3. Où va le narrateur d'après Sherlock Holmes?
4. Quelle réponse est-ce que le narrateur fait à Sherlock?
5. En quoi consiste le piège que Sherlock lui avait tendu?
6. Sherlock ne peut pas inviter le narrateur chez lui pour dîner. Pourquoi?
7. Quelle preuve indéniable le fameux détective a-t-il trouvé pour démontrer que le narrateur a déjà eu son rendez-vous?
8. Expliquez le rapport entre les épingles à cheveux et les tire-boutons.
9. Qu'est-ce que c'est que la ligue contre les épingles à cheveux? Qui est adhérent *(member)* de cette ligue?
10. Qu'est-ce qui s'est produit après que Sherlock a placé le narrateur dos à la fenêtre? Parlez du mouchoir et de l'enchaînement d'événements.
11. Expliquez l'allusion faite par le fameux détective à Othello et à Iago.
12. Quelle est l'importance du parfum du mouchoir?
13. Indiquez les mots, gestes ou actes qui font preuve de l'agitation du narrateur.
14. Le cheveu recueilli par Sherlock Holmes sur le col du paletot du narrateur prend beaucoup d'importance dans le raisonnement du détective. D'où vient ce cheveu? Décrivez le déroulement de la scène qui tourne autour du cheveu.
15. Quelle conclusion tire Sherlock de toutes les preuves qu'il a rassemblées? Pourquoi est-ce que le narrateur commande du champagne en écoutant cette conclusion?

Questions personnelles

1. Avez-vous déjà été dans une situation pénible avec un(e) ami(e) dans laquelle vous avez préféré ne pas dire la vérité? Donnez les détails du problème et expliquez pourquoi vous avez jugé bon de dissimuler les faits *(conceal the facts)*. Est-ce que vous employez souvent ce manège *(stratagem)* qui consiste à cacher la vérité? Pourquoi?
2. Quand vous vous trouvez dans une situation angoissante, quelles réactions physiques avez-vous?

    transpirer *(to perspire)*, être en nage *(to be covered with sweat)*, avoir mal à la tête, avoir les cheveux qui se dressent, bafouiller, balbutier, avoir le cœur qui bat, avoir du mal à avaler sa salive *(to gulp, have difficulty swallowing)*

3. Êtes-vous plutôt émotif (émotive) ou raisonnable? Essayez-vous de résoudre un problème d'une façon logique et objective, où est-ce que vos émotions vous empêchent de trouver une solution? Parlez d'un problème que vous avez résolu avec succès en faisant usage de la raison et de la logique, ou bien au contraire d'un problème que vous n'avez pas pu résoudre à cause de vos émotions et de vos sentiments.

GRAMMATICAL NOTE

Before rereading the story, make sure you understand the author's use of this structure.

PREPOSITIONS

The prepositions of one language rarely have exact translations in another. Here are some special uses of French prepositions that occur in "D'un cheveu."

À

LABELS THE MANNER OR CHARACTERISTIC FEATURE

le vol à la tire	*pickpocketing (stealing by pulling out)*
un revolver à douze coups	*a twelve-shot revolver*
souliers à lacets	*laced shoes*
à loisir	*in a leisurely fashion*
à petit feu	*by inches, bit by bit* (lit.: *on a low flame*)

CONNECTS CERTAIN VERBS TO AN INFINITIVE OR NOUN THAT FOLLOWS

    s'amuser à faire quelque chose   *to take pleasure in doing something*
    continuer à faire quelque chose   *to keep on doing something*
    habitué à (faire) quelque chose   *used to (doing) something*

LABELS THE MEANS

    passer au laminoir   *to put someone through the mill*

LABELS THE PURPOSE (LIKE ENGLISH COMPOUND NOUNS)

    machine à battre   *threshing machine (machine for threshing)*
    une épingle à cheveux   *hairpin*

DE

CONNECTS CERTAIN VERBS TO AN INFINITIVE OR NOUN THAT FOLLOWS

    avoir envie de faire quelque chose   *to feel like doing something*
    avoir besoin de faire quelque chose   *to need to do something*
    avoir l'air de faire quelque chose   *to appear to be doing something*
    être désolé de faire quelque chose   *to be terribly sorry to be doing something*
    affecter de faire quelque chose   *to pretend to do something*
    essayer de faire quelque chose   *to try to do something*
    permettre à quelqu'un de faire quelque chose   *to allow someone to do something*
    profiter de quelque chose   *to take advantage of something*
    approcher quelque chose de quelque chose   *to bring something close to something*

LABELS THE MANNER OR MEANS

    orné de   *decorated with*
    cogner du pied   *to bang against with one's foot*
    d'un ton ironique   *in an ironic tone*
    Il me regarda d'un air de commisération.   *He looked at me in a pitying way.*

PAR

    sortir par mes cheveux   *to go out through my head*
    par bonheur   *fortunately*
    par cela même   *by doing just that*

SUR

    tomber sur   *to stumble over, come across*
    rêver sur son potage   *to dream over one's soup*

Exercice structurel

Complétez les phrases suivantes avec les prépositions qui manquent.

1. Asseyez-vous avec nous! Approchez cette chaise _____ la table.
2. _____ malheur il a compris mon manège.
3. La soupe cuit *(cooks)* _____ petit feu.
4. Je suis tombé _____ mon éditeur en ville.
5. Son chapeau était orné _____ fleurs.
6. La garçon s'amuse _____ écouter les conversations de ses clients.
7. Pour dissimuler ma peur, j'ai affecté _____ sourire.
8. Est-ce qu'elle a une brosse _____ cheveux?
9. Il m'a répondu _____ un ton ironique.
10. Quelle émotion _____ le voir ici!

Perfectionnez votre vocabulaire

A. *Choisissez parmi les éléments proposés celui qui complète logiquement les phrases.*

1. À cause de l'émotion il n'a pas pu parler. Il a ____ quelques mots.
   a. torturé   b. fixé   c. balbutié

2. Il a essayé de ____ sa peur en ____.
   a. dissimuler/ badinant
   b. fixer/ sifflotant
   c. se méfier/ intimidant

3. On voit qu'il a peur de vous. Il ____ à votre vue.
   a. dissimule   b. se trouble   c. sourit

4. Pour l'intimider, elle l'a ____ froidement.
   a. balbutié   b. marivaudé   c. fixé

5. La conversation a pris des ____ provocantes.
   a. émotions   b. allures   c. contenances

B. *Choisissez pour chacune des expressions un synonyme dans la liste d'idiotismes qui suit.*

1. Arrête de plaisanter.
2. Je ne suis pas fâché contre vous.
3. employer
4. j'insiste pour que
5. Voilà qu'il recommence.
6. être parmi eux
7. J'ai eu très, très peur.
8. essayer de tromper quelqu'un
9. J'ai eu cette expérience regrettable.
10. attribuer quelque chose à

a. Ça le reprend.   b. tendre un piège à quelqu'un   c. Je ne vous en veux pas.   d. Trêve de plaisanterie.   e. Je suis payé pour le savoir.   f. Mes cheveux se sont dressés.   g. je tiens à ce que   h. mettre quelque chose sur le compte de   i. être du nombre   j. se servir de

Parlons et écrivons

1. Analysez le rapport qui existe entre le narrateur du conte « D'un cheveu » et Sherlock Holmes. Vous pouvez utiliser dans votre rédaction les mots et expressions suivants, tirés du conte :

   avoir l'air/l'allure de, le bourreau, l'adversaire, l'imbécile, l'ironie déférente, la commisération, un badinage (aimable), malin, désolé (de), affecter de, sourire, torturer, trahir, se méfier (de), marivauder, dissimuler

2. L'expression **d'un cheveu** veut dire en français *de justesse, à peine*. Par exemple, on dit **la balle nous a manqué d'un cheveu** *(the bullet missed us by a hair)*. Pourquoi est-ce que Giraudoux a choisi ce titre pour son conte ? Quel rôle joue le cheveu (au sens propre et au sens figuré) dans le conte ?

Traduction

A. Traduisez en anglais.

1. Si je disais non, j'avais l'air de faire des mystères. Si je disais oui, j'avais l'air de vouloir l'éviter. Je répondis donc, peut-être un peu précipitamment, que l'amie en question pouvait parfaitement attendre ; que, si je n'arrivais pas à huit heures, ce serait à neuf, et que, d'ailleurs, si elle n'était pas contente, je ne rentrerais pas du tout.
2. Il s'amusait évidemment à me torturer. De plus, l'imbécile m'avait placé dos à la fenêtre, et il en venait un courant d'air qui me pénétrait jusqu'aux moelles. J'éternuai.

B. Traduisez en français.

1. I get flustered when I see that man. You can attribute it to nervousness.
2. I put on a smile to hide my fear.
3. I know that he's setting a trap for me.
4. Stop your banter. You're talking gibberish.
5. He doesn't look like a thief (**un voleur**) but he is one of them. I know that from bitter experience.
6. I see that you don't believe me, but I don't hold it against you.

À votre avis

Commentons le texte

Dans le cadre du récit, analysez l'importance de ces citations.

1. En tirant mon mouchoir, j'en fis tomber un second, orné de dentelles, un peu plus grand qu'une feuille et un peu moins grand que ma main. Sherlock le posa sur la table, et s'abîma à nouveau dans ses contemplations.
2. Sherlock vida son verre et s'en saisit comme d'une loupe, malgré mes efforts pour lui verser un chablis, d'ailleurs exécrable.

Thèmes d'interprétation et de conversation

1. Le narrateur accepte l'invitation à dîner de Sherlock bien qu'il préfère ne pas passer la soirée avec lui. Pourquoi accepte-t-il donc l'invitation? Que pouvait-il faire d'autre?
2. Qu'est-ce que vous savez sur Sherlock Holmes, le célèbre détective anglais créé par le romancier *(novelist)* britannique Arthur Conan Doyle (1859–1930)? Comparez l'idée que vous vous êtes faite de Holmes avec le portrait du détective fait par Giraudoux dans « D'un cheveu ». Avez-vous déjà lu des histoires de Sherlock? Lesquelles? Racontez une de ses aventures.
3. Discutez du rôle de l'humour dans le conte « D'un cheveu ». Analysez l'emploi de l'humour dans le déroulement de l'intrigue *(plot)* et dans le développement des personnages. Quel est le rapport entre humour et ironie? Pourquoi le style de Giraudoux nous fait-il rire? Comment les procédés stylistiques employés contribuent-ils aux effets humoristiques et ironiques du conte?
4. Le narrateur de « D'un cheveu » et celui de « La nuit » décrivent les réactions physiques et psychologiques qu'ils éprouvent dans les situations angoissantes où ils se trouvent. Comparez et contrastez leurs façons respectives de décrire ces réactions afin de déterminer comment Maupassant et Giraudoux créent deux impressions et deux ambiances complètement différentes bien qu'ils peignent *(depict)* tous deux un narrateur angoissé par la possibilité d'un désastre imminent.
5. Jouez le rôle de Mme Sherlock Holmes, et racontez de son point de vue à elle les événements du conte. Comment pourrait-elle expliquer à son mari ce qui est arrivé? Ensuite, écrivez une scène où Sherlock explique à sa femme pourquoi il pense que son camarade, le narrateur, est l'ami de leur bonne.
6. Regardez les deux dessins aux pages 81 et 84. Quelles scènes du conte représentent-ils? Décrivez oralement ou par écrit ce que vous voyez dans ces dessins.

6

Une femme de tête

Boileau-Narcejac

Objectives

1. Read and understand a detective story written by Pierre Boileau and Thomas Narcejac, two of France's most talented and popular authors of the genre.
2. Learn vocabulary and expressions related to crime, police investigations, and legal proceedings.
3. Review the uses of the relative pronouns **ce qui** and **ce que**.
4. Learn about an interesting and unusual occurrence in the short story: the shifting point of view.

NOTE LITTÉRAIRE

Les manœuvres factices *(artificial)* et délibérées du *point de vue* dans cette nouvelle sont un de ses aspects les plus intéressants. Le récit commence à la première personne. Le narrateur est un ancien commissaire de police, maintenant à la retraite *(retired)*. Au milieu de l'histoire, le narrateur nous annonce qu'il va changer de point de vue : « Ici, j'en demande pardon, mais je dois abandonner la première personne. Je ne suis certes *(certainly)* pas un romancier. » En passant à la troisième personne, ce sont les auteurs qui sortent des coulisses *(wings)* pour assumer le rôle de narrateur omniscient, c'est-à-dire le rôle de l'auteur qui sait tout sur ses personnages et sur les événements qui les affectent. Le narrateur qui a commencé à raconter l'histoire devient alors un personnage comme les autres. Cette narration à la troisième personne s'étend sur *(covers)* quelques pages jusqu'à ce que réapparaisse le narrateur ; les auteurs se retirent dans les coulisses et accordent à l'ancien commissaire la possibilité de conclure son histoire à la première personne.

Ce recours à des voix multiples dans une œuvre narrative se voit beaucoup plus dans le roman que dans la nouvelle. En général, dans la nouvelle, le point de vue établi au commencement se maintient jusqu'à la fin du récit.

⇒ POUR AMORCER LA LECTURE ⇐

VOCABULAIRE UTILE

Le crime et la justice

Substantifs

l'arme (f.) *weapon*
l'armurier (m.) *gunsmith*
la balle *bullet*
le cambriolage *burglary*
le commissaire *police captain*
le cran de sûreté *safety catch*
l'enquête (privée) (f.) *(private) investigation*
le fusil *gun*
l'homme de loi *legal advisor*
l'indice (m.) *clue*
la lettre anonyme *anonymous letter*

la liaison *link; relationship*
la loi *law*
la médaille *medal*
le permis *permit*
le pistolet *pistol*
les précisions (f. pl.) *details, points of information*
la provision *retainer, fee*
la rancune *grudge*
le soupçon *suspicion*
le truand *gangster, crook*

Verbes

dérouter *to throw off the track*
dissimuler *to conceal, hide*
se faufiler *to sneak in*
fouiller *to search, rummage*
prévenir *to warn, notify*

sauver *to save* (a person)
soupçonner *to suspect*
surveiller *to watch, tail*
tirer *to shoot*
tuer *to kill*

Expressions

à bout portant *at point-blank range*
au profit de quelqu'un *for someone's benefit*
s'assurer sur la vie *to take out a life insurance policy*
charger à blanc *to load with blanks*
enfreindre le règlement *to break the rules*
l'échapper belle *to have a narrow escape*
tenir quelqu'un au courant *to keep someone informed*

IDIOTISMES

- **Une fois n'est pas coutume.**
  — Merci, je ne bois pas. — Oh, vas-y. Une fois n'est pas coutume.

- ***Just once won't hurt.***
  "No thanks, I don't drink." "Oh, go ahead. Just once won't hurt."

- **à proprement parler**
  Ce n'était pas à proprement parler un bureau.

- ***strictly speaking***
  It wasn't an office, strictly speaking.

- **y être pour quelque chose**
  — Elle est tombée amoureuse de lui? — Je crois que le printemps y était pour quelque chose.

- ***to have something to do with it, be partly responsible***
  "She fell in love with him?" "I think the springtime had something to do with it."

- **peser le pour et le contre**
  — Tu as déjà pris une décision?
  — Non, je continue à peser le pour et le contre.

- ***to weigh the pros and cons***
  "Have you already made a decision?" "No, I'm still weighing the pros and cons."

CAUSONS!

Comment combattre le fléau *(plague)* de la violence et du crime? Qu'est-ce qu'il faut faire pour réduire le nombre de crimes? Que doit faire la police? Et les citoyens? Y a-t-il eu des tentatives concrètes pour réduire la criminalité dans votre région? Est-ce qu'elles ont eu l'effet souhaité? Décrivez ces tentatives et leurs résultats.

⇒ AVANT DE LIRE ⇐

• UN MOT SUR LES AUTEURS

Pierre Boileau (né en 1906) et Thomas Narcejac (né en 1908) sont deux écrivains qui travaillent ensemble, comme l'indique le trait d'union *(hyphen)* qui relie leurs noms. Leur œuvre consiste en un peu plus d'une quarantaine de *(about forty)* récits, dont plusieurs ont été adaptés pour la télévision ou portés à l'écran *(movie screen)*. Parmi les films les plus connus tirés de leurs romans, on compte *Les Diaboliques* d'Henri Clouzot et *Vertigo* d'Alfred Hitchcock. « Une femme de tête » est une nouvelle tirée du recueil *(collection) Manigances*, paru en 1971.

• LE FOND CULTUREL

1. L'action de « Une femme de tête » se déroule dans un Paris élégant, situé ici dans ces quartiers de la capitale qui s'étendent de la Place Charles de Gaulle jusqu'à l'Opéra. Les arrondissements qui servent de toile de fond *(backdrop)* sont le huitième et le seizième, dont le seul *(mere)* nom évoque les beaux immeubles, les boutiques de grand standing *(status)* et les bureaux d'entreprises importantes. Parmi les noms de lieu que vous lirez dans « Une femme de tête » se trouvent : l'avenue des Champs-Élysées, l'avenue Franklin Roosevelt, l'avenue Montaigne, l'avenue Kléber, la rue de Ponthieu, et l'Opéra, quartier choisi des détectives privés. Ces endroits sont indiqués sur le plan à droite.
2. Le narrateur de « Une femme de tête » était commissaire honoraire de la P.J. — la Police Judiciaire, qui s'occupe des enquêtes criminelles.
3. Sur une fiche *(index card)* le narrateur indique que Jean-Claude Aubertet est un ingénieur qui est sorti de Centrale. Centrale veut dire « École Centrale des Arts et des Manufactures, » célèbre école d'ingénieurs située à Paris.
4. Vous remarquerez l'adresse 14 bis, avenue Montaigne. L'équivalent anglo-saxon pour marquer une deuxième porte au même numéro est 14A.
5. Le narrateur emploie parfois l'heure officielle : quatorze heures (2h de l'après-midi), vingt heures (8h du soir).
6. Dans les restaurants en France, on peut parfois appeler le serveur en claquant *(snapping)* des doigts. Un des plats qu'on sert dans les restaurants français est le châteaubriand (bifteck grillé).

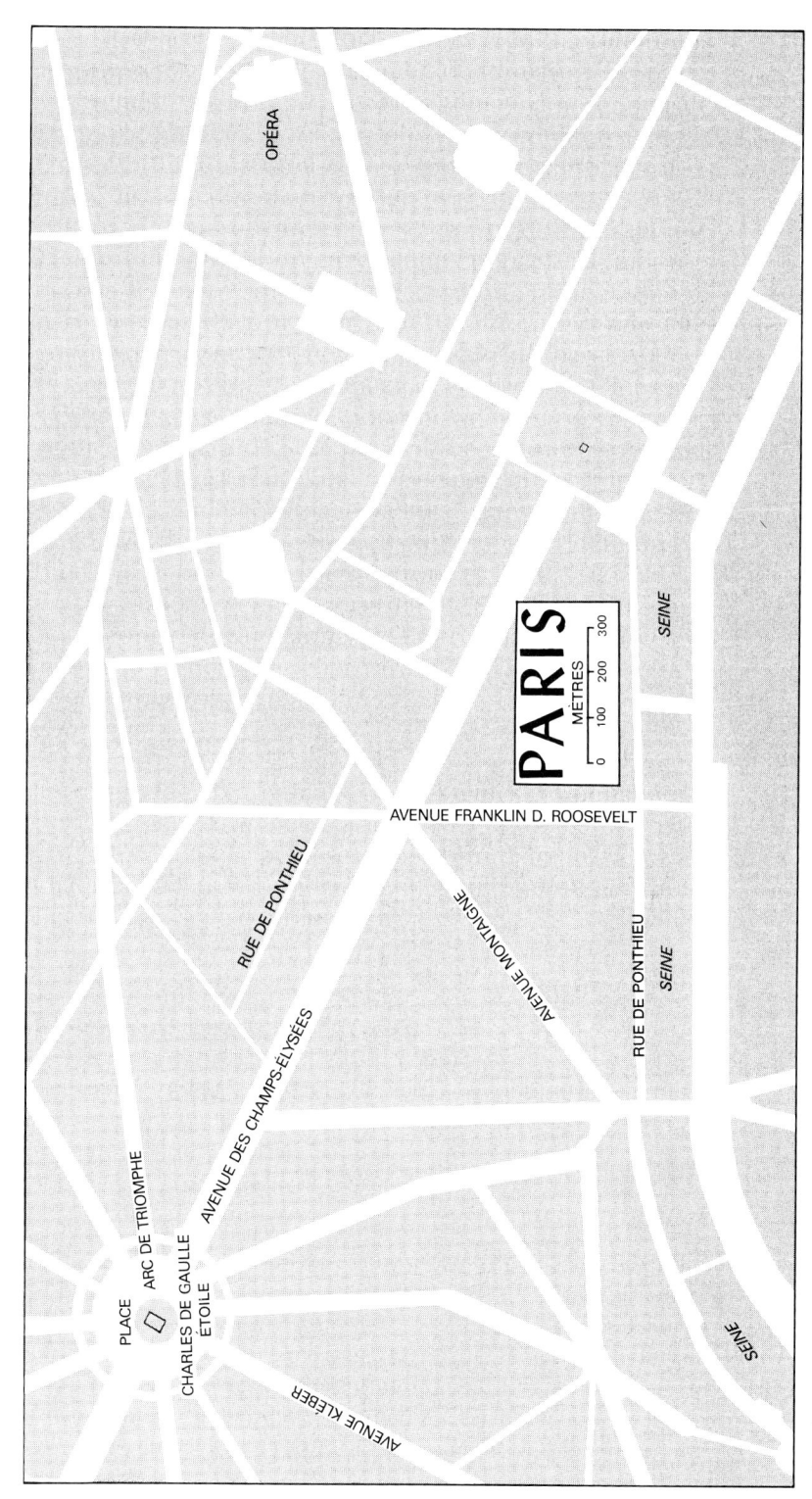

Plan du Paris de « Une femme de tête »

98 • BOILEAU-NARCEJAC

- ### ABORDONS LE TEXTE

Au commencement de l'histoire le narrateur présente les raisons qui le poussent à écrire. Sous prétexte de vouloir nous faire partager un récit bizarre mais véridique, il excite la curiosité du lecteur.

Dans le deuxième paragraphe, le narrateur se raconte *(talks about himself)*. Il explique comment il est devenu détective privé. Il peint un tableau sentimental du détective âgé dont le travail consiste surtout à soigner *(take care of)* les cœurs plutôt qu'à enquêter sur les crimes.

Le récit commence au troisième paragraphe. Faites attention au changement de point de vue mentionné dans *La note littéraire*. Remarquez l'effet produit par les deux mutations : de la première personne à la troisième, et quelques pages plus tard, le retour à la première personne.

Servez-vous du plan suivant en lisant « Une femme de tête » :

- 1ère partie : rendez-vous de la cliente, Éliane Aubertet, avec le détective
- 2ème partie : surveillance de Jean-Claude Aubertet et de sa maîtresse, Janine Sauval
- 3ème partie : autre rendez-vous de la cliente avec le détective
- 4ème partie : narration à la troisième personne ayant pour sujet la cliente
- 5ème partie : explication, faite par le détective, de son rôle dans le cas des Aubertet
- 6ème partie : solution du cas et explication du rôle joué par la maîtresse

Une femme de tête°

a capable woman

Je n'ai pas l'habitude de raconter mes souvenirs dans les journaux, mais une fois, comme on dit, n'est pas coutume. Et puis l'histoire à laquelle je pense est tellement curieuse! Rigoureusement authentique, bien entendu!

5 J'avais pris ma retraite° depuis un an et, pour passer le temps, je m'occupais d'enquêtes privées... oui, j'avais un bureau, derrière l'Opéra... Ce n'était pas à proprement parler une agence... un commissaire honoraire de la P.J. ne peut guère° se permettre d'organiser sa propre
10 police. C'était plûtot un service d'entraide,° en quelque sorte. Je recevais les personnes en détresse, je les écoutais — ce qui suffisait parfois à° les sauver — , je leur donnais des conseils, j'intervenais à ma manière. Je faisais, moi aussi, modestement, de la chirurgie° du cœur.
15 Il m'arrivait d'obtenir des miracles. Qu'on en juge!°

prendre sa retraite to retire

hardly

mutual aid

suffire à to be enough to

surgery

Qu'on... juge! You be the judge!

Les Champs-Élysées aujourd'hui

Éliane Aubertet sonne à ma porte un mardi matin. J'ai la fiche° sous les yeux :

Aubertet Éliane, 26 ans, 44 avenue Kléber — Paris-16ᵉ. Sans profession. Mariée depuis quatre ans.
Aubertet Jean-Claude, 32 ans, ingénieur sorti° de Centrale. Profession : directeur d'une affaire° de moteurs marins.° Bureaux : 14 bis, avenue Montaigne, Paris-8ᵉ.

Mais ce que la fiche n'indique pas, c'est le charme d'Éliane Aubertet. Je suis un vieux bonhomme,° et célibataire° de surcroît.° Dans ma carrière, j'ai vu défiler° plus de truands et de filles° que de femmes du monde. Je ne sais pas si ce matin-là le printemps y était pour quelque chose, mais, je l'avoue,° je fus ébloui.° Je suis incapable de dire comment elle était habillée. Je me rappelle qu'elle était bleue, d'un bleu assorti à° celui de ses yeux. Une femme-fleur. Et elle souriait gentiment, un peu confuse. Je m'en voulais° de sentir° la vieille pipe, de porter un complet° fatigué,° de la recevoir parmi des classeurs,° de n'avoir même pas une cigarette convenable° à lui offrir.

index card

diplômé
business
marine engines

guy
bachelor/**de surcroît** to boot/march by, parade
prostituées

admit/dazzled

assorti à that matched

s'en vouloir to be mad at oneself/to smell of
suit/worn
filing cabinets
decent

J'étais le croquant° devant la fée,° mais c'était la fée qui avait besoin du croquant et je me jurai de l'exaucer,° coûte que coûte.° Elle fouilla dans son sac, sortit° des lettres qu'elle me tendit.°

— Lisez ça, fit-elle.

Et je lus :

Votre mari voyage beaucoup, depuis quelque temps. Est-il bien sûr que ce soit pour affaires ?°

Vous avez tort de croire que vous êtes la plus belle. Il y a des hommes à qui la beauté ne suffit pas.

On se moque de vous. On aurait bien tort de se gêner.°

Toutes les lettres anonymes se ressemblent. Je n'allai pas jusqu'au bout.° Je savais tout cela par cœur. C'est toujours sale, et encore plus bête.

— Qu'en pensez-vous ? demanda-t-elle.

Prudent, je l'observai. Elle ne paraissait pas du tout au désespoir.° D'habitude, les femmes qui reçoivent ce genre de courrier° sont agitées, anxieuses. Beaucoup sanglotent.°

— Il me trompe,° n'est-ce pas ?

Elle posait la question avec une sorte de curiosité amusée, comme une mère à la page° soupçonne son grand fils d'avoir une maîtresse. J'étais un peu dérouté. Chaque billet était écrit à la machine,° sur du papier de type courant.° De ce côté-là, aucun indice.

— Je tiens à vous mettre à l'aise, monsieur le commissaire, reprit-elle. Je n'aime plus mon mari. Nous nous sommes mariés sur un coup de tête...° Vous savez ce que c'est... On se rencontre au bord de la mer... On danse, on flirte... Il fait beau. C'est dangereux, les bains de soleil ! Toute cette lumière vous entre dans le cœur, y fait de l'amour à bon marché. Mais, après quelques mois, on s'aperçoit qu'on n'a pas du tout les mêmes goûts et l'on commence à penser à toutes ces années qu'il va falloir user° ensemble. Je n'ai pas à me plaindre de° Jean-Claude, remarquez. Il est très généreux et tout... Mais s'il a une liaison, je préfère le savoir. Je prendrai mes dispositions.° Il me sera facile d'obtenir le divorce à mon profit.

Elle me décevait,° ma charmante Éliane ! Si jolie, si élégante, si délicatement parfumée, et elle pesait froidement le pour et le contre comme un homme de loi. Je me demandai même si les lettres ne venaient pas d'elle. J'avais déjà vu le cas.

— Vous avez une photographie de M. Aubertet ?

---

croquant/fée yokel/fairy
grant her wish
coûte que coûte whatever the cost it would take/
took out
held out to

business

On... se gêner. And justifiably.

jusqu'au bout to the end, to the logical conclusion

au désespoir in despair
mail
sob
cheating on

à la page up to date

écrit à la machine typed
ordinaire

sur un coup de tête on an impulse

wear out/Je... de I can't complain about

prendre ses dispositions to make one's arrangements
disappointed

Aussitôt,° elle en mit une sur mon bureau. Elle avait tout prévu.° Je vis un homme à l'air rieur,° pas du tout le genre grosse tête,°¹ fort en maths et vaguement myope.° Des épaules carrées° de joueur de rugby; un croqueur de bergères,° à coup sûr.° Je me fis conciliant, paterne.°

— Il ne faut pas s'emballer,° chère madame. Votre mari a sans doute des ennemis...

Elle m'interrompit et je notai cette fois, dans sa voix, un tremblement d'émotion ou d'irritation.

— Ne l'excusez pas, monsieur le commissaire... C'est vrai que Jean-Claude voyage beaucoup, depuis un mois... Son humeur° a changé. Il est soucieux°... Et puis, il y a aussi d'autres signes qui sont éloquents.

Elle rougit, ouvrit et ferma son sac nerveusement.

— Très bien, dis-je. Quel est l'emploi° habituel de M. Aubertet?

— Eh bien, il part le matin vers huit heures et demie, toujours à pied. Il sort du bureau à midi. Il repart à quatorze heures et rentre assez tard, vingt heures ou plus. Souvent, il déjeune en ville, avec des clients. Ce matin, par exemple, il m'a dit qu'il ne viendrait pas, à midi... Et il a mis une cravate que je ne connaissais pas, assez vulgaire, d'ailleurs.°

Ma charmante Éliane, de temps en temps, sortait ses griffes.° Il ne me déplaisait pas de sentir cette pointe° de jalousie.

— Je vais donc le surveiller, décidai-je. Et je vous tiendrai au courant.

— Je repasserai° demain matin, dit-elle. Votre habileté° est bien connue. Je suis certaine que vous aurez déjà des résultats!

Je levai la main en manière de° protestation. Les flatteries m'agacent,° mais ses compliments m'étaient agréables. Fallait-il que Jean-Claude fût aveugle,° idiot, inconscient, pour négliger une femme pareille! Je n'osais même pas aborder° la question de la provision.

— Je crois qu'il est d'usage de verser° quelque chose, ajouta-t-elle.

— Bah! Mettons... cent francs et n'en parlons plus, chère madame.

Intérieurement, je me traitais de tous les noms.° Je devais avoir bonne mine!° Je poussai négligemment le

---

¹The narrator assumes that Jean-Claude Aubertet must be a genius because he graduated from one of France's **Grandes Écoles**, to which one is admitted by passing a rigorous entrance exam.

Un restaurant parisien

billet et les lettres dans le tiroir de mon bureau et, avec une agilité toute neuve, allai ouvrir la porte. Elle me fit, en sortant, un merveilleux sourire. J'attendais l'arrivée de l'ascenseur. De loin, elle continuait, par des petits
130 mouvements de la tête, pleins de grâce, à m'encourager. Enfin, après un dernier geste de sa main gantée,° elle disparut.

    Et maintenant, à nous deux,° Aubertet!
    J'en fus pour mon cri de guerre.° Le malheureux Au-
135 bertet, sans défense, me conduisit comme par la main jusqu'à sa belle. À midi un quart, il sortait de son bureau. Il était plus grand, plus large, plus lourd que je ne l'avais cru. Et aussi plus naïf. Il avait une bonne tête° sans malice d'homme à° la conscience pure. Pauvre
140 vieux!° Il était à cent lieues de soupçonner° qu'il était suivi. Tout en descendant les Champs-Elysées derrière lui, j'essayais d'imaginer leur ménage.° Elle, capricieuse, boudeuse° aussi, jamais assez comblée° d'attentions, d'hommages, de petits soins,° de caresses; lui,
145 absorbé par ses affaires, et pensant probablement que l'argent est la forme tangible de l'amour et dispense du reste. Nous nous engageâmes° dans l'avenue Franklin-Roosevelt. Il marchait vite et même de plus en plus vite.

gloved

à nous deux it's just the two of us
J'en... guerre. I wasted my war cry.

face
who has a
Poor guy!/Il... soupçonner He never suspected
home life
sulky/covered
petits soins being waited on

nous entrâmes

Il entra en coup de vent° dans un restaurant chic, dont le nom importe peu. Ma note de frais° allait singulièrement° s'alourdir.° « Elle » était là, qui l'attendait. Je choisis une table bien placée, m'assis devant un grand miroir qui me les livrait° en traître.°

Je l'aurais parié° : elle était brune, les cheveux tenus° sur la nuque° par un nœud° de velours° noir, la joue° pâle, l'œil profond, et lui se trémoussait° comme ils font tous, jouait l'important,° appelait le maître d'hôtel d'un claquement de doigts. Ici, bien évidemment, il était le businessman, le personnage qui remue° beaucoup d'air et qui, enfin libéré pour une heure, trouve plus qu'une petite amie! Une partenaire sérieuse, réfléchie,° qui sait que la vie est une dure bataille et qui récompense d'une pression° de main, d'un regard, celui qui va retourner en première ligne.° Qu'est-ce que je disais! Voilà! La main sur la main, en attendant le caviar. Bien! J'avais tout le temps de° commander un menu soigné.° La bonne chère,° c'est ma faiblesse.°

Là-bas, ils parlaient beaucoup. À vue de nez,° c'était une liaison qui remontait° à plus d'un mois. Ma douce Éliane, toute futée° qu'elle était, s'était trompée de plusieurs semaines. Mauvais, ça! Aubertet ne se donnait plus la peine de° dissimuler. Il était bien mordu° et cette brune enfant ne lâcherait pas le morceau.° J'avais comme l'impression qu'elle était beaucoup trop forte pour ce pauvre nigaud.° Je pose,° pour mémoire,° que le châteaubriand était un chef-d'œuvre.° Si délectable que je me promis d'intervenir pour raccommoder° ce couple désuni.° J'avais pitié d'Aubertet!

Un peu avant trois heures, il demanda l'addition. Je sortis discrètement et, quelques instants plus tard, je me faufilai dans le sillage° de l'ensorceleuse.° Elle me conduisit rue de Ponthieu et s'arrêta devant une pimpante° boutique de tissus.° Elle tira une clef de sa poche, ouvrit la porte. Elle était la propriétaire, sans doute. Aubertet était riche... leurs projets, parbleu,° n'étaient pas bien difficiles à deviner.° Mais l'imbécile y laisserait des plumes°! ... Il me restait à° découvrir le nom de la dame. Le plus simple était encore de le lui demander. J'entrai. Elle m'accueillit° assez froidement. Je n'avais pas l'air assez huppé.° Mais, ce qu'elle ignorait, c'est que je savais jouer mon rôle encore mieux qu'elle. J'examinai des étoffes,° ne les trouvai pas assez belles. Elle devenait de plus en plus prévenante.° Elle humait° déjà la bonne odeur de l'argent. Je choisis un machin° qui coûtait horriblement cher, donnai les mesures° de trois immenses fenêtres imaginaires. Elle me promit le devis° pour le lendemain matin.

— Si j'ai à téléphoner, dis-je, qui dois-je...?

— Mlle Janine Sauval, répondit-elle. D'ailleurs, je suis seule.

Elle nota mon adresse et j'eus droit à° un sourire lumineux. C'était le jour des sourires. J'en connaissais la valeur, hélas, mais à mon âge, on a le cœur frileux.° Un rien suffit à le réchauffer.° Je revins chez moi tout gaillard.°

Deuxième Partie

Éliane fut exacte° au rendez-vous. À dix heures, elle sonnait.

— Alors?

Elle questionnait avant même d'être assise.

— Alors, c'est oui!

— J'en étais sûre.

Je lui fournis° quelques précisions et je crus° bon de lui parler de sa rivale. Elle m'interrompit tout net.°

— Inutile! Cette femme-là ne m'intéresse absolument pas. Une pauvre créature qui s'est laissé prendre à de beaux discours!...° Non, une seule chose, maintenant, a de l'importance : le divorce. Je veux des preuves.

— Vous en aurez, dis-je.

— Ce sera long?

— Il vous faudra patienter un peu, chère madame.

— Deux jours? Trois jours?

— Certainement davantage.

Elle parut soucieuse. En cette minute, elle était bien loin de moi. Elle pensait, sans doute, que j'étais un vieil incapable, qu'elle aurait dû s'adresser à l'une de ces agences qui font une publicité tapageuse,° que tout le monde, du directeur au garçon de courses,° aurait été à ses genoux,° qu'on lui aurait apporté, dans l'heure, la tête de son époux sur un plateau.

— C'est bon, dit-elle. Faites vite. Je reviendrai à la fin de la semaine... Oh! Et puis, au fond,° je ne suis pas tellement pressée. Il est à nous,° n'est-ce pas?

Elle avait dit cela presque avec enjouement,° comme une amazone de chasse à courre° qui sait que la bête ne s'échappera plus. Un peu cruelle, la gentille Éliane! Je la raccompagnai° et, sur le seuil,° me heurtai à° la concierge qui m'apportait un pli.° Le devis! Je saluai Éliane et revins à mon bureau.

estimate

avoir droit à to earn one-self
chilly
warm up
bouncy

ponctuelle

donnai/thought it
brusquement

qui... discours! who let herself be taken in by fine words!

obtrusive
errand
à ses genoux at her knees

en réalité
Il... nous We've got him
playfulness
amazone... courre a hunting Amazon
saw her to the door/threshold/**se heurter à** to collide with
envelope

... Ici, j'en demande pardon, mais je dois abandonner la première personne. Je ne suis certes pas un romancier. Pourtant, tous ceux et celles qui ont défilé devant moi, il m'est arrivé souvent, après, de repenser° à eux, comme à des personnages, de les suivre, en imagination, dans l'existence; connaissant leurs passions, je connaissais du même coup° leurs ressorts.° Et je vois, maintenant, Éliane, dans l'escalier... Avec ce que j'ai appris plus tard, je suis en mesure de° la montrer au naturel, de ressentir,° sans erreur, ce qu'elle éprouvait.°

Éliane attend que la porte soit refermée, que la concierge ait disparu dans les étages. Et alors tombe son masque de bravoure. Elle tâtonne° jusqu'à l'ascenseur, son mouchoir sur la bouche pour retenir des sanglots° plus écœurants° que des nausées. Pleurer à cause de ce... de cet... de Jean-Claude perdu... Oh! Jean-Claude!

... elle arrête l'ascenseur entre deux étages, pour pleurer son saoul,° parce que c'est trop dur de feindre,° devant ce vieil homme qui se moque pas mal de° son drame, qui en tire profit° et s'en amuse peut-être. Elle pleure une bonne fois, la dernière. Les larmes entraînent° des souvenirs; tout ce qui a été la joie, le bonheur. Au ruisseau,° le passé! Mais Jean-Claude va payer. Et durement! Des gens s'impatientent, en bas. Qu'ils attendent encore un peu. Ils ont toute la vie, eux!

Éliane retouche son maquillage,° d'une main qui tremble de moins en moins. Elle ignore superbement l'homme qui piaffe° devant l'ascenseur, traverse le hall° d'un pas ferme. À partir de maintenant,° elle ne réfléchit plus. Elle est un automate de rancune, un robot d'aveugle colère. Elle ne voit de la ville qu'un film incohérent,° ce qui ne l'empêche pas de surveiller sa silhouette° dans les vitrines. Pas d'affolement.° Ni même de précipitation.° Conserver cette attitude et ce ton qui, à aucun moment, n'ont éveillé les soupçons de ce policier. Oh! Jean-Claude, tu n'aurais pas dû°!...

Se peut-il qu'on ose mettre tant d'armes sous les yeux des° passants! Elle regarde tous ces pistolets. Comment choisir? Ils sont plus affreux les uns que les autres! N'importe lequel fera l'affaire pourvu qu'il ne soit pas trop lourd. Elle rassemble° ses forces° et voilà que le miraculeux sourire reparaît sur ses lèvres. La jeune femme qui entre dans le magasin n'est plus qu'une° acheteuse qui a besoin d'être conseillée.

J'ai peur, vous comprenez, quand je suis seule, la nuit... Mon mari s'absente fréquemment. La villa est isolée. Il y a eu des cambriolages, dans les environs.

think again

du même coup at the same time/motivations

en mesure de in a position to
feel/was experiencing

feels her way
sobs
sickening

pleurer son saoul to cry her heart out/pretend
se moquer pas mal de not to care at all about
en... profit is making money from it
bring up
gutter

make-up

is fidgeting impatiently/lobby
À... maintenant From now on

Elle... The city becomes an incoherent film for her figure/panic
hâte, vitesse

tu... dû you shouldn't have

sous les yeux de under the nose of

summons up/strength

n'est plus qu'une is merely a

Elle offre son visage candide, ses yeux bleus qui sup-
plient.° Le vendeur, s'il pouvait, la prendrait dans ses
bras, tant il est touché.°
290 — Mais, madame, on n'achète pas une arme comme
un poudrier...° Il faut un permis.
Et elle, avec désinvolture° :
— Le commissaire de police est un de nos amis. Il
m'en procurera un sans difficulté. Mais, en attendant,
295 vous ne voudriez pas qu'il m'arrive quelque chose?
Ses cils° battent.° Le vendeur est très malheureux.
— Bien sûr, madame, mais...
Heureusement, le téléphone sonne. Il se précipite° au
fond° du magasin, non sans se retourner deux fois. Déli-
300 cieuse créature! Éliane, comme en visite, se promène
devant les fusils, contemple un Winchester à répétition,° spécialement étudié° pour safari. L'homme revient.
— Écoutez, madame, je vais enfreindre le règlement
305 pour vous être agréable. Mais apportez-moi sans faute°
ce permis.
Éliane promet. Au point où elle en est,° qu'est-ce que
c'est qu'un permis! Alors, tout se déroule° très vite. Elle
n'écoute même plus les explications qu'on lui donne. Si
310 le revolver est plus sûr que le pistolet, tant mieux, ache-
tons un revolver. Les balles garnissent° le barillet.° Le
cran de sûreté est mis. Tout est prêt. Vite, elle signe un
chèque et s'en va, son paquet à la main; elle le tient un
peu loin d'elle, comme un gâteau.
315 Il est presque midi. Déjà! Jean-Claude doit signer° son
courrier. Il ne se doute pas que...° Elle pleure, mais en
dedans, elle n'a jamais autant souffert, elle qui n'a jamais souffert. Et de cela aussi, il doit être puni... Elle arrive avenue Montaigne. C'est l'heure où les employés
320 sortent. Il n'y aura personne dans l'immeuble. Elle attend encore un peu, puis pénètre sous le porche.° Il y a
une plaque, à droite : *Société° des Moteurs Aubertet, 2ᵉ
étage*. Elle monte à pied, lentement; elle retire° l'arme
de sa boîte, s'énerve un peu parce qu'elle a oublié ce
325 qu'on lui a dit... voyons... le cran de sûreté... il faut le
manœuvrer° comment?... Voilà... C'est exactement
comme si l'on enlevait à° un chien féroce sa muselière...° D'ailleurs, cela ressemble à une bête... c'est
trapu d'encolure,° noir, avec des reflets° comme sur une
330 peau...° Elle pense n'importe quoi pour ne plus penser.
Une nouvelle plaque : *Moteurs Aubertet. Entrez sans
frapper*. La porte s'ouvre sans bruit. Les employés sont
partis. Mais une voix parle, dans le bureau du directeur.
C'est peut-être elle qui a eu l'audace de venir le cher-

---

are begging him

tant... touché he is so touched

powder compact

avec désinvolture casually

eyelashes/flutter

se dépêche
rear

repeater rifle/designed

sans faute without fail

Au... est Considering the situation she's in
happens

pack/cylinder

doit signer must be signing
Il... que He doesn't suspect that

portico
company
takes out

operate
remove from
muzzle
trapu d'encolure thick at the neck/reflections
leather

cher. Tant pis°! Il y a six balles dans le revolver. Elle fait quelques pas sur la pointe des pieds,° tend l'oreille.°
— Les dépliants° vous seront expédiés° par courrier séparé.° Nous vous prions d'agréer, Monsieur et cher client, etc.°

Jean-Claude est en train de dicter des lettres. Il est avec sa secrétaire. Ah! C'est trop de malheur!° Éliane s'appuie° au mur. Sa tête tourne.° Mais la porte du bureau est entrebâillée.° Juste un coup d'œil° avant de partir.

Jean-Claude est seul. Il enregistre° son courrier au magnétophone.° Ainsi, il l'aura mystifiée° jusqu'au bout.° Elle bondit° dans la pièce. Il se précipite, se retourne, se lève.
— Éliane!
— Je sais la vérité. Je t'avais prévenu.°
Elle tire, à bout portant. Une fois, deux fois.
Il tombe sur un genou, comme s'il lui demandait pardon. Trop tard! Elle va encore tirer. Il s'effondre.° C'est fini!... Quoi? Qu'est-ce que ça veut dire : c'est fini! Et le chagrin° refoulé° se fraye un chemin° de douleur à travers sa chair,° son âme, ce qui, en elle, restera fidèle jusqu'à sa mort. Elle lâche° le revolver et s'abat° sur le corps.
— Jean-Claude... je n'ai pas voulu... Je t'aimais tellement...

... Ça aussi, c'est vieux comme le monde! Il était temps, pour moi, d'intervenir, de reprendre en main° tout ce gâchis.°
La malheureuse était tellement hors d'elle-même° que mon apparition° ne la surprit pas. Elle se releva.°
— Je ne l'ai pas fait exprès,° dit-elle ; et elle se jeta sur mon épaule.
Ma foi, je la gardai là un peu plus qu'il n'était nécessaire. Et puis, je la repoussai° doucement.°
— Monsieur Aubertet, s'il vous plaît?
Et Aubertet se remit debout en souplesse.° Il n'eut que le temps de la saisir pour l'empêcher de tomber.°
— Éliane, ma chérie... Éliane...
Nous l'étendîmes° sur le divan. Elle était évanouie.°
— Ce n'est rien, fis-je. L'émotion. La joie aussi! La plus grande joie de sa vie.
Hagard,° Aubertet tenait les mains de sa femme et répétait :
— Comment ai-je pu?... Comment ai-je pu?... Éliane chérie, je te jure, l'autre, c'était seulement... Enfin, je t'expliquerai.

— Surtout pas,° lui dis-je. Si vous recommencez à mentir, je ne réponds plus de° rien.

Et là-dessus,° Éliane reprit connaissance.° Je m'écartai de quelques pas.° J'étais déjà oublié. Dans un instant, je serais de trop.° Et un jour, quand ils m'apercevraient, ils regarderaient ailleurs.° Ce fut Éliane qui songea la première à° me remercier; par curiosité, je pense, plus que par gratitude. Elle n'avait, évidemment, rien compris à° ce qui s'était passé.

— C'est bien simple, expliquai-je. Vous vous rappelez qu'on m'a remis° une lettre, au moment où vous partiez? ... Eh bien, c'est cette lettre qui m'a ouvert les yeux. Ne me demandez pas comment. Je vous ai donc suivie. Quand je vous ai vue en arrêt° devant la vitrine de l'armurier, j'ai bondi dans le bar voisin et j'ai téléphoné au vendeur. Je les connais tous à Paris; ils ne sont pas si nombreux. Il a tout de suite accepté de vous vendre un revolver chargé à blanc...

— Mais... pourquoi?

— Parce qu'il fallait aller jusqu'au bout, chère madame. Maintenant que vous avez tué votre mari, vous savez que vous ne pouvez pas vivre sans lui. Et réciproquement, en quelque sorte.

Aubertet baissa la tête. On se chargerait° sans doute plus d'une fois de lui rafraîchir la mémoire; telle que je connaissais Éliane!°

— Ensuite, continuai-je, j'appelai M. Aubertet... pour le mettre au courant.°

— Vous vous êtes bien moqués de moi,° tous les deux! soupira° Éliane.

Exactement la réaction que je redoutais° un peu.

— Chère madame, dis-je, quand un homme accepte de faire le mort,° de se jeter à plat ventre° devant sa femme, c'est qu'il fait passer son amour° avant sa dignité. Vous avez encore beaucoup à apprendre sur nous!

Éliane entoura de son bras° le cou de son mari.

— Jean-Claude, murmura-t-elle, je crois que nous avons été idiots tous les deux.

« Tous les trois », pensai-je dans l'escalier, parce que je savais qu'il me faudrait un peu de temps pour retrouver la paix du cœur.

Janine Sauval poussa l'amabilité jusqu'à m'offrir une chaise.

— Vous avez reçu notre devis... Nos prix sont toujours très avantageux,° comme vous avez pu le remarquer. Qu'avez-vous décidé?

— J'ai décidé de vous donner un conseil, en passant.

Je lui présentai ma vieille médaille de la P.J., la rem-
430 pochai° d'un geste sec° qui impressionne toujours.   *put back in my pocket/ brusque*
— Voyez-vous, dis-je, quand vous envoyez des lettres
anonymes, vous ne devriez pas vous servir de la machine
que vous employez pour votre courrier commercial. Je
n'ai eu qu'à° comparer les lettres reçues par Mme Auber-   *Je... à All I had to do was*
435 tet et votre devis. Et je me suis demandé pourquoi c'était
la maîtresse qui prévenait la femme légitime. Curieux,
non?
Elle m'écoutait avec une indifférence polie. Pauvre
Aubertet! Il l'avait échappé belle!
440 — J'ai donc téléphoné au mari. Et j'ai appris trois
choses. D'abord, que Mme Aubertet, affreusement° ja-   *terriblement*
louse, avait maintes° fois répété à Aubertet qu'elle le   *plusieurs*
tuerait, s'il venait à° le tromper. Ensuite, que le malheu-   *s'il venait à if he should*
reux° avait commis la maladresse° de vous rapporter°   *happen to/wretched man blunder/révéler*
445 ces propos,° d'où il tirait d'ailleurs un certain orgueil.°   *remarks/d'où... orgueil from which, moreover, he got a feeling of pride*
Enfin, qu'il s'était assuré sur la vie à votre profit... et
pour une somme plus que confortable. Le coup° était   *trick*
joli! Mme Aubertet se chargeait d'un crime qui vous enri-
chissait et vous gardiez les mains pures.
450 Il y eut un silence.
— Que comptez-vous faire, commissaire? dit-elle
enfin.
Je rectifiai.°   *corrigeai*
— Ex-commissaire, malheureusement. Vous avez de
455 la chance... Mais il est normal que quelqu'un paye,
n'est-ce pas? C'est à vous que j'enverrai la note.° Vous   *bill*
verrez que mes prix aussi sont très étudiés.°   *competitive*

Les niveaux de langue

Le narrateur de cette nouvelle voit sa situation de policier retraité avec beaucoup d'humour et une pointe d'ironie. Il a recours à la langue de tous les jours, un français de la conversation sans prétentions qui donne un ton ironique à ses discours. En voici quelques exemples:

EXPRESSIONS ET IDIOTISMES MOQUEURS

se traiter de tous les noms *to call oneself all the names in the book, to curse oneself*
avoir bonne mine (lit. *to look well*) *to look foolish*
J'en fus pour mon cri de guerre. *I wasted my war cry.*

EXPRESSIONS QUI METTENT EN RELIEF L'INEXACTITUDE OU LES DOUTES

en quelque sorte   *in a way*
à proprement parler   *strictly speaking*
à vue de nez   *roughly speaking, as a rough guess*

MOTS D'ARGOT OU DU LANGAGE FAMILIER

un menu ***soigné***   *a huge* meal
***raccommoder* le couple**   *to bring* the couple *together, reconcile* them
mordu   *wildly in love*
J'ai choisi ***un machin*** très cher.   I chose a very expensive *thing.*

Exercice stylistique

Reliez chaque expression familière à son expression normale équivalente.

1. soigné
2. raccommoder
3. en être pour
4. en quelque sorte
5. à vue de nez
6. mordu
7. machin
8. avoir bonne mine
9. traiter de tous les noms

a. amoureux
b. réconcilier
c. pour ainsi dire
d. avoir l'air bête
e. approximativement
f. en vouloir à
g. énorme
h. gaspiller
i. chose

❈ Questions

Vérifiez votre compréhension

1. Quelle profession exerçait le narrateur avant de prendre sa retraite? Et maintenant quelle profession exerce-t-il?
2. Pourquoi est-ce qu'Éliane Aubertet vient le voir? Qu'est-ce qu'elle lui montre?
3. Comment ce détective âgé trouve-t-il Éliane Aubertet? Et que pense-t-il de lui-même? Quels aspects de sa propre personne et de sa propre situation lui font de la peine?
4. Selon le narrateur, qu'est-ce qu'il y avait de bizarre dans la réaction de Mme Aubertet quand elle recevait les lettres anonymes? Comment est-ce qu'elle a expliqué son calme?
5. Le détective surveille Jean-Claude. Jusqu'où est-ce qu'il le suit? Comment est la maîtresse de Jean-Claude? Comment est-ce que Jean-Claude se conduit devant elle?
6. Pourquoi le détective est-il content que ses deux suspects se soient réunis dans un restaurant chic?

7. De quelle ruse le détective se sert-il pour connaître Janine Sauval? Quels aspects de la personnalité de cette femme nous sont révélés par la conversation qu'elle a eue dans sa boutique avec le détective?
8. Décrivez ce qui se passe entre Éliane et le détective pendant leur deuxième rencontre. À la fin de cette conversation, qu'est-ce que la concierge apporte au détective?
9. Où va Éliane après ce rendez-vous? Qu'est-ce qu'elle se procure? Pourquoi?
10. Décrivez la scène qui a lieu entre Éliane et son mari quand elle va à son bureau et l'accuse de l'avoir trompée. Comment réagit-elle après avoir tiré?
11. Quel rôle a joué le narrateur dans ce meurtre truqué *(fake)*? Comment a-t-il réussi à raccommoder les deux époux désunis?
12. Pourquoi le narrateur présente-t-il sa médaille de la P.J. à Janine Sauval quand il va la voir dans sa boutique après avoir réconcilié les Aubertet?
13. Le narrateur n'a pas demandé un devis à Mlle Sauval parce qu'il voulait faire faire des rideaux. Pourquoi donc voulait-il un devis?
14. Dans une conversation téléphonique avec Jean-Claude Aubertet, le détective a appris trois choses importantes pour élucider cette affaire. Lesquelles?
15. Expliquez le plan de Janine Sauval.
16. Quelle punition le narrateur a-t-il infligée à Janine Sauval, si avide d'argent?

Questions personnelles

1. Dans quelles circonstances auriez-vous peut-être recours à un détective privé?
2. Que pensez-vous du métier *(line of work)* de détective privé? Est-ce que c'est un métier qui vous attire? Pourquoi ou pourquoi pas?
3. Avez-vous déjà été témoin d'un crime ou en avez-vous observé les conséquences? De quoi s'agissait-il? Quelles mesures la police a-t-elle prises? Vous pouvez parler d'un crime que vous avez vu à la télé ou au cinéma, si vous le voulez.
4. Est-ce que dans votre communauté ou dans votre école il y a eu des événements mystérieux qui ont laissé tout le monde perplexe? Décrivez-les. Qu'est-ce qu'on a fait pour élucider ces énigmes? A-t-on trouvé la clé du mystère?

GRAMMATICAL NOTE

Before rereading the story, make sure you understand the author's use of this structure.

THE RELATIVE PRONOUNS **CE QUI, CE QUE**

Ce qui and **ce que** introduce indirect questions, questions that are incorporated into a larger sentence. They are both translated as *what* in English. These indirect questions in French are introduced by **ce qui** when the pronoun *what* is the subject of its verb and by **ce que** when the pronoun *what* is the object of its verb. Study the following examples from « Une femme de tête » :

Ce qui (*what* as subject of the verb)

>**Elle n'avait, évidemment, rien compris à ce qui s'était passé.**
>
>*Clearly, she hadn't understood anything about what had happened.*

Ce que (*what* as object of the verb)

>**(Elle) s'énerve un peu parce qu'elle a oublié ce qu'on lui a dit...**
>
>*She is getting a little nervous because she forgot what they told her...*

Ce que can be used to modify normal word order of the sentence in order to highlight the direct object of the verb. The direct object then follows the clause beginning with **ce que** and is introduced by **c'est**.

>1. **Mais ce que la fiche n'indique pas, c'est le charme d'Éliane Aubertet.**
>
>   *But what the index card doesn't indicate is the charm of Éliane Aubertet.*

(Compare normal word order without emphasis on **le charme**)

>**Mais la fiche n'indique pas le charme d'Éliane Aubertet.**

>2. **Mais, ce qu'elle ignorait, c'est que je savais jouer mon rôle encore mieux qu'elle.**
>
>   *But what she didn't know was that I knew how to play my role even better than she.*

(Compare normal word order without emphasis)

>**Mais elle ignorait que je savais jouer mon rôle encore mieux qu'elle.**

Ce qui often stands for a preceding sentence :

>**Je recevais les personnes en détresse, je les écoutais, ce qui suffisait parfois à les sauver...**
>
>*I would receive people in distress, I would listen to them, which would sometimes be enough to save them...*

Here, **ce qui** refers to receiving and listening to the troubled people.

Elle ne voit de la ville qu'un film incohérent, ce qui ne l'empêche pas de surveiller sa silhouette dans les vitrines.	*She sees the city only as an incoherent film, which doesn't keep her from studying her figure in the store windows.*

Here, **ce qui** refers to her seeing the city as an incoherent film. Compare how the above two sentences with **ce qui** could be rewritten as two pairs of sentences, the second of each beginning with **Cela (Ça)**.

> **Je recevais les personnes en détresse, je les écoutais. Ça suffisait parfois à les sauver...**

> **Elle ne voit de la ville qu'un film incohérent. Ça ne l'empêche pas de surveiller sa silhouette dans les vitrines.**

Exercices structurels

A. Rewrite each of the following sentences, highlighting the direct object by means of ***ce que... c'est****. The direct object is italicized in each case. Follow the model:*

Modèle :

> La fiche n'indique pas *le charme* d'Éliane Aubertet.
> *Ce que la fiche n'indique pas, c'est le charme d'Éliane Aubertet.*

1. L'enquête ne révèle pas *le nom du criminel*.
2. Éliane ne sait pas *que le pistolet est chargé à blanc*.
3. Elle dissimule très bien *sa rancune*.
4. Jean-Claude oublie *que sa femme est très jalouse*.

B. Combine each of the following pairs of sentences into a single one, using ***ce qui***.

Modèle :

> Je recevais les personnes en détresse, je les écoutais. Ça suffisait parfois à les sauver...
> *Je recevais les personnes en détresse, je les écoutais, ce qui suffisait parfois à les sauver...*

1. Éliane Aubertet ne montre pas d'angoisse. Ça déroute le détective.
2. Le devis de Janine Sauval a été écrit avec la même machine à écrire que la lettre anonyme. Ça me fait penser que c'est elle la coupable.
3. Éliane s'achète un pistolet. Cela n'est pas très intelligent.
4. Jean-Claude croit que sa femme n'est pas au courant de sa liaison. Cela l'encourage à la continuer.
5. Éliane va au bureau de son mari avec le nouveau pistolet. Ça me fait peur.

Perfectionnez votre vocabulaire

Reliez chaque définition au mot ou à l'expression qui lui correspond.

définition

1. mettre sur une fausse piste
2. suivre
3. chercher
4. pour parler en termes exacts
5. avoir une partie de la responsabilité
6. le bon et le mauvais côté
7. mettre des balles fausses dans une arme
8. renseigner quelqu'un
9. ne pas respecter une loi
10. à très peu de distance

mots et expressions

a. surveiller
b. à bout portant
c. charger à blanc
d. dérouter
e. à proprement parler
f. fouiller
g. enfreindre
h. y être pour quelque chose
i. le pour et le contre
j. tenir au courant

Parlons et écrivons

1. Devenez auteur de nouvelles policières! Pour commencer, inventez une intrigue complète avec des fausses pistes *(wrong tracks)*, des personnages mystérieux, des mobiles *(motives)* bizarres et beaucoup de suspense. Vous pouvez même imiter le stratagème de Boileau–Narcejac et changer de point de vue à mi-chemin *(halfway through)*! Vous pouvez vous inspirer des mots et expressions mentionnés ci-dessous :

   l'arme
   l'assassin   *murderer*
   la balle
   le cambrioleur   *burglar*
   le cambriolage
   l'indice

   la loi
   le pistolet
   les précisions
   le rendez-vous
   le revolver
   le voleur   *thief*

   dérouter
   dissimuler
   examiner
   intervenir
   prévenir
   questionner

   sauver
   surveiller
   tabasser   *to beat up*
   tirer
   tuer
   voler   *to steal*

2. Préparez et jouez un dialogue entre Jean-Claude Aubertet et Janine Sauval. La scène : ce repas au restaurant chic surveillé par le narrateur. De quoi parlent-ils? De leurs projets pour l'avenir, et d'Éliane, bien entendu.

Traduction

A. Traduisez en anglais.

1. Éliane attend que la porte soit refermée, que la concierge ait disparu dans les étages. Et alors tombe son masque de bravoure. Elle tâtonne jusqu'à l'ascenseur, son mouchoir sur la bouche pour retenir des sanglots plus écœurants que des nausées. Pleurer à cause de ce... de cet... de Jean-Claude perdu... Oh! Jean-Claude!...
2. Eh bien, c'est cette lettre qui m'a ouvert les yeux. Ne me demandez pas comment. Je vous ai donc suivie. Quand je vous ai vue en arrêt devant la vitrine de l'armurier, j'ai bondi dans le bar voisin et j'ai téléphoné au vendeur. Je les connais tous à Paris; ils ne sont pas si nombreux. Il a tout de suite accepté de vous vendre un revolver chargé à blanc...

B. Traduisez en français.

1. The police are tailing the gangsters.
2. Two policemen have had a narrow escape.
3. The criminals' guns are not loaded with blanks.
4. The captain is studying the details of the investigation.
5. There were clues that threw his detectives off the track.
6. He warns his men that they must keep him informed.

À votre avis

Commentons le texte

Dans le cadre du récit, analysez l'importance de ces citations.

1. J'en fus pour mon cri de guerre. Le malheureux Aubertet, sans défense, me conduisit comme par la main jusqu'à sa belle. À midi un quart, il sortait de son bureau. Il était plus grand, plus large, plus lourd que je ne l'avais cru. Et aussi plus naïf. Il avait une bonne tête sans malice d'homme à la conscience pure. Pauvre vieux! Il était à cent lieues de soupçonner qu'il était suivi.
2. — Voyez-vous, dis-je, quand vous envoyez des lettres anonymes, vous ne devriez pas vous servir de la machine que vous employez pour votre courrier commercial. Je n'ai eu qu'à comparer les lettres reçues par Mme Aubertet et votre devis. Et je me suis demandé pourquoi c'était la maîtresse qui prévenait la femme légitime. Curieux, non?

Thèmes d'interprétation et de conversation

1. Qu'est-ce que vous pensez du titre de la nouvelle ? Quelle est la fonction du titre ? Qui est la femme de tête ? Décrivez-la et expliquez en quoi elle est compétente. Connaissez-vous une femme de tête ? Qui est-ce ? Qu'est-ce qui vous fait la qualifier de femme de tête ? Comment devrait être la femme de tête idéale, d'après vous ?
2. Les auteurs de « Une femme de tête » tirent parti de l'ironie. Trouvez des exemples d'ironie dans le développement de l'intrigue *(plot)*. À votre avis, la fin du récit est-elle ironique ? Pourquoi ou pourquoi pas ?
3. Pensez-vous qu'on doit vendre des armes à feu au grand public ? Remarquez que dans « Une femme de tête », nous apprenons que les armuriers ne sont pas très nombreux à Paris et que l'on ne peut pas acheter d'armes à feu sans avoir obtenu un permis de la police. Aux États-Unis, il est beaucoup plus facile de se procurer un pistolet ou un revolver. Quel système préférez-vous ? Pourquoi ? Est-ce qu'il y a des armes à feu chez vous ? Achèteriez-vous une arme à feu ? Pourquoi ou pourquoi pas ?
4. Donnez à cette nouvelle un autre dénouement. Au lieu d'un revolver chargé à blanc, imaginez qu'Éliane tire avec de vraies balles et tue son mari. Qu'est-ce qui se passerait ?
5. Vous avez déjà lu des romans policiers, sans doute, comme les aventures de Sherlock Holmes de Arthur Conan Doyle ou les romans d'Agatha Christie, où figurent Miss Marple et Hercule Poirot, ou les romans de Mickey Spillane. Choisissez un roman ou une nouvelle qui vous a plu et racontez l'histoire à toute la classe.
6. Le narrateur de « Une femme de tête » éprouve beaucoup de sympathie (et même de l'affection) pour sa cliente Éliane Aubertet et aussi pour son mari Jean-Claude. Cependant, il semble prendre Janine Sauval en grippe (**prendre en grippe** *to take a dislike to*). Citez les phrases qui confirment cette idée.

III

TROIS MONDES

7

Ces enfants de ma vie (extraits)
Gabrielle Roy

Objectives

1. Read and understand some excerpts of linked stories about a young Canadian schoolteacher's classroom experiences in rural Manitoba in the 1930s.
2. Learn vocabulary and expressions related to school life, music, and negative emotional states.
3. Review the use of the conditional in softened requests and the imperfect, past perfect, and conditional in subordinate clauses.
4. Learn about literary genre, the tone of the story, and the involvement of the author/narrator.

NOTE LITTÉRAIRE

Les critiques littéraires ne sont pas toujours d'accord quand il s'agit de savoir à quel genre littéraire appartient l'œuvre qu'ils analysent. Le livre de Gabrielle Roy, « Ces enfants de ma vie, » en est un exemple. On l'a classé parmi les recueils *(collections)* de contes, mais aussi parmi les romans. Il est même difficile d'appeler ce livre œuvre de fiction, car l'empreinte *(print, stamp)* autobiographique est très marquée.

Nous proposons de classer « Ces enfants de ma vie » dans le genre recueil de contes. Ce sont de courtes histoires unifiées par la voix de la narratrice et par le thème de la vie scolaire. Ces contes ressemblent donc à des **réminiscences** ou **mémoires,** de petits récits ou des sketchs autobiographiques de l'auteur, qui était une jeune institutrice dans le Manitoba pendant les années 30. La voix de la narratrice est bien celle de l'auteur, mais cette œuvre n'est pas une **chronique** comme « Les coquelicots de l'Oriental, » la sélection suivante. Autrement dit, ce n'est pas une suite d'événements ou de faits racontés dans l'ordre chronologique. Ce que nous avons ici, c'est une suite de vignettes personnelles, intimes, peintes avec délicatesse, sensibilité et amour, qui témoignent de l'introspection de l'écrivain. La douceur du style montre le dévouement *(devotion)* de l'auteur à ses élèves, et son engagement *(commitment)* passionné de jeune maîtresse d'école.

POUR AMORCER LA LECTURE

VOCABULAIRE UTILE

La musique

Substantifs

la chanson *song*
le chant *singing*
l'heure (f.) **de chant** *singing hour*
le chœur *chorus, glee club*
le concert *concert*
le musicien *musician*
le rythme *rhythm*
le talent *talent*
la voix *voice*

Verbes et expressions

avoir de l'oreille (pour la musique) *to have an ear (for music)*
chanter *to sing*
chanter à l'unisson *to sing in unison*
chanter avec entrain *to sing with gusto*
donner le ton *to give the pitch*
faire chanter les élèves *to have the students sing*
frémir *to quiver* (of the voice)
vibrer *to vibrate*

Pour parler de voix ou de talent musical

chanter à ravir *to sing delightfully*
chanter harmonieusement *to sing harmoniously*
captivant *captivating*
clair *clear*
frémissant *quivering*
juste *on key*
ravissant *delightful*
terne *dull*

Attitudes et sentiments négatifs

Substantifs

l'abattement (m.) *dejection*   **la tristesse** *sadness*
la nervosité *nervousness*

Adjectifs

agité *excited, nervous*   **rebelle** *rebellious*
découragé *discouraged*   **remuant** *restless, fidgety*
grognon *grumbling, grumpy*   **sournois** *sly*
narquois *derisive, sardonic*   **vindicatif** *vindictive*

Verbes et expressions

avoir honte de *to be ashamed of*
désespérer de *to give up hope of*
être à plaindre *to be pitiable*
se dresser contre quelqu'un *to rise up against someone*
faire honte à quelqu'un *to make someone ashamed*
faire la moue *to pout*
pleurnicher *to whine, sob*
se quereller pour des riens *to argue over nothing, over trifles*
sévir *to be mean, strict*

IDIOTISMES

Pour parler un français plus naturel, apprenez par cœur les idiotismes suivants.

- *à tour de rôle*
  Les élèves venaient remettre leurs examens à tour de rôle.

- *each in his (her) turn, one by one*
  The students came to hand in their exams one by one.

- *Il va sans dire.*
  Il va sans dire qu'il fait froid en hiver dans le Manitoba.

- *It goes without saying.*
  It goes without saying that it's cold in the winter in Manitoba.

- *Je n'y vois que du feu.*
  Quand le directeur saura que ma classe a eu les meilleures notes, il n'y verra que du feu.

- *I can't make head or tail of it.*
  When the principal finds out that my class got the best grades, he will be completely baffled.

- *(re)prendre goût à quelque chose*
  Après deux mois de vacances, il leur sera difficile de reprendre goût à leurs classes.

- *to take a (renewed) liking to*
  After two months of vacation, it will be hard for them to like their classes again.

- *prier quelqu'un de faire quelque chose*
  L'institutrice a prié les élèves de chanter.

- *to request that someone do something*
  The schoolteacher asked the students to sing.

- *sans se faire prier*
  Quand nous avons du monde à la maison, ma fille joue du piano sans se faire prier.

- *without having to be coaxed*
  When we have company at home, my daughter plays the piano without having to be coaxed.

- *sous un bon/mauvais jour*
  Vous avez vu mes élèves sous leur plus mauvais jour!

- *in a good/bad light*
  You have seen my pupils in their worst light.

CAUSONS!

1. Décrivez un chanteur (une chanteuse) que vous aimez beaucoup. Comment chante-t-il (-elle)? Comment est sa voix? Pourquoi est-ce que vous l'aimez? Y a-t-il des chanteurs ou des styles de chant que vous n'aimez pas? Pourquoi?
2. Essayez de vous souvenir de vos classes quand vous étiez à l'école primaire. Y avait-il des élèves difficiles? Comment se tenaient-ils en classe?

⇒ AVANT DE LIRE ⇐

• UN MOT SUR L'AUTEUR

Gabrielle Roy est née en 1909 à Saint-Boniface dans la province du Manitoba, et elle est morte à Québec en 1983. Institutrice pendant huit ans dans sa province natale, elle a voyagé en France et en Angleterre entre 1937 et 1939.

Son premier roman « Bonheur d'occasion » a reçu le Prix Fémina en 1947. Pendant plus de trente ans, elle a continué à écrire des romans et des contes qui lui ont valu la réputation d'être l'un des écrivains les plus importants de la littérature québécoise et canadienne contemporaine.

Gabrielle Roy a écrit « Ces enfants de ma vie, » l'œuvre dont vous allez lire des extraits, en 1977. Ce livre a gagné le Prix du Gouverneur Général du Canada et a été traduit en anglais sous le titre de « Children of My Heart ».

Gabrielle Roy

• LE FOND CULTUREL

La province du Manitoba est située dans la partie centrale du Canada, entre les provinces de l'Ontario et de Saskatchewan. Le Manitoba est limitrophe du *(borders on)* Dakota du Nord et du Minnesota. Saint-Boniface, ville où se déroulent les faits racontés dans « Ces enfants de ma vie », se trouve près de la capitale du Manitoba, Winnipeg, à quelques 60 milles au nord de la frontière américaine. (Voir la carte ci-dessous.)

La plupart des enfants dont Gabrielle Roy fait le portrait sont des fils d'étrangers. Le Canada, comme les États-Unis, est un pays d'immigrants. Depuis 1867, année de la création de la Confédération du Canada, le pays a accueilli plus de 10.000.000 d'immigrants, et en accueille encore environ 100.000 par an. Nil, l'enfant dans l'extrait que vous allez lire, est de famille ukrainienne.

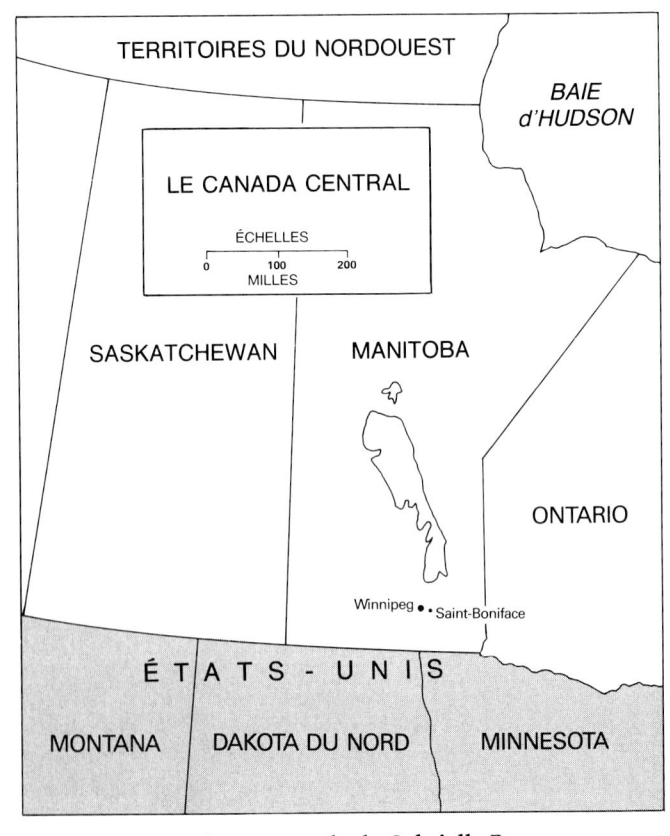

Le Canada central, terre natale de Gabrielle Roy

• ABORDONS LE TEXTE

Deux constructions à noter dans cet extrait du livre de Gabrielle Roy : le causatif et les participes employés de manière absolue. Le causatif est aussi fréquent dans la langue parlée que dans le français écrit. Les participes employés de manière absolue sont plutôt un procédé stylistique de la langue littéraire.

1. LE CAUSATIF : **FAIRE** SUIVI DE L'INFINITIF

L'équivalent anglais se construit avec *to have* ou *to make* suivi d'un autre verbe.

Modèle :

    Il m'a fait entrer.   *He had me come in.*

Quelques exemples tirés de « Ces enfants de ma vie » :

    Faire chanter mes enfants   *To have my children sing*
    Je fis avancer mes élèves.   *I had my students move forward.*

Trouvez au moins quatre exemples du causatif dans le texte. Donnez-en la traduction en anglais.

2. L'EMPLOI ABSOLU DES PARTICIPES

La construction absolue consiste en un participe présent (la forme du verbe qui termine en **-ant**) qui remplace une proposition subordonnée *(subordinate clause)* ou en un participe passé qui exprime la notion de *having done something*. Deux exemples :

    Le mauvais temps persistant,   *Since the bad weather was*
      nous avons dû prendre la   *continuing, we had to have*
      récréation dans le gymnase.   *recess in the gymnasium.*
    Retourné à sa place, Charlie ne   *Having returned to his seat,*
      put longtemps se retenir.   *Charlie couldn't control*
                                                     himself for long.

En lisant le texte, trouvez des exemples de l'emploi absolu des participes suivants : **arrivant**, **ayant repris**, **semblant**, **revenus**, **pouvant**, **remis**, **parti**. Faites attention à la traduction de ces phrases.

L'alouette

Assez souvent je priais mes petits élèves de chanter ensemble. Un jour, au milieu de leurs voix plutôt ternes, j'en distinguai une, claire, frémissante, étonnamment° juste. Je fis cesser le groupe pour laisser Nil continuer seul. La ravissante voix et de quel prix° pour moi qui n'eus jamais beaucoup d'oreille pour la musique!

Dès lors° je demandai :

— Donne le ton, veux-tu, Nil?

Il le donnait sans se faire prier ni s'enorgueillir,° enfant né pour chanter comme d'autres pour faire la moue.

Partait alors à sa remorque ma volée de passereaux que Nil entraînait tant bien que mal[1] et, avant longtemps, plutôt bien que mal, car, outre° son brillant talent, il possédait celui de paraître en donner° aux autres. On écoutait Nil chanter et on se croyait tous capables de chanter.

L'heure du chant dans ma classe m'attira° l'envie des maîtresses° des classes avoisinantes.°

— Que se passe-t-il? Tous les jours, à présent, de° ta classe, c'est un concert.

Il n'y avait rien à comprendre° puisque je n'avais guère° jusque-là° brillé comme maîtresse de chant.

Notre vieil inspecteur des écoles, au cours de sa visite, en fut tout stupéfait.

— Comment se fait-il! Vos élèves chantent mille fois mieux que ceux des années passées!

Puis il cessa de me guetter° pour me demander plutôt de faire chanter encore une fois mes enfants, et la première chose que je sus, il était parti au loin° d'une rêverie° heureuse où il ne paraissait même plus se souvenir qu'il était inspecteur des écoles.

Peu après cette visite, je reçus celle de notre Principal qui me dit d'un ton un peu narquois :

— Il paraît que vos élèves cette année chantent à ravir. Je serais curieux d'entendre ces anges° musiciens. Les feriez-vous chanter pour moi?

Notre Principal était un homme de petite taille,° mais que grandissait° passablement sa huppe° de cheveux dorés,° dressés haut,° à la Thiers.[2] Sa tenue,° qui était celle

---
[1] **Partait... mal** My flock of sparrows that Nil was leading as best as he could took off after him.
[2] Adolphe Thiers (1797–1877), homme politique français très célèbre, président de France de 1871 à 1873. On fait allusion ici à ses cheveux, qui formaient une huppe (*crest*) sur sa tête.

de nos Frères° enseignants° à l'époque,° en imposait° aussi : une redingote° noire, un plastron° bien blanc.

Je fis avancer mes élèves en un groupe compact. Nil, l'un des plus petits, presque caché au milieu. Je lui fis un signe bref. Il donna le ton juste assez haut pour être entendu de ses voisins. Un fil qui aurait vibré° harmonieusement quelque part! Et le chœur s'enleva° avec un si bel entrain, dans un tel unisson que je me disais le Principal aussi n'y verra que du feu.

En tout cas, l'air narquois s'effaça° vite de son visage. Au lieu de quoi, je vis apparaître chez lui aussi, à ma grande surprise, une expression de rêve heureux comme s'il avait perdu de vue° qu'il était un directeur toujours occupé à diriger son école.

Les mains au dos, il balançait° un peu la tête au rythme du chant et continua un moment encore, après qu'il fut terminé, à l'écouter de mémoire.

Mais lui° avait repéré° la voix captivante. Il fit sortir Nil du rang,° le considéra° longuement° d'un regard attentif, lui tapota° la joue.°

Il me dit comme° je le reconduisais° à la porte :

— Voilà donc qu'avec vos trente-huit moineaux,° vous avez hérité° cette année d'une alouette° des champs. Connaissez-vous cet oiseau? Qu'il chante,° et il n'y a pas de cœur qui ne se sente allégé!°

J'étais encore trop jeune moi-même, je suppose, pour comprendre ce qu'est un cœur allégé. Pourtant, bientôt, j'en eus° quelque idée.

Cette journée-là avait fort° mal commencé, sous une battante° pluie d'automne, les enfants arrivant enrhumés,° mouillés,° grognons, avec d'énormes pieds boueux° qui eurent° vite transformé en une sorte d'écurie° ma salle de classe que j'aimais brillante de propreté.° Si j'allais ramasser° une galette° à peu près intacte de terre noire, deux ou trois enfants le faisaient exprès pour en écraser° et disperser d'autres, du bout° du pied, dans les allées,° tout en me guettant d'un air sournois. Je ne reconnaissais plus mes élèves dans ces petits rebelles pour un rien° prêts à se dresser contre moi, pas plus qu'eux° peut-être ne reconnaissaient en moi leur maîtresse bien-aimée de la veille.° Que se passait-il donc alors pour nous transformer presque en ennemis?

Certaines de nos compagnes° parmi les plus expérimentées° mettaient en cause° les moments qui précèdent l'orage,° les nerfs délicats des enfants subissant° mal° la tension° atmosphérique ; ou encore les journées qui suivent un long congé.° Les enfants ayant repris goût

à la liberté, le retour à l'école leur fait tout l'effet° d'une
rentrée° en geôle,° ils n'obéissent plus en rien,° d'autant
plus° agités, remuants et impossibles qu'ils° sentent
bien dans le fond,° les pauvres petits, que leur révolte
contre le monde adulte n'a aucune chance d'aboutir°
jamais.

Je faisais à mon tour° l'expérience d'une de ces journées détestables, la maîtresse ne semblant être à l'école
que° pour sévir, les enfants pour plier,° et toute la
tristesse du monde s'installe alors dans ce lieu° qui
peut être si gai à d'autres heures.

Le mauvais temps persistant, au lieu d'aller passer° au
grand air° cet excès de nervosité, nous avons dû prendre
la récréation dans le gymnase du sous-sol,° les pieds résonnant dur sur le terrazzo.° Les enfants se querellèrent
pour des riens. J'eus à° soigner° des lèvres fendues,° des
nez qui saignaient.°

Puis, tout juste revenus des lavabos,° les enfants quittaient leur pupitre° à tour de rôle pour venir me demander la permission d'y redescendre. Impossible de
continuer ma leçon dans ce va-et-vient!° Un enfant partait, un autre revenait, la porte s'ouvrait, un courant
d'air° soulevait° les cahiers, on les repêchait° couverts
de boue,° la porte claquait,° un autre enfant partait.
Tout d'un coup, n'en pouvant plus,° je dis « non, c'est assez, il y a tout de même° des limites. » Or,° sans que
j'eusse réfléchi,° comme par un fait exprès,° mon « non »
tomba sur le petit Charlie, doux enfant sans malice que
sa mère purgeait° deux ou trois fois par année au soufre°
apprêté à la mélasse.° Retourné à sa place, Charlie ne
put longtemps se retenir.° L'odeur le dénonça° à ses voisins, petits monstres qui firent mine° d'être scandalisés
et me crièrent de leur place comme si ce n'était pas assez évident : « Charlie a fait dans sa culotte.° » Je dus
écrire en hâte° une lettre pour sa mère que° je savais°
vindicative, pendant que Charlie, à mon pupitre, attendait, les jambes écartées,° pleurnichant de honte.°

Je n'eus pas longtemps à attendre les suites,° Charlie
parti depuis une demi-heure, le Principal montra la tête
dans le haut° vitré° de la porte, me faisant signe° qu'il
avait à me parler. C'était déjà mauvais quand il nous demandait° dans le corridor. La mère de Charlie, m'apprit-il,° venait° de téléphoner. Elle était si furieuse qu'il avait
eu de la peine° à la dissuader de me poursuivre en justice.° À beau rire qui veut,° cela se voyait des parents
prêts à traduire en justice° une maîtresse pour moins encore, et pour ma part j'étais accusée d'avoir contraint° la

mère de Charlie à relaver le linge° de celui-ci, tout remis au propre° la veille justement.

Je tentai° de présenter les faits° à ma manière, mais le Principal me fit sévèrement observer que mieux valait°
140 laisser aller toute une classe pour rien aux lavabos qu'en priver° un enfant qui en avait besoin.

Était-ce parce que j'avais honte de moi-même, j'essayai de faire honte aux enfants pour s'être montrés depuis le matin sous leur plus mauvais jour. Ils n'en°
145 parurent pas du tout contrits°; bien° au contraire, ils eurent l'air contents d'eux-mêmes, la plupart.

J'allai m'asseoir, totalement découragée. Et l'avenir° s'en vint° se jeter sur moi pour me peindre mes années à venir toutes pareilles° à aujourd'hui. Je me voyais dans
150 vingt ans, dans trente ans, à la même place toujours,° usée° par la tâche,° l'image même de mes compagnes les plus « vieilles » que je trouvais tellement° à plaindre, si bien° qu'à travers elles je me trouvai aussi à plaindre. Il va sans dire, les enfants profitaient de mon abattement
155 pour courir les uns après les autres dans les allées et augmenter encore le charivari.°

(La narratrice demande à Nil de chanter une chanson.)

Quand prit fin l'aimable chant, nous étions dans un
160 autre monde. Les enfants d'eux-mêmes° avaient peu à peu regagné° leur place. La classe était dans une paix rare. Moi-même je ne désespérais plus de mon avenir. Le chant de Nil avait retourné mon cœur comme un gant.° J'étais à présent confiante en la vie.

sous-vêtements
remis au propre having been washed
essayai/facts
mieux valait it was better to

deprive

about it
repentant/quite

future
s'en vint came
similar
still
worn down/task, job
so
si bien que with the result that

ruckus, racket

of their own accord
gone back to

retourné mon cœur comme un gant turned my heart inside out

Les niveaux de langue

Cet extrait de « Ces enfants de ma vie » contient plusieurs exemples de ce français soigné représentatif de tant de textes littéraires. Voici cinq exemples avec leurs équivalents en français parlé :

français littéraire	*français parlé*
tenter de faire quelque chose	essayer de faire quelque chose
une geôle	une prison
un lieu	un endroit
avoir confiance **en** la vie	avoir confiance **dans** la vie
J'étais encore trop jeune moi-même, je suppose, pour comprendre ce qu'est un cœur allégé.	J'étais encore trop jeune moi-même, je suppose, pour comprendre ce que c'est qu'un cœur allégé.

Notes : En général on emploie **dans** et pas **en** devant un article : **en ville** mais **dans la ville**. Pour le dernier exemple, comparez la question littéraire **Qu'est-ce qu'un cœur allégé?** avec la façon de poser la même question dans la langue courante : **Qu'est-ce que c'est qu'un cœur allégé?**

On trouve aussi quelques exemples du verbe en tête de phrase, suivi du sujet. Regardez les phrases suivantes :

Partait alors à sa remorque ma volée de passereaux...	My flock of sparrows started up after him....
Quand **prit fin l'aimable chant**....	When the pleasant singing ended....

Dans la langue parlée, le sujet se placerait avant le verbe dans les deux cas.

Exercices stylistiques

A. *Refaites les phrases suivantes en français parlé en remplaçant le(s) mot(s) en italique.*

1. Je ne savais pas *ce qu'était* une volée de passereaux.
2. La maîtresse d'école *tente de* faire chanter ses élèves.
3. Il voyait le bureau où il travaillait comme *une geôle*.
4. Mon rêve c'est de trouver *un lieu* tranquille.
5. Quand *arrivent les élèves*, l'instituteur commence la leçon.

B. *Cherchez dans cet extrait des exemples d'interrogation par inversion typique de la langue littéraire. Comment transformeriez-vous ces phrases en français parlé?*

✳ Questions

Vérifiez votre compréhension

1. Qu'est-ce que la narratrice a distingué un jour en écoutant chanter ses élèves?
2. Comment était la voix de Nil?
3. Quelle a été la réaction des autres maîtresses d'école en entendant chanter les élèves de la narratrice?
4. Est-ce que la narratrice avait un don spécial pour la musique? Expliquez votre réponse.
5. Qu'est-ce que l'inspecteur des écoles a pensé du concert de chant donné par les élèves?

6. Quel a été le changement d'attitude du Principal après avoir écouté chanter les élèves de la narratrice?
7. Quelle opinion a-t-il exprimée sur la voix de Nil?
8. Quelle comparaison a-t-il faite entre Nil et les autres élèves?
9. Décrivez ce qui se passait en classe et comment se tenaient les élèves ce jour-là. Comment est-ce qu'on a essayé d'expliquer la mauvaise conduite des élèves?
10. Donnez quelques exemples de la mauvaise conduite des élèves.
11. Pourquoi est-ce que la narratrice a refusé de donner aux élèves la permission de descendre aux cabinets? Quelles suites ce refus a-t-il eues pour Charlie?
12. Qui met la narratrice au courant *(informs)* de la réaction de la mère de Charlie? Que voulait faire la mère?
13. Comment est-ce que la narratrice essaie d'expliquer son propre comportement *(conduct)*? Quelle idée se fait-elle de son avenir?
14. Comment les élèves ont-ils réagi quand ils ont vu que leur maîtresse d'école était découragée?
15. Décrivez la transformation de la classe produite par la chanson de Nil.

Questions personnelles

1. Quel rôle les instituteurs et les professeurs ont-ils joué dans votre vie? Est-ce que vous gardez un souvenir particulièrement vif d'un de vos instituteurs ou d'une de vos institutrices? Parlez un peu de l'influence que cette personne a eue dans votre vie.
2. Quelles matières vous ont plu le plus, à l'école? Pourquoi?

    [les maths, l'histoire, la géographie, l'économie, l'anglais, les langues étrangères, la musique, l'art, les sciences — la biologie, la chimie, la physique.]

3. Comment est-ce que vous vous êtes senti(e) le premier jour de l'école primaire, où maternelle *(nursery school)*, quand vous vous êtes séparé(e) de votre mère pour la première fois? Vous en souvenez-vous?
4. Quand vous avez commencé à aller à l'école, aviez-vous honte de demander la permission d'aller aux cabinets? Avez-vous eu d'autres expériences gênantes *(embarrassing)*?
5. Quel genre d'élève étiez-vous à l'école primaire? Décrivez-vous en utilisant le vocabulaire suivant.

    intelligent(e), brillant(e), bête, rebelle, remuant(e), grognon(ne), sournois(e), narquois(e), sensible *(sensitive)*, généreux (-euse), aimable, sage *(well-behaved)*, gentil(le) *(friendly)*

GRAMMATICAL NOTE

Before rereading the story, make sure you understand the author's use of this structure.

THE CONDITIONAL IN SOFTENED REQUESTS
THE IMPERFECT, PAST PERFECT, AND CONDITIONAL IN SUBORDINATE CLAUSES.

The conditional may be used to soften requests. Note the difference in tone between the following pairs of sentences :

>Je suis curieux de les entendre.
>Je serais curieux de les entendre.
>Faites-les chanter pour moi.
>Les feriez-vous chanter pour moi?

The imperfect replaces the present tense and the conditional replaces the future tense in subordinate clauses of indirect address (relating someone's message, but not quoting it exactly) when the main verb is in the past. Compare the shift in tenses in the following pair of sentences :

Il me **fait** signe qu'il **a** à me parler.	*He **motions** to me that he **has** something to talk to me about.*
Il m'**a fait** signe qu'il **avait** à me parler.	*He **motioned** to me that he **had** something to talk to me about.*

In the following sentence there is a direct quote in the future tense (**verra**) :

Je me disais, « le Principal aussi n'y **verra** que du feu. »	*I said to myself, "The Principal **will be** baffled too."*

The future tense changes to the conditional (**verrait**) when the sentence « Le Principal aussi n'y verra que du feu » is rewritten as indirect speech.

Je me disais que le Principal aussi n'y **verrait** que du feu.	*I said to myself that the Principal **would** be baffled too.*

In these and similar subordinate clauses, such as those following *si* [adjectif] *que (so [adjective] that)*, the present perfect is replaced by the pluperfect :

Elle **est** si furieuse qu'il **a eu** de la peine à la dissuader de me poursuivre en justice.	*She is so furious that he **had** difficulty dissuading her from prosecuting me.*
Elle **était** si furieuse qu'il **avait eu** de la peine à la dissuader de me poursuivre en justice.	*She **was** so furious that he **had had** difficulty dissuading her from prosecuting me.*

Exercices structurels

A. *Rewrite these requests in the conditional to make them sound more polite.*

1. Donnez-moi un verre d'eau.
2. Je veux écouter cette chanson.
3. Nous sommes curieux de les entendre.
4. Faites-moi voir cette classe.
5. Vous pouvez ramasser les papiers?

B. *Change the verb of each main clause to the past as indicated, and make all necessary changes in the subordinate clause.*

1. Il me dit qu'il veut me voir. (Il m'a dit)
2. Je suis sûr que cela vous attirera leur envie. (J'étais sûr)
3. Il est si injuste que ses élèves se sont dressés contre lui. (Il était)
4. Nil chante si bien que nous avons tenté de chanter aussi. (Nil a chanté)
5. Il me semble que les élèves sont remuants. (Il me semblait)
6. J'espère qu'il fera chanter les élèves. (J'espérais)

Perfectionnez votre vocabulaire

Les mots français définis en français. Voici huit définitions. Pour chacune d'entre elles, choisissez le mot ou l'expression qu'elle définit.

1. ironique, qui se moque avec ironie
   a. harmonieux   b. terne   c. narquois

2. dissimulé, qui cache ses vraies idées ou pensées
   a. sournois   b. ravissant   c. agité

3. murmurant, qui a l'habitude de protester indistinctement
   a. découragé   b. grognon   c. vindicatif

4. trembler légèrement
   a. frémir   b. pleurnicher   c. plaindre

5. d'une façon négative, d'un point de vue négatif
   a. à tour de rôle   b. sous un mauvais jour   c. pour des riens

6. avancer les lèvres pour montrer son mécontentement
   a. désespérer   b. faire honte   c. faire la moue

7. se dit de quelqu'un qui est sans cesse en mouvement
   a. remuant   b. captivant   c. rebelle

8. agir avec rigueur; punir
   a. vibrer   b. sévir   c. se dresser

Parlons et écrivons

1. Décrivez les expériences les plus mémorables que vous avez eues à l'école primaire ou au lycée. Quelles classes aimiez-vous le plus? Lesquelles n'aimiez-vous pas? Comment se tenaient les élèves? Décrivez l'attitude des professeurs envers les étudiants.
2. Parlez de vos classes de musique à l'école primaire ou au lycée. Quelles chansons chantiez vous? Quelle sorte de musique écoutiez-vous? Est-ce que vous jouiez d'un instrument dans l'orchestre de l'école? Si oui, de quel instrument? Décrivez vos expériences musicales à l'école.

    (Souvenez-vous qu'on dit en français **jouer de** + *definite article* pour les instruments de musique : **jouer du piano, jouer de la guitare, jouer de la clarinette, jouer du violon**, etc.)

Traduction

A. Traduisez en anglais.

1. En tout cas, l'air narquois s'effaça vite de son visage. Au lieu de quoi, je vis apparaître chez lui aussi, à ma grande surprise, une expression de rêve heureux comme s'il avait perdu de vue qu'il était un directeur toujours occupé à diriger son école.
2. Je tentai de présenter les faits à ma manière, mais le Principal me fit sévèrement observer que mieux valait laisser aller toute une classe pour rien aux lavabos qu'en priver un enfant qui en avait besoin.

B. Traduisez en français.

1. The pupils were so grumpy yesterday. They were arguing over trifles.
2. They didn't show themselves in a good light. They pouted and (they) whined.
3. The singing teacher came in. She sings delightfully.
4. The students have no ear for music but they sing with gusto.
5. The children sang without having to be coaxed.
6. There was peace in the classroom.

À votre avis

Commentons le texte

Dans le cadre du récit, analysez l'importance de ces citations.

1. Je ne reconnaissais plus mes élèves dans ces petits rebelles pour un rien prêts à se dresser contre moi, pas plus qu'eux peut-être ne reconnaissaient en moi leur maîtresse bien-aimée de la veille.
2. Quand prit fin l'aimable chant, nous étions dans un autre monde. Les enfants d'eux-mêmes avaient peu à peu regagné leur place. La classe était dans une paix rare. Moi-même je ne désespérais plus de mon avenir. Le chant de Nil avait retourné mon cœur comme un gant. J'étais à présent confiante en la vie.

Thèmes d'interprétation et de conversation

1. Dans cet extrait de « Ces enfants de ma vie », la narratrice fait face à des situations qui sont familières à tout instituteur et à toute institutrice. La narratrice décrit dans son récit comment elle dirige sa classe. Est-ce que vous vous y seriez pris de la même façon (**s'y prendre** = *to go about it, to handle it*) ou bien auriez-vous agi d'une façon différente? Comment est-ce que vous vous y prendriez dans les situations suivantes?

    a) Les élèves sont rebelles et grognons.
    b) Il pleut tous les jours, il fait très froid, et les élèves ne peuvent pas sortir dans la cour de récréation. À cause de cela, ils sont nerveux, agités.
    c) C'est le premier jour de classe après de longues vacances. On dirait que les élèves se croient toujours en vacances. Ils ne vous obéissent pas.
    d) Vous ne pouvez pas continuer votre leçon à cause du va-et-vient des élèves. Ils vont chercher des affaires qu'ils ont oubliées, ils vont aux cabinets. Vous en avez assez. Maintenant c'est un élève sage et tranquille qui vous demande la permission d'aller aux toilettes.

2. Comparez l'extrait de « Ces enfants de ma vie » et les contes « Le portrait » et « D'un cheveu ». Étudiez l'impression d'intimité qui naît de la narration à la première personne. Comment l'emploi de la première personne réduit-il la distance entre la narrateur (ou la narratrice) et ses lecteurs?

3. Dans cet extrait de « Ces enfants de ma vie » le chant joue un rôle important, aussi important que si c'était un personnage. Que chantent les enfants français à l'école? Quelles sont les comptines *(nursery rhymes)* connues de tous les enfants qui parlent français? En voici deux, paroles *(lyrics)* et musique pour piano pour que vous aussi, vous puissiez chanter quand Nil donnera le ton. (Voir les pages 136-137.)

AU CLAIRE DE LA LUNE

Au clair de la lune,
Mon ami Pierrot,
Prête moi ta plume,
Pour écrire un mot.
Ma chandelle est morte,
Je n'ai plus de feu;
Ouvre moi ta porte
Pour l'amour de Dieu.

Au clair de la lune
Pierrot répondit:
Je n'ai pas de plume,
Je suis dans mon lit.

Va chez la voisine,[1]
Je crois qu'elle y est,
Car, dans sa cuisine,
On bat le briquet.[2]

---

[1] In French songs all the mute **es** are usually pronounced. Thus in « Au clair de la lune », the words **voisine** and **cuisine** have three syllables each (**voi-si-ne, cui-si-ne**), instead of the two they have in everyday speech, where the final **e** is silent.

[2] **battre le briquet** *(old expression)* to strike a light; chew the fat.

LE PONT D'AVIGNON[1]

Sur le pont d'Avignon, l'on y danse, l'on y danse;
Sur le pont d'Avignon, l'on y danse tout en rond.
Les beaux messieurs font comm'[2] ça, Et puis encor comm' ça.

Sur le pont d'Avignon, l'on y danse, l'on y danse;
Sur le pont d'Avignon, l'on y danse tout en rond.
Les bell's dames font comm' ça, Et puis encor comm' ça.

---

[1] **Le pont d'Avignon** : le Pont St-Bénezet in Avignon, a city on the Rhône river in southern France, once crossed the entire river when it was completed in 1189. Now partially in ruins, it ends in the middle of the Rhône.

[2] Spellings such as **encor, comm'**, and **bell's** in « Sur le pont d'Avignon » indicate that the mute e is not to be pronounced, even though the words appear in the lyrics of a song.

8

Les coquelicots de l'Oriental: chronique d'une famille berbère marocaine *(extraits)*

Brick Oussaïd

Objectives

1. Read and understand fragments of a **chronique** *(chronicle)* written by a French-speaking Berber from Morocco, who, through his perseverance and education, triumphed over the humblest conditions to become an engineer.
2. Learn vocabulary and expressions related to country life, and verbal expressions requiring a preposition before a noun or another verb.
3. Review ways to express manner and the formation and use of the pluperfect tense.
4. Learn about the **chronique** and the author as narrator of his own work.

Note: This selection is divided into two parts because of its length. Each part has a vocabulary section and a full set of post-reading activities.

NOTE LITTÉRAIRE

Les passages suivants sont écrits à la première personne et sont extraits d'une **chronique**, c'est-à-dire une narration de faits rapportés dans l'ordre de leur déroulement *(occurrence)*. Dans « Les coquelicots de l'Oriental », c'est l'auteur lui-même qui fait cette narration. C'est lui qui raconte son histoire et celle de sa famille. « Les coquelicots de l'Oriental » n'est pas une œuvre romanesque *(fictional)*. Du point de vue du genre, elle s'approche de l'autobiographie.

Quand on est l'auteur de son propre récit, on réduit la distance entre l'auteur et le lecteur, ce qui produit un effet dit **intimiste**. Dans les romans, le romancier crée un personnage pour raconter l'histoire et met ainsi une certaine distance entre ce personnage-narrateur et lui-même. Cette distance le sépare également de ses lecteurs.

PREMIÈRE PARTIE

POUR AMORCER LA LECTURE

VOCABULAIRE UTILE

Une journée ensoleillée à la campagne (A sunny day in the country)

Substantifs

le champ de pousses *a field of young plants*
la prairie *prairie*
la rocaille *rocky ground*
le sol *ground, soil*
la terre *earth, land*

Adjectifs

aride *arid, dry*
brûlant *burning*
jaune *yellow*
sec, sèche *dry*

Expressions

à travers champ *across the field*
cueillir des fleurs *to pick flowers*
une fleur à odeur forte *a strong-smelling flower*

Les plantes

le bourgeon *bud*
le bouton *bud*
le coquelicot *poppy*
la culture *growing, crop*
les grains (m. pl.) *grain*

l'herbe (f.) *grass*
l'orge (f.) *barley*
la pluie *rain*
la récolte *harvest*
la tige *stalk*

Adjectifs

satisfaisant *satisfactory*

sauvage *wild*

Les insectes et les oiseaux

l'abeille (f.) *bee*
le bourdonnement *buzzing*
la cigale *cicada, grasshopper*

le coq *rooster*
l'insect (m.) *insect*
la tourterelle *turtle dove*

Les bêtes

Substantifs

le berger *shepherd*
la bête *animal*
la chèvre *goat*

le chevreau *kid*
l'enclos (m.) *pen, corral*
le troupeau *herd, flock*

Verbes et expression

bêler *to bleat*
brouter *to graze*

ruminer *to chew the cud*
sauter *to jump*

enfermer dans un enclos *to shut up in a pen*

IDIOTISMES

Pour parler un français plus naturel, apprenez par cœur les idiotismes suivants :

- **se frayer un chemin**
  Le chevreau s'est frayé un chemin à travers le troupeau.

- *to force one's way*
  The kid forced its way through the flock.

- **tant bien que mal**
  Ils vivent tant bien que mal.

- *as well as can be expected*
  They live as well as can be expected.

- regarder quelqu'un de haut en bas
    L'instituteur a regardé le nouvel élève de haut en bas.

- tenir compte de quelque chose

    On ne peut pas comprendre ce peuple sans tenir compte des conditions économiques du pays.

- être en avance
    Il faut arriver en avance pour être sûr d'être assis.

- *to look someone over from head to toe*
    The schoolteacher looked the new student over from head to toe.

- *to keep something in mind, take something into account*
    You can't understand this people without keeping the economic conditions of the country in mind.

- *to be early*
    We have to arrive early to be sure to get a seat.

CAUSONS!

Qu'est-ce que vous aimez à la campagne? Quels sont, d'après vous, les plus grands attraits de la vie rurale? A-t-elle aussi des inconvénients, des aspects qui vous déplaisent? Parlez-en.

⇒ AVANT DE LIRE ⇐

- ## UN MOT SUR L'AUTEUR

    Brick Oussaïd, ingénieur à Grenoble, est né au Maroc dans une famille berbère vers « la fin de 1949 et le début de 1950 ». Il habite une vallée du Moyen Atlas, qui fait partie d'une chaîne de montagnes s'étendant de la côte atlantique du Maroc jusqu'à la Méditerranée. C'est une région très pauvre, appelée l'Oriental parce qu'elle se trouve à l'est du Maroc, adossée à *(right next to)* la frontière algérienne. Vivant dans un dénuement *(deprivation)* matériel presque total, cet homme courageux, doté *(endowed)* d'une grande intelligence et d'une sensibilité extraordinaire, a pu surmonter toutes les difficultés que la vie lui a créées. Le chemin qu'il a parcouru *(traveled)* mène des montagnes arides où il était berger pendant son enfance à plusieurs écoles dans différentes villes du Maroc, ensuite à Paris et à Grenoble où il est devenu ingénieur.
    Il a réussi à faire ses études dans des conditions incroyablement difficiles — sans argent, souvent sans toit *(shelter)*, et, au début, sans même

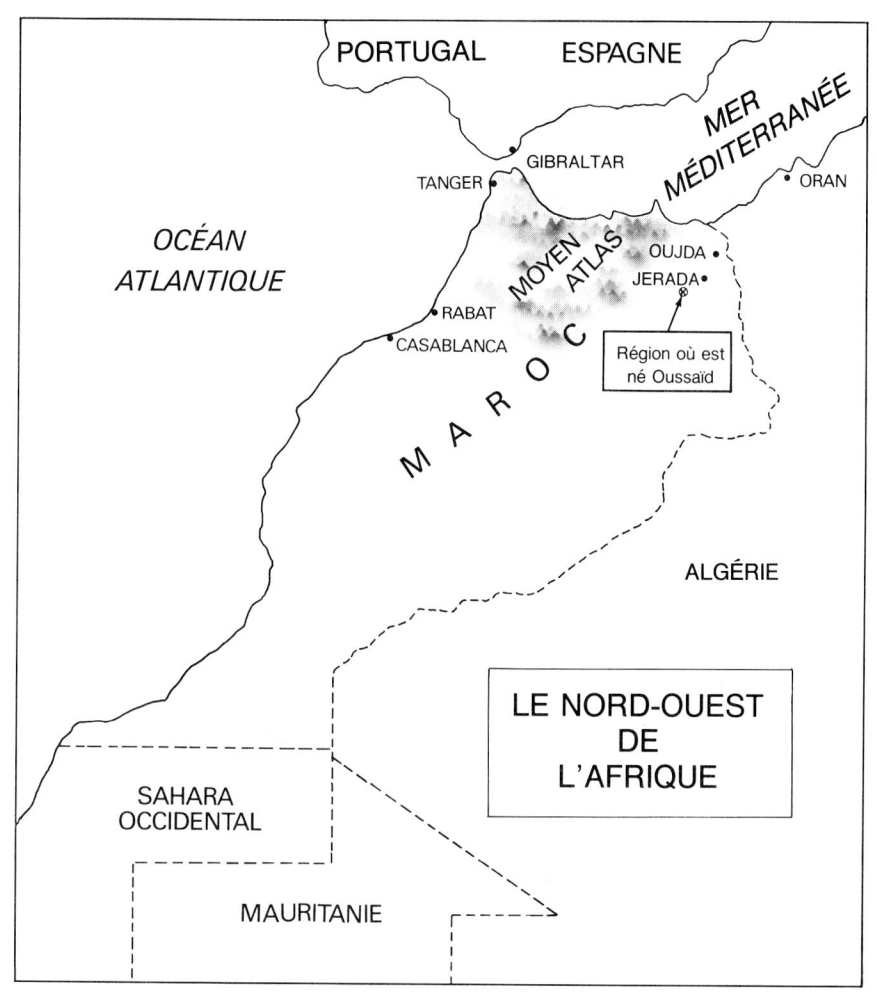

Le monde de Brick Oussaïd

connaître l'arabe, langue officielle de son pays, car il ne parlait que le berbère. Son titre universitaire est la preuve de ses dons *(talents)* en mathématiques et en sciences, mais aussi la preuve de son courage. Son livre « Les coquelicots de l'Oriental » démontre son humanisme et ses dons littéraires. Il est écrit dans un style aussi dépouillé *(stark, unadorned)* que la région où est né son auteur. Cette chronique de sa famille est un témoignage *(testimony)* important non seulement de la dignité des berbères qui luttent *(struggle)* pour subsister, mais de l'héroïsme muet qui existe chez tous les peuples défavorisés *(underprivileged)* de la terre.

Berbères marocains avec leurs troupeaux

• LE FOND CULTUREL

Les Berbères sont le peuple indigène d'Afrique du Nord. Aujourd'hui, le berbère reste la langue natale du tiers *(third)* de la population marocaine, surtout à la montagne. Dans les autres pays du Maghreb *(French North Africa)*, c'est-à-dire en Algérie et en Tunisie, l'arabe l'a remplacé. Peuple de cultivateurs et de bergers, dont beaucoup étaient jusqu'à ces derniers temps des nomades ou des semi-nomades, les Berbères habitent des régions peu hospitalières. La tribu forme la base de leur organisation sociale. À la suite des invasions arabes du septième et du huitième siècles, les Berbères se sont convertis à l'Islam.

Le Maghreb a connu plusieurs vagues de domination étrangère : les Carthaginois, les Romains, les Arabes, les Turcs, et, en dernier lieu, les Européens. L'influence française au Maroc a commencé en 1844. En 1914 le

Maroc est devenu un protectorat français, statut qui a duré jusqu'à la proclamation de l'indépendance du pays en 1956. Mais l'influence française y reste encore très forte de nos jours. Beaucoup de Marocains s'expriment en français et finissent leurs études dans les universités françaises. Le français reste pour eux la langue étrangère de prédilection *(favorite)* et sert de langue d'enseignement pour les cours de sciences.

Pour Brick Oussaïd, la scolarisation *(schooling)* signifiait la nécessité d'apprendre l'arabe et ensuite le français. La langue berbère n'est pas une langue écrite et ne s'emploie pas à l'école.

• ABORDONS LE TEXTE

Dans ce premier extrait du livre, Brick Oussaïd raconte sa vie dans le douar *(village de tentes)* berbère où il est né. La vie de sa famille est une lutte *(struggle)* incessante contre la faim. En lisant cet extrait, vous remarquerez les contrastes entre la grande spiritualité de l'auteur et la pauvreté matérielle du milieu où il vit.

Les coquelicots de l'Oriental

Les saisons que je préférais quand j'étais petit étaient le printemps et l'automne.

Le printemps chez les miens° m'a laissé en mémoire une impression de beauté et de plénitude° sans égal.

5 Nous habitions des montagnes arides dans lesquelles la pluviométrie° était faible et le printemps éphémère.° Pourtant, j'ai encore en mémoire ces journées ensoleillées pendant que je gardais mes chevreaux, contemplant les champs uniformes de fleurs à odeur forte.

10 C'est qu'au printemps tout revit° à un rythme effréné;° on aurait dit que les insectes et les plantes savaient aussi que le paradis allait bientôt céder la place à la canicule.° Le bourdonnement incessant des abeilles déchaînées,° des cigales° excitées et des tourterelles amoureuses

15 m'envahissait,° me rendant° saoul.° Sous mes yeux, des insectes de couleurs et de formes si diverses se frayaient un chemin à travers l'herbe et la rocaille, vaquant à° leurs occupations avec un acharnement° qui me donnait le vertige.° Ma conviction était faite : Dieu, Dieu seul

20 était capable de créer cette vie et mon père avait bien° raison de se donner à° Lui.

— Pourtant Dieu est bon; alors comment se fait-il qu'Il ait créé la misère, si dure, atroce?

ma famille
fullness

rainfall *(scientific)*/
   fleeting, short-lived

comes alive again/wild,
   unrestrained

dog days, hot sultry
   summer days
wild
cicadas *(grasshoppers)*
swept through me/making/
   intoxicated

vaquer à to attend to
determination
dizziness
quite
se donner à to devote
   oneself to

— C'est pour éprouver° Ses créatures et sonder° la profondeur° de leur foi.° Les vrais croyants° se résignent et les incrédules° seront châtiés!°

Cela me suffisait° à cet âge-là. J'avais fait° ainsi ma religion à côté de mes chevreaux en attendant la miséricorde° de Dieu, tout en scrutant° mon avenir° avec quelque embarras.° Non ; j'avais peur de l'avenir, la vie de mon père était là pour me rappeler le cauchemar° de l'enfer° qu'allait me réserver Dieu ici-même° et Lui seul savait ce qu'Il me réservait là-haut.

Le printemps avait l'avantage de revigorer la terre que nous voyions souvent brûlante et sèche. Cette ambiance de Paradis ravivait les cœurs des bergers ; l'écho de leurs chants arrivait jusqu'à moi dans la prairie, me pénétrait et m'emplissait° d'une joie de vivre que je ne savais expliquer.

La misère des miens nous avait poussés à reconnaître certaines plantes sauvages, réputées nourrissantes. J'ai donc eu une maigre satisfaction en suivant mes chevreaux : celle de° manger, en fait° brouter comme eux, ces plantes qui étaient nécessairement rares et qui assouvissaient° tant bien que mal ma faim. Je rentrais le soir, l'estomac acide ou ballonné° et la bouche bien colorée, la teinte° variant avec le mets° du jour.

Vers le mois de mai, les coquelicots en boutons faisaient la joie de° la famille. Il fallait les cueillir encore en bourgeons, les cuire à la vapeur° et les manger avec du beurre. Ce mets, dû à ma mère, était succulent et je lui ai souvent offert ma capuche° pleine de bourgeons de coquelicots qui émaillaient° ma route de petit berger à travers champs.

Mai était peut-être le mois le plus significatif de l'état de santé de nos vivres.° C'est à ce moment-là que mes parents pouvaient prévoir° si leur maigre culture d'orge serait bonne ou non. Cela dépendait des pluies de l'hiver mais aussi du printemps, et si en mai les grains n'avaient pas eu leur quantité d'eau minimale, le champs de pousses affichaient° une couleur jaune, les tiges refusant de grimper ;° la disette° était alors assurée. Mon père devait le savoir tôt° pour décider du° nombre de bêtes à vendre pour acheter l'orge qui faisait° notre pain quotidien ; un tel choix n'était d'ailleurs° pas si simple car le troupeau de chèvres nous fournissait° le lait et le beurre dont nous avions grand besoin.

Nos chèvres habitaient avec nous sous la tente ; elles occupaient la partie la plus basse, enfermées dans un enclos fragile. Il faut croire qu'elles n'étaient pas con-

tentes car elles bêlaient souvent la nuit, compliquant encore davantage notre repos nocturne.° Il arrivait° aussi que, pour une raison mystérieuse, elles sautassent° hors de l'enclos, nous° piétinant° par dessus° notre cou-
75 verture° nocturne° avant de s'enfuir° dans l'obscurité.

nightly/would happen
would jump
us/trampling/on top of
blanket/nighttime/run away

Mai était probablement la période de l'année pendant laquelle nous étions le moins malheureux; surtout quand la récolte avait été jugée satisfaisante.

• ABORDONS LE TEXTE

Ici Oussaïd raconte sa vie à l'école primaire. Il avait déjà eu quelques mois de scolarité *(schooling)* avec un professeur qui s'appelait Si Hammou. Dans l'extrait suivant, il raconte sa rencontre avec le nouveau professeur, Si Mbarek. Le premier professeur était un berbère de la même région que ses élèves. Mais Si Mbarek est de Debdou, ville relativement moderne par rapport à *(in comparison with)* la région où habite la famille de Brick Oussaïd. En lisant cet extrait, remarquez tous les obstacles placés sur son chemin par la différence qui règne entre le monde de l'école et le milieu rural d'où est sorti *(came from)* l'auteur.

Le maître,° d'un geste de la main,° nous fit signe de nous
80 regrouper devant la porte d'entrée. Il nous fit mettre en rang° la main droite tendue° jusqu'à l'épaule° du précédent et nous demanda à chacun nos noms ainsi que ceux de nos parents et du *douar*° auquel nous étions affiliés. Quand il s'approcha de moi, je sentis une odeur de par-
85 fum mêlée à° celle de la cigarette.

schoolteacher/**d'un geste de la main** with a wave of his hand
Il... He had us get in line/ **la**... with our right hand stretched out/shoulder
tent village (*Arabic*: an administrative division in North Africa)
mêler à to mix with

Il était grand et élancé,° ses dents en éventail° supportaient des lèvres minces et noires à cause de la fumée : le maître devait être une cheminée vivante. Ses yeux, petits et rentrés,° étaient perçants. Son menton allongé,°
90 comme toute sa figure° d'ailleurs,° ne me plaisait pas. Ses narines° étaient bien dessinées° mais bougeaient° énormément.° Il tenait dans sa main gauche un cahier et dans l'autre un stylo dont le mouvement incessant trahissait° un tempérament excessivement nerveux. Me
95 transperçant d'un regard fixe,° il me posa la même question qu'aux autres :

slender/**en éventail** splayed, spread out

sunken/elongated
face/I may add
nostrils/well defined/ moved
a great deal

revealed
Me... fixe Staring at me piercingly

— Quel âge as-tu?

— Je ne sais pas, M'sieu.

Il eut° une grimace qui ressemblait à un sourire, mais ce n'en était pas un,° me regarda de haut en bas puis me lança,° agressif : *here*: made / ce... un it wasn't *(a smile)* / called out

— Demande ce soir à ton père et rapporte-moi la bonne nouvelle demain matin, compris?

— Oui M'sieu.

Quand il eut° fini son interrogatoire,° il revint vers la porte, rectifia la position de certains dans le rang avant de nous ordonner d'entrer. had/questioning

La salle avait bien° changé. Dans la classe de Si Hammou il n'y avait qu'une natte° sur laquelle nous nous asseyions après avoir quitté° nos sandales. Maintenant, il y avait trois rangées° de tables à deux places.° C'était la première fois que j'allais m'asseoir sur quelque chose d'autre° que° le sol. Il est vrai que l'on ne s'asseyait pas par terre à la nouvelle école, c'était bien connu. *beaucoup* / mat / taken off / rows/with two seats / else/than

...

Il continua son discours dans la langue arabe que je ne comprenais presque pas. Il faut dire que chez moi le langage en usage était le berbère. Je n'avais d'ailleurs pas de doute sur mon origine profane, comparée aux Arabes du Mkam° dont le comportement° et les coutumes° étaient si différents des nôtres... town in the area/conduct / customs

Mes parents baragouinaient° bien° un peu d'arabe, mais tellement° mal! Quant à moi, entouré de° gamins° qui ne parlaient que le berbère, je ne pouvais guère° comprendre le discours de Si Mbarek. Mais mon angoisse redoubla° d'intensité quand le maître parla horaire.° C'est que chez moi, on ne vivait pas en tenant compte de l'heure. Nous n'avions d'ailleurs ni réveil° ni montre, et nous n'en avions guère besoin. spoke badly/indeed / so/surrounded by/*enfants* / hardly / **Mon... redoubla** My anguish increased / **parler horaire** to talk about schedules / alarm clock

En réalité, nous vivions à un rythme tellement différent de celui de la ville que jamais il ne nous serait venu à l'idée de° regarder l'heure d'une montre. **il... de** it would never have occurred to us to

Nous nous levions le matin avec l'aube° que les coqs du *douar* n'omettaient jamais de signaler° avec insistance. Alors l'activité commençait; les bergers allaient° suivant leurs bêtes à la recherche de° nourriture tandis que° les grands vaquaient à leurs occupations selon un rythme régulier d'où° la tension était absente. dawn / **omettre de signaler** to fail to report / went off / in search of / while / from which

Dans ma fonction de berger, il me fallait connaître midi. Je n'avais pas besoin pour cela d'une grande précision, c'était seulement pour prévoir° la retraite° dans un endroit paisible afin de manger mon casse-croûte° pendant que le troupeau ruminait. Je savais comment faire : make provision for/retreat / snack

À l'école au Maroc

il fallait chercher un endroit plat et ensoleillé, se mettre
debout,° puis regarder la longueur de l'ombre; midi correspondait à sa trace minimum sur le sol. Quand le soleil était caché, alors il fallait deviner.° Cependant, chez moi, le soleil apparaissait presque toujours.

...

Voilà qu'il fallait maintenant que° je sois à huit heures à l'école! Mais comment allais-je faire?...

Comme nous ne connaissions pas l'heure, nous nous levions au jugé° de nos parents, de sorte que° nous arrivions souvent en avance; mais quand nous avions des ennuis° chemin faisant,° alors nous étions plutôt en retard.

Notre avance,° nous la° payions du° froid du matin, de la pluie et de l'angoisse de l'attente. Nous restions figés,° dans la même position, adossés° au mur du bassin.° Quand le maître arrivait, il fallait attendre le signal de sa main pour courir se disputer° la première place près de l'entrée.

Quand nous arrivions en retard, nous le payions beaucoup plus cher. Si Mbarek, en effet, n'était pas doux° avec nous et nos joues maigres et mal nourries° ne l'avaient pas dissuadé de nous distribuer des gifles° douloureuses.°

...

° stand up straight

° to guess

Voilà... And now I had to

au jugé by guesswork/**de sorte que** so that
trouble/along the way
being early/for it/with the
frozen/with our backs against/dry lake basin where the school was located
se disputer to argue over
gentle
joues... nourries thin and malnourished cheeks
slaps
painful

Les niveaux de langue

Malgré la frappante simplicité stylistique de « Les coquelicots de l'Oriental », l'auteur préfère souvent employer des mots littéraires plutôt que leurs équivalents familiers. De cette façon, il peut donner à son œuvre une élégance et un sérieux qui attirent notre attention.

1. VOCABULAIRE

français littéraire	*français parlé*
la pluviométrie	le régime des pluies *(rainfall)*
châtier	punir *(to punish)*
le mets	le plat *(dish, prepared food)*
emplir	remplir *(to fill)*
omettre de	manquer de, négliger de *(to fail to)*

2. SYNTAXE

A. Il y a chez Oussaïd des exemples d'inversion du verbe et du sujet à l'interrogatif, là où le français parlé emploie **est-ce que**. Dans le français moderne, l'inversion du pronom **je** est très rare. **Comment allais-je faire?** vs. **Comment est-ce que j'allais faire?**

B. Dans le français littéraire on peut former le négatif des verbes **oser** *(to dare)*, **pouvoir**, **savoir**, etc. sans avoir recours au mot **pas**. Dans la langue parlée, cette omission de **pas** est très rare, parce qu'en français familier c'est le mot **ne** qui disparaît au négatif et c'est le mot **pas** qui indique justement la négation!

français littéraire	*français parlé*
Je ne savais expliquer.	Je ne savais pas expliquer.

Exercice stylistique

Refaites les phrases suivantes dans le français de tous les jours.

1. Les mauvais élèves seront châtiés.
2. Cette nouvelle m'a empli de joie.
3. Je ne peux vous aider. Je suis désolé de vous le dire.
4. Où allais-je trouver une solution?
5. Je ne saurais préparer un mets si exquis.
6. Ce livre omet de parler de la pluviométrie de cette région.

❋ Questions

Vérifiez votre compréhension

1. Quelles étaient les saisons préférées de Brick Oussaïd? Pourquoi?
2. Pourquoi est-ce que le printemps le faisait penser à Dieu?
3. Quelle contradiction Oussaïd voyait-il dans l'œuvre de Dieu?
4. Quelle explication Oussaïd a-t-il trouvée à la misère dans laquelle vivait sa famille?
5. Pourquoi est-ce qu'il a des doutes sur son avenir?
6. Pourquoi dit-il qu'il broutait comme ses chèvres? Les rapports entre les hommes et les animaux sont assez étroits *(close)* dans un milieu comme celui de Oussaïd. Quelles autres preuves de ce rapprochement *(closeness)* avez-vous trouvées dans ce récit?
7. Expliquez l'importance des coquelicots pour sa famille.
8. Qu'est-ce que la famille de Brick cultivait?
9. Pourquoi le mois de mai était-il significatif? Comment révélait-il l'avenir? Est-ce une preuve de l'état précaire de leur alimentation? En voyez-vous d'autres dans ce texte?
10. Qu'est-ce qu'il fallait faire si la récolte n'était pas satisfaisante? Expliquez pourquoi cette façon de compenser les pertes agricoles posait à son tour des problèmes.
11. Décrivez le maître Si Mbarek. Est-ce qu'il a produit une impression positive ou négative sur Brick Oussaïd?
12. Parlez un peu des problèmes que Brick a eus à l'école pour les causes suivantes. Dites comment ces problèmes mettent en relief *(emphasize)* son éloignement du monde moderne :
    a. la question que lui pose le maître sur son âge
    b. la façon de s'asseoir à l'école
    c. la langue d'instruction
    d. la nécessité de suivre un horaire déterminé par la montre.
13. La famille de Brick n'avait pas de montre. Comment donc est-ce qu'ils organisaient leur journée?
14. Qu'est-ce qui se passait si les élèves arrivaient en avance? S'ils arrivaient en retard?

Questions personnelles

1. Quelles saisons préférez-vous? Pourquoi?
2. Dans votre école, y a-t-il beaucoup d'étudiants étrangers qui ne parlent pas anglais? D'où viennent-ils? Quelles différences culturelles remarquez-vous? Qu'est-ce qu'on fait pour les aider à s'intégrer dans la vie de l'école?
3. Est-ce qu'il y a déjà eu un moment, dans votre vie, où le temps était sans importance pour vous? Racontez.

GRAMMATICAL NOTE

Before rereading the story, make sure you understand the author's use of this structure.

THE EXPRESSION OF MANNER

Expressions of manner answer the question **comment?** *how?* In English, the most common way to express the manner in which something is done is by an adverb (usually ending in -*ly*). Most French adverbs end in **-ment**; some common ones do not. Adverbs may modify verbs, adjectives, or other adverbs.

Mes parents baragouinaient **bien** un peu d'arabe, mais **tellement mal**!	My parents did **indeed** speak a little Arabic, but **so badly!**
Ses narines bougeaient **énormément**.	His nostrils moved **a great deal**.
un tempérament **excessivement** nerveux	an **excessively** nervous temperament

In French, various prepositional phrases are also used to express manner:

À

cuire **à la vapeur**	**to steam** (food)
tout revit **à un rythme effréné**	everything comes alive again **at a frenzied pace**

DE

Le maître, **d'un geste de la main**, nous fit signe de nous regrouper devant la porte...	The teacher **with a wave of his hand** signaled us to regroup in front of the door...
transpercer **d'un regard fixe**	to stare **piercingly** at

AVEC *(note absence of definite article before noun)*

signaler **avec insistance**	to point out **insistently**
scruter l'avenir **avec quelque embarras**	to examine the future with **some confusion**
travailler **avec acharnement**	to work **doggedly**

EN

arriver **en retard, en avance**	to arrive **late, early**

With parts of the body and articles of clothing, phrases of manner can be formed without a preposition :

Je rentrais le soir **l'estomac ballonné**.

*I used to come back home in the evening **with a bloated stomach**.*

Il nous fit mettre en rang **la main droite tendue** jusqu'à l'épaule du précédent...

*He had us get in line with **our right hands stretched out** up to the shoulder of the person in front....*

Exercices structurels

Comment dit-on? En vous aidant des exemples et du vocabulaire proposés, traduisez les phrases et locutions anglaises en français.

Modèle

  Il vit à un rythme effréné. ⟶ *He lives at a wild pace.*
  conduire / vitesse / fou
  He drives at a mad speed. ⟶ *Il conduit à une vitesse folle.*

1. Je rentrais le soir l'estomac ballonné.
   sortir / matin / vide
   I used to go out in the morning with an empty stomach.

2. cuire à la vapeur
   le four *oven*
   to bake

3. arriver en avance
   la hâte *haste*
   to arrive hurriedly

4. transpercer d'un regard fixe
   regarder / œil / critique
   to look at critically

5. signaler avec insistance
   parler / bonté
   to speak kindly

6. un tempérament excessivement nerveux
   caractère / vraiment / doux
   a truly gentle nature

Perfectionnez votre vocabulaire

Complétez chaque phrase avec le(s) mot(s) convenable(s).

1. Le berger a _____ ses chèvres dans un _____.
   a. ruminé / champ   b. enfermé / enclos   c. cueilli / sol

2. La _____ cette année a été faible; les champs sont _____.
   a. pluie / secs   b. cigale / sauvages   c. terre / satisfaisants

3. J'ai _____ des fleurs dans le champ.
   a. bêlé   b. sauté   c. cueilli

4. Les _____ nous réveillent de bonne heure tous les matins.
   a. fleurs   b. cultures   c. coqs

5. Il n'y aura pas assez _____ cette année; _____ n'a pas été satisfaisante.
   a. d'orge / la récolte   b. de fleurs / la tige   c. de bêtes / l'abeille

6. La famille de Brick vivait sans tenir _____ de l'heure.
   a. chemin   b. compte   c. culture

Parlons et écrivons

1. L'auteur de cette chronique choisit les coquelicots comme titre de son ouvrage. Comment expliquez-vous son choix? Dans cette vie souvent rude et cruelle de la vallée de l'Oriental où il est né, pourquoi l'auteur a-t-il choisi quelque chose d'aussi joli que les coquelicots pour symboliser son expérience? Quel message voyez-vous dans son choix?
2. Comparez votre initiation à l'école primaire avec celle de Brick Oussaïd. Discutez des événements et de vos sentiments.

Traduction

A. Traduisez en anglais.

1. Vers le mois de mai, les coquelicots en boutons faisaient la joie de la famille. Il fallait les cueillir encore en bourgeons, les cuire à la vapeur et les manger avec du beurre. Ce mets, dû à ma mère, était succulent et je lui ai souvent offert ma capuche pleine de bourgeons de coquelicots qui émaillaient ma route de petit berger à travers champs.
2. Mais mon angoisse redoubla d'intensité quand le maître parla horaire. C'est que chez moi, on ne vivait pas en tenant compte de l'heure. Nous n'avions d'ailleurs ni réveil ni montre, et nous n'en avions guère besoin.

B. Traduisez en français.

1. The shepherds lived as well as can be expected.
2. Keep in mind that the rocky ground is arid.
3. The goats walk across the field.
4. The young goats are shut up in a pen.
5. The flock bleats and grazes.
6. Their life is hard, but satisfying.

À votre avis

Commentons le texte

Dans le cadre du récit, analysez l'importance de ces citations.

1. J'avais fait ainsi ma religion à côté de mes chevreaux en attendant la miséricorde de Dieu, tout en scrutant mon avenir avec quelque embarras. Non ; j'avais peur de l'avenir, la vie de mon père était là pour me rappeler le cauchemar de l'enfer qu'allait me réserver Dieu ici-même et Lui seul savait ce qu'Il me réservait là-haut.
2. En réalité, nous vivions à un rythme tellement différent de celui de la ville que jamais il ne nous serait venu à l'idée de regarder l'heure d'une montre.

Thèmes d'interprétation et de conversation

1. Malgré la pauvreté et les souffrances de son enfance, Brick Oussaïd n'était pas malheureux. Il savait apprécier la beauté de la nature et il y a trouvé une confirmation de la foi religieuse qu'il avait héritée de son père, « une joie de vivre que je ne savais expliquer », dit-il.
   Quelle sorte de caractère possédait déjà cet enfant ? Quels sont les traits de personnalité qui l'ont aidé à triompher de toutes les difficultés survenues plus tard dans sa vie ?
2. Croyez-vous que le caractère d'une personne soit renforcé par les chagrins et les difficultés ? Inversement, est-ce qu'un manque d'adversité peut mener à une certaine faiblesse morale ? Expliquez votre opinion, et donnez des exemples à l'appui de *(in support of)* vos idées.

DEUXIÈME PARTIE

⇌ POUR AMORCER LA LECTURE ⇋

VOCABULAIRE UTILE

Les expressions verbales suivies par des prépositions

Many verbs or verbal expressions are joined to a following noun or verb by means of a preposition. That preposition must be learned along with the expression. In the following list **quelqu'un** can be replaced by any noun referring to a person; **quelque chose**, by any noun referring to a thing; and **faire quelque chose**, by any infinitive. The prepositions required to link the elements of the phrases are underlined.

avoir droit à quelque chose	*to be entitled to something*
faire part à quelqu'un de quelque chose	*to inform someone about something*
faire partie de quelque chose	*to belong to something*
manquer de quelque chose	*to lack something, feel the lack of something*
profiter de quelque chose	*to take advantage of something*
commencer à faire quelque chose	*to begin to do something*
être là à faire quelque chose	*to be here doing something*
se mettre à faire quelque chose	*to begin to do something*
essayer de faire quelque chose	*to try to do something*
obliger quelqu'un à faire quelque chose	*to force someone to do something*
permettre à quelqu'un de faire quelque chose	*to allow someone to do something*
promettre à quelqu'un de faire quelque chose	*to promise someone to do something*
se promettre de faire quelque chose	*to promise oneself to do something*
finir par faire quelque chose	*to wind up doing something, to finally do something*

IDIOTISMES

- **être pris de vertige**
  J'ai été pris de vertige dans cette chambre qui manquait d'air.

- **pris de fureur**
  Mon père, pris de fureur, s'est retourné et est sorti.

- **jeter un coup d'œil sur**
  Les gens jetaient un coup d'œil sur la victime mais ne s'arrêtaient pas.

- **donner/avoir la chair de poule**
  L'idée d'un voyage en avion me donnait la chair de poule.

- *to get dizzy*
  I got dizzy in that room that had no air.

- *in a rage*
  My father, in a rage, turned around and went out.

- *to glance at*
  People glanced at the victim but didn't stop.

- *to give/have goose bumps*
  The idea of a plane trip gave me goose bumps.

CAUSONS!

Utilisez chaque expression verbale et chaque idiotisme mentionné ci-dessus pour former une question que vous poserez à un(e) camarade de classe. Votre camarade vous répondra en employant la même expression (ou une autre expression de la liste). Par exemple : Qu'est-ce que le professeur ne nous permet pas de faire ?   Est-ce que tu fais partie d'une organisation d'étudiants ? etc.

⇒ AVANT DE LIRE ⇐

• ABORDONS LE TEXTE

Il y a un nouveau instituteur à l'école, Si Abderrahmane, beaucoup plus sympathique que Si Mbarek. Brick devient un des meilleurs élèves et a déjà « acquis une réputation de maître pour l'arithmétique » qu'il aimait, dit-il, « à l'excès ». Mais le succès scolaire commençait à changer la mentalité de Brick, à l'éloigner *(lead him away)* de la façon de penser de sa famille. Notez, en lisant cet extrait, les éléments de ce processus d'éloignement *(estrangement)*.

Les coquelicots de l'Oriental

La transformation

Au sortir de l'école,° le maître rentrait avec nous, empruntant° le même sentier.° Alors le travail s'envolait° et Si Abderrahmane, en toute liberté,° nous parlait de choses et d'autres.° C'est ainsi que j'appris un soir que la
5 terre était ronde comme un œuf et que la lune brillait parce qu'elle voyait le soleil quand nous étions dans le noir. Ma tête que je croyais prête à tout° se mit à tourner° soudain et je fus pris de vertige.

Arrivé° chez moi, je m'isolai dans l'obscurité sur mon
10 rocher compagnon, écoutant le silence de la nuit et scrutant° le ciel. J'imaginais l'espace sidéral° vide et, par-ci par-là,° des « œufs illuminés », la terre sur laquelle j'étais n'étant qu'un de ceux-ci.°

« Ainsi donc, je fais partie d'un amas° d'œufs éparpil-
15 lés° dans le vide. Mais que fais-je sur cet œuf qui tourne comme un four autour d'un soleil qui ne serait qu'un feu°? Mais où sont donc les sept cieux dont on parle si souvent dans ma tradition? Pourquoi suis-je là à manger, travailler, vivre, perpétuer la survivance de ma famille
20 avant de disparaître? »

Ma tête commençait à me faire mal comme si elle gonflait.° Je refermai les yeux; elle se mit cette fois à tourner légèrement et je voyais comme des couleurs et des formes arrondies° mais indescriptibles car° sans
25 limites.

Je finis par rentrer,° à l'appel de° ma sœur, pour manger le maigre dîner chaud qui avait été servi. Profitant d'un bref moment de répit° sous la tente, je fis part à ma famille de ce que j'avais appris ce soir, mais personne ne
30 voulut me croire. Quant à mon père, pris de fureur, il était désespéré° de constater° que j'étais le brillant élève d'une école où on apprenait des idioties.° Je fus au comble de la déception° et me promis de ne plus renouveler ce type de dialogue avec les miens. J'avais désormais°
35 compris que j'étais étranger sous la tente où j'étais né.

...

• ABORDONS LE TEXTE

Après l'école primaire, Brick Oussaïd reçoit une bourse *(scholarship)* pour aller au lycée de la ville d'Oujda. Après avoir été reçu au baccalauréat *(French secondary school diploma)* en remportant beaucoup de prix, Brick obtient une bourse pour faire ses études universitaires en France. Ses parents sont morts, victimes de la misère et de la maladie. Brick va d'abord à Rabat, capitale du Maroc, d'où il prend l'avion pour Paris. Brick va en France, accompagné par un ami, Lhou. Une fois de plus, l'auteur est obligé de faire face à de profondes différences culturelles, pénibles et accablantes. Mais son triomphe nous enseigne qu'un être *(being)* humain, armé de sa seule volonté et d'une grande noblesse de caractère, réussit parfois à vaincre un destin qui semble inexorable.

Qu'est-ce qui m'attendait au bout° du voyage? J'essayais de prévoir l'inconnu,° la vie là-bas si différente de la mienne, la civilisation si étrangère à mes habitudes. Mais qu'à cela ne tienne,° je ferais des efforts, je m'inté-
40 grerais et connaîtrais les indigènes,° j'oublierais ma souffrance, je ne reviendrais jamais!

Adieu maman, adieu papa, adieu les miens. Je ne vous oublierai jamais. Je resterai fidèle à votre bonté, votre générosité, votre rigueur.
45 ...

Quand l'avion s'inclina cette fois vers le bas,° la nuit était déjà tombée. Dehors, on ne voyait plus rien. Même le bruit des réacteurs° était devenu imperceptible. Puis, quelque temps après, une secousse° brutale me donna
50 la chair de poule. Quand je jetai un regard à travers le hublot,° je me rendis compte que nous étions au sol. La voix reposante° de l'hôtesse° me confirma que nous étions arrivés à destination. Mon rêve devenait réalité: Paris, me voilà!
55 Dehors il pleuvait, tout était mouillé. Partout, il y avait des écriteaux,° des balises,° des signaux clignotants.° Le bâtiment, puis les escaliers roulants,° les portes automatiques, les gadgets de toute sorte. Tout me paraissait étrange, ma tête tournait, comme° prise dans
60 un étau.° On redescendit des escaliers et, derrière Lhou, je ratai° brusquement une marche° et m'affalai° de tout mon long.° Merde!° je me sentis diminué, indigne du

end
unknown

qu'à cela ne tienne never mind that
natives

vers le bas downwards

jet engines
jolt

(airplane) window
restful/stewardess

signs/ground-beacons
blinking/**escalier roulant** escalator
as if
prise... étau caught in a vise
missed/step/sprawled
headlong/Crap! *(vulgar)*

Des étudiants nord-africains à Paris

voyage. Les gens jetaient un coup d'œil puis me dépassaient° et s'éloignaient,° indifférents. Je me relevai,°
Lhou attendait, indécis, puis il resta derrière pour ne pas me perdre. Le couloir,° un autre escalier, puis une porte qui ne s'ouvrit pas. Que m'arrivait-il? Il me semblait rêver, je devais dormir. Je fermai les yeux, touchai le mur, puis les rouvris° de nouveau. Quelqu'un venant en sens inverse° me bouscula,° proféra° des mots que je ne compris pas avant de disparaître. Je transpirais° et tremblais; d'ailleurs° j'étouffais,° il ne devait pas y avoir d'air° à respirer dans ce labyrinthe.

passed by/walked away/**se relever** to get up again

corridor

reopened
en sens inverse in the opposite direction/bumped into/uttered
was sweating
besides/I was suffocating
il... air there was probably no air

Postface

À Paris, Lhou me conduisit dare-dare° à la Maison du Maroc,[1] encore sous le coup° des souvenirs si proches° de Mai 68.[2] Après trois mois de vie clandestine,° j'eus droit à une chambre et pris enfin le cours des choses° et le rythme effréné° de Paris.

J'étais venu pour préparer les concours d'entrée° aux grandes écoles° d'ingénieurs. La première année passa, je fus admis en classes de Mathématiques Spéciales.[3]

immediately, on the double
sous le coup de under the influence of/close
living there illegally
prendre... get into the swing of things
frantic
concours d'entrée competitive entrance exam
grande école elite university

---

[1] Moroccan student dormitory
[2] Student uprising in Paris that shook French society to its foundations.
[3] Preparatory class for the competitive examination leading to admission to one of the **grandes écoles**.

Mais Paris était trop différent de ce que j'avais connu jusque-là. Je manquai de contact humain, d'espaces verts et d'air pur. Quant à m'engouffrer° dans les souterrains° du Métro, c'était devenue pour moi le supplice°! Les difficultés matérielles aidant,° la nouvelle vie agitée et le changement brutal du contexte me perturbèrent à tel point que je perdais désormais le sommeil et finis par attraper une tuberculose qui m'obligea à arrêter les études.

Suivirent° deux mois d'hôpital et une année de sanatorium dans la région de Grenoble° qui me permirent de découvrir que Paris n'était tout de même pas la France.

Ma guérison° ouvrit la porte à d'autres péripéties° mais la solidarité des autres et l'aide des services sociaux de ce pays hôte° me sauvèrent : je pus reprendre les études, obtins une maîtrise° de mécanique des fluides, intégrai° l'institut polytechnique de Grenoble et obtins un diplôme d'ingénieur en juin 1977.

° to be swallowed up by
° underground passages/ torture
Les... Helped on by material hardships

° There followed
° *ville des Alpes françaises*

° cure/events, incidents

° host
° master's degree
° got into, was admitted to

Les niveaux de langue

Cet extrait contient plusieurs exemples de la syntaxe du français littéraire. Le français parlé d'aujourd'hui n'utilise que très rarement l'inversion pour former une question. L'inversion du pronom **je** est toujours évitée.

français littéraire

Mais que fais-je...
Pourquoi suis-je là...
Que m'arrivait-il?

français parlé

Mais qu'est-ce que je fais...
Pourquoi est-ce que je suis...
Qu'est-ce qui m'arrivait?

Exercice stylistique

Refaites chacune des phrases suivantes en français parlé.

1. Quand ai-je dit cela?
2. Pourquoi as-tu été en retard?
3. Pourquoi l'aéroport me semblait-il si bizarre?
4. Qu'en sais-je?
5. Où irais-je habiter dans ce pays?

❊ Questions

Vérifiez votre compréhension

1. Quand est-ce que Brick a eu des conversations avec son maître d'école, Si Abderrahmane? De quoi parlaient-ils?
2. Qu'est-ce que l'auteur faisait en arrivant chez lui?
3. À quoi est-ce qu'il pensait en regardant le ciel nocturne?
4. Au cours de ces entretiens *(chats)* avec son professeur, qu'est-ce que Brick Oussaïd a appris sur l'univers? Expliquez en quoi ces nouvelles idées entraient en conflit avec celles de sa famille.
5. Que veut dire l'auteur quand il écrit « j'étais étranger sous la tente où j'étais né »?
6. À quoi est-ce que l'auteur pensait avant de partir pour la France?
7. Comment prend-il congé *(say farewell to)* de sa famille avant de partir?
8. Quelles choses lui paraissaient étranges à l'aéroport de Paris?
9. À l'aéroport, l'auteur est tombé. Quelle a été sa réaction? Comment les passants ont-ils réagi en le voyant par terre?
10. Qu'est-ce qui manquait à l'auteur pendant son séjour à Paris?
11. Qu'est-ce qui lui a fait attraper une tuberculose?
12. Cette maladie a amené des changements importants dans sa vie. Lesquels?
13. Pourquoi Brick Oussaïd éprouve-t-il de la reconnaissance pour la France, le pays qui l'a accueilli?
14. Quels titres universitaires est-ce que l'auteur a obtenus après sa guérison?

Questions personnelles

1. Dans vos conversations avec vos professeurs après les cours, de quoi est-ce que vous parlez?
2. Est-ce que vous avez appris des choses à l'école qui sont en contradiction avec les idées ou les traditions de votre famille? Lesquelles? Comment avez-vous résolu cette incompatibilité?
3. Décrivez vos réactions, pensées et doutes à la veille *(just before)* d'un départ pour un autre pays, un autre état ou une autre ville. Quelle idée est-ce que vous vous êtes faite de l'endroit où vous alliez?
4. Décrivez vos impressions de votre premier voyage en avion. Racontez le décollage *(takeoff)*, le vol, l'atterrissage *(landing)*, etc.
5. Si vous avez déjà vécu dans un pays étranger ou dans une autre région de votre pays, quelles différences avez-vous remarquées entre cet endroit et celui où vous habitez maintenant? Qu'est-ce qui vous manquait là-bas? Parmi les choses que vous aviez là-bas, lesquelles vous manquent maintenant?

GRAMMATICAL NOTE

Before rereading the story, make sure you understand the author's use of this structure.

THE PLUPERFECT TENSE

The pluperfect tense (**plus-que-parfait**) in English consists of the auxiliary verb *had* plus the past participle. In French it consists of the imperfect tense of the auxiliary (either **avoir** or **être**, depending on the verb) plus the past participle. In both English and French the pluperfect (sometimes called the "past perfect") is used to signal an action that happened further back in the past than the main past action of the sentence. In spoken English, the pluperfect is sometimes replaced by the simple past tense; this is not true in French, however. The pluperfect must be used to express a past action that happened before the main past action of the sentence. Study the following examples.

J'avais désormais compris que j'étais étranger sous la tente où **j'étais né**.	*I **had understood** from that point on that I was a stranger in the tent where I **had been born**.*
Quand l'avion s'inclina cette fois vers le bas, la nuit **était déjà tombée**. Dehors, on ne voyait plus rien. Même le bruit des réacteurs **était devenu** imperceptible.	*This time when the plane tilted downward, night **had already fallen**. Outside, you couldn't see anything any more. Even the noise of the jet engines **had become** imperceptible.*
La voix reposante de l'hôtesse me confirma que **nous étions arrivés** à destination.	*The restful voice of the stewardess confirmed for me that we **had arrived at our destination**.*

Sometimes the pluperfect may appear in a sentence without a past action in the **passé composé** or **passé simple**. The preceding or following sentence will usually contain one.

J'étais venu pour préparer les concours d'entrée aux grandes écoles d'ingénieurs. La première année **passa, je fus admis** en classe de Mathématiques Spéciales.	*I **had come** to prepare the competitive entrance exams to the elite engineering schools. The first year **went by**, I **was admitted** to the math preparatory classes.*

Mais Paris était trop différent de ce que **j'avais connu** jusque-là. **Je manquai** de contact humain,...	*But Paris was too different from what **I had known** up until then. **I felt the lack** of human contact,...*

Exercices structurels

A. *Impressions de ce qui était arrivé. Refaites les phrases suivantes au passé. Changez le premier verbe à l'imparfait et le deuxième au plus-que-parfait.*

Modèle

Tu penses que j'ai déjà mangé.	You think I've already eaten.
Tu pensais que j'avais déjà mangé.	*You thought I had already eaten.*

1. Nous savons qu'elle est devenue chimiste.
2. Je crois qu'il a obtenu son diplôme.
3. Je vois que tu n'as pas oublié ta famille.
4. On dit qu'il a attrapé une tuberculose.
5. Je suppose qu'il a fait des efforts pour s'intégrer.

B. *Pourquoi ? Exprimez les causes des actions ou des états suivants en ajoutant à chaque phrase une proposition* (clause) *qui commence par* **parce que** *et un verbe au plus-que-parfait.*

Modèle

Il n'a pas réussi à l'examen. (ne pas étudier)
Il n'a pas réussi à l'examen parce qu'il n'avait pas étudié.

1. Les rues étaient mouillées. (pleuvoir)
2. Il ne pouvait pas se lever. (être pris de vertige)
3. Il n'a pas pu intégrer la faculté. (ne pas être reçu à l'examen)
4. Nous avons quitté notre travail. (reprendre nos études)
5. Son père s'est fâché. (ne rien comprendre)

Perfectionnez votre vocabulaire

Complétez la traduction des phrases.

1. He wound up studying mathematics.
   Il a _____ _____ faire des mathématiques.

2. The teacher allows the students to eat at noon.
   Le maître _____ _____ élèves _____ manger à midi.

3. They belong to a Berber tribe.
   Ils _____ partie _____ une tribu berbère.

4. I promise my father not to talk about it any more.
   Je _____ _____ mon père _____ ne plus en parler.

5. The illness forced the student to stop his studies.
   La maladie a _____ l'étudiant _____ arrêter les études.

6. That idea gives me goose bumps.
   Cette idée me _____ la _____ de _____.

Parlons et écrivons

1. Le père de Brick Oussaïd s'est mis en colère parce qu'il croyait que son fils apprenait des idioties à l'école. Quelles étaient les choses que le père de l'auteur trouvait si bêtes? Pourquoi est-ce qu'il les méprisait *(scorned)* autant? Avez-vous déjà connu quelqu'un pour qui les connaissances acquises à l'école sont ridicules? Expliquez pourquoi cette personne se faisait une idée aussi négative de la scolarité *(schooling)*.
2. Faites une liste (orale ou écrite) des difficultés matérielles et psychologiques que l'auteur a éprouvées dans sa formation *(education)*. Comment est-ce qu'il les a surmontées?

Traduction

A. Traduisez en anglais.

1. C'est ainsi que j'appris un soir que la terre était ronde comme un œuf et que la lune brillait parce qu'elle voyait le soleil quand nous étions dans le noir. Ma tête que je croyais prête à tout se mit à tourner soudain et je fus pris de vertige.
2. Mais Paris était trop différent de ce que j'avais connu jusque-là. Je manquai de contact humain, d'espaces verts et d'air pur. Quant à m'engouffrer dans les souterrains du Métro, c'était devenu pour moi le supplice!

B. Traduisez en français.

1. His teacher had said that he lacked discipline.
2. In a rage, he had promised himself to begin to work today.
3. He took advantage of a rainy day (= *day of rain*).
4. He is going to try to learn everything.
5. He'll wind up getting a good grade. (**avoir une bonne note**).

À votre avis

Commentons le texte

Dans le cadre du récit, analysez l'importance de ces citations.

1. Qu'est-ce qui m'attendait au bout du voyage? J'essayais de prévoir l'inconnu, la vie là-bas si différente de la mienne, la civilisation si étrangère à mes habitudes. Mais qu'à cela ne tienne, je ferais des efforts, je m'intégrerais et connaîtrais les indigènes, j'oublierais ma souffrance, je ne reviendrais jamais!
2. « Ainsi donc, je fais partie d'un amas d'œufs éparpillés dans le vide. Mais que fais-je sur cet œuf qui tourne comme un four autour d'un soleil qui ne serait qu'un feu? Mais où sont donc les sept cieux dont on parle si souvent dans ma tradition? Pourquoi suis-je là à manger, travailler, vivre, perpétuer la survivance de ma famille avant de disparaître? »

Thèmes d'interprétation et de conversation

1. Les progrès de Brick à l'école ont eu comme résultat d'éloigner l'auteur de sa famille. Croyez-vous que ce genre de phénomène, l'écart *(gap)* créé, soit généralement à prévoir *(expected)* ou que ce soit une conséquence peu commune de la scolarité dans un milieu comme celui des Berbères de l'Oriental? Aurait-il été possible à l'auteur d'enseigner à ses parents ce qu'il apprenait à l'école pour qu'ils s'instruisent eux aussi? Est-ce que vous approuvez la scolarisation de Brick Oussaïd, bien qu'elle l'ait détaché de sa famille? Expliquez vos idées là-dessus.
2. L'auteur remercie ses parents de leur bonté, de leur générosité et de leur rigueur. S'il vous fallait remercier vos parents pour les qualités et les vertus qu'ils vous ont enseignées, lesquelles choisiriez-vous? Comment ces qualités et ces vertus vous ont-elles aidé(e) dans la vie?
3. Le courage dont témoigne l'auteur est un des aspects les plus frappants de son caractère. Brick Oussaïd a emprunté un chemin qui menait à des horizons totalement inconnus pour lui, un chemin semé *(covered with)* d'obstacles. Parlez un peu du rôle que joue le courage de l'auteur dans son triomphe final. Connaissez-vous quelqu'un qui ait fait preuve d'un courage exceptionnel face à des difficultés qui semblaient insurmontables? Vous peut-être? Décrivez le problème et le courage qu'il a fallu pour le surmonter.

9

La maison de papier (extraits)

Françoise Mallet-Joris

Objectives

1. Read and understand excerpts from an autobiographical work by a Belgian writer who talks confidentially and passionately about her four children, her husband, her writing, and her home life.
2. Learn vocabulary and expressions pertaining to human relations, personality, the activities of young people, and feelings of despondency.
3. Review relative clauses and the future tense.
4. Learn about some of the characteristics of autobiographical literature.

Note: Because of length, the following selection is divided into two parts. Each part has its own vocabulary, grammar, and exercises.

NOTE LITTÉRAIRE

« La maison de papier », ouvrage duquel on a tiré les extraits présentés ici, est une œuvre difficile à classer selon le genre. Assez proche de l'autobiographie, il y a au moins une caractéristique qui relie « La maison de papier » au genre du roman. Certains personnages — le mari de l'auteur, les enfants, les parents, les amis, les domestiques — apparaissent au cours du récit : leur présence et leur histoire donnent à l'œuvre son unité.

Quant à la structure du livre, elle consiste en plusieurs sections assez courtes, dont chacune a un titre. Ces sections n'ont pas toutes la même forme ; certaines sont des dialogues, d'autres ont la forme d'essais, d'autres encore s'apparentent au *(resemble)* récit.

Françoise Mallet-Joris exprime ses idées sur un certain nombre de thèmes et de problèmes. En même temps elle fait avec une remarquable sensibilité le portrait attachant de sa vie familiale et de sa carrière.

PREMIÈRE PARTIE

POUR AMORCER LA LECTURE

VOCABULAIRE UTILE

Les rapports humains

Substantifs

l'accueil (m.) *reception, welcome*
le conflit *conflict*
l'éducation (f.) *upbringing*
l'emballement (m.) *passing fancy, enthusiasm*
le fiancé (la fiancée) *fiancé(e)*
le mot de reproche *harsh word, reproachful word*

Verbes

s'attacher à quelqu'un *to become attached to someone*
se brouiller avec quelqu'un *to break off with someone*
se déprendre de quelqu'un (literary) *to lose one's fondness for someone*
intervenir *to intervene*
mériter *to deserve*
récompenser quelqu'un *to reward someone*
regretter quelqu'un *to miss someone*

Expressions

Pas de sentiment! *Don't get sentimental!*
fondre en pleurs (lit.); **fondre en larmes** (coll.) *to burst into tears*
avoir envie de parler avec quelqu'un *to feel like talking with someone*

La personnalité

Substantifs

le casse-cou *daredevil*
la confiance *confidence, trust*
l'orgueil *pride*

Adjectifs

indiscipliné *undisciplined*
ingénu *ingenuous, artless, naive*
pédant *pedantic*
précoce *precocious*
turbulent *unruly*

Expressions

C'est une âme tendre. *He's a sensitive soul.*
doué d'humour/de bon sens *blessed with a sense of humor/ with common sense*

La vie des jeunes

atteindre la majorité *to come of age, reach legal adulthood*
faire de l'auto-stop *to hitchhike*
faire un rêve *to have a dream*
faire un voyage *to take a trip*
manifester un vif intérêt pour le beau sexe *to show a keen interest in the fair sex*
jouer d'un instrument de musique *to play an instrument*
passer le bac *to take one's baccalaureate* (French high school exams)

IDIOTISMES

- **Il ne s'en porte pas plus mal.**

    Mon fils se couchait quand il voulait, et il ne s'en portait pas plus mal.

- *He's none the worse for it; it didn't do him any harm.*

    My son used to go to bed when he wanted, and it didn't do him any harm.

- **sale comme un peigne**

    Oh, non! Le petit Bertin jouait dans la boue! Il est sale comme un peigne!

- *absolutely filthy*
    (literally: *dirty as a comb*)
    Oh, no! Little Bertin was playing in the mud! He is absolutely filthy!

- **arriver à faire quelque chose**
  Comment arrivez-vous à écrire?

- **demander à quelqu'un de faire quelque chose**
  On lui a demandé de faire une conférence.

- **Si on allait prendre quelque chose?**
  J'ai faim. Si on allait prendre quelque chose?

- **avoir du bon et du mauvais**
  La vie d'un écrivain a du bon et du mauvais.

- *to manage to do something*
  How do you manage to write?

- *to ask someone to do something*
  She has been asked to give a lecture.

- *How about having something (to eat or drink)?*
  I'm hungry. How about getting something to eat?

- *to have its good and bad points*
  A writer's life has its good and bad points.

CAUSONS!

Décrivez les personnes pour qui vous avez de l'amitié *(are fond of)*. Et vous, comment êtes-vous? Quelles ressemblances et différences de personnalité jugez-vous essentielles entre deux amis? Lesquelles se sont révélés très positives dans le cas de vos amitiés?

⇒ AVANT DE LIRE ⇐

• UN MOT SUR L'AUTEUR

Françoise Mallet-Joris est née en Belgique, dans la ville d'Anvers *(Antwerp)*, en 1930. Elle passe son enfance dans son pays natal, habite pendant deux ans aux États-Unis où elle finit ses études, et retourne ensuite en Europe pour s'installer en France. Son premier roman, « Le rempart des béguines », a paru en 1951. Son roman « L'empire céleste » a reçu le Prix Fémina en 1958. Elle a été élue à la prestigieuse Académie Goncourt en 1970. C'est aussi l'année de la parution *(publication)* de son ouvrage autobiographique « La maison de papier », d'où proviennent *(are taken)* les extraits que vous allez lire.

Françoise Mallet-Joris décrit sa propre vie, celle d'une femme intellectuelle, écrivain, mère de quatre enfants, croyante *(religious)*, femme d'artiste. Elle peint avec charme et tendresse le portrait d'une famille moderne, urbaine.

• LE FOND CULTUREL

Le titre de ce livre de Françoise Mallet-Joris, « La maison de papier », fait allusion aux maisons japonaises, des maisons qui ne sont jamais fermées, où on entre et sort quand on veut. L'auteur décrit les gens qui apparaissent dans son univers domestique et les effets de leur présence sur la vie de sa famille.

Pour mieux comprendre ces extraits du livre de Françoise Mallet-Joris « La maison de papier », il faut comprendre les allusions à divers aspects de la vie moderne en France. L'auteur parle de certaines gens, de certains endroits, de certaines choses sans donner d'explication parce que cela fait partie des connaissances partagées par tous ses lecteurs. Les notes qui accompagnent le texte vous ouvriront ces connaissances et vous permettront de lire ces extraits comme le ferait un Français.

Des jeunes gens à Paris

• ABORDONS LE TEXTE

1. « La maison de papier » fait le portrait d'une famille. Il vous faut donc connaître les noms des gens qui la composent : les enfants sont Daniel, Vincent, Pauline et Alberte. Le mari de l'auteur s'appelle Jacques. Parcourez *(scan)* ces extraits. Dans quels paragraphes Mallet-Joris parle-t-elle des membres de sa famille ? Dans lesquels parle-t-elle des autres ?
2. Dans la section appelée « Saga de Daniel », regardez les premiers mots de chaque paragraphe. Au début de quel paragraphe l'âge de Daniel est-il mentionné ? Comment est-ce que ce détail vous aide à prédire, en gros, ce que vous allez apprendre sur Daniel ?
3. Qu'est-ce qu'on peut dire à l'avance du contenu des sections d'après les titres « Deux petites phrases qui reviennent souvent » et « Jeunes filles » ?

La maison de papier

Deux petites phrases qui reviennent souvent

Qui est Vincent ? Il a quatorze ans maintenant, mais pour moi c'est encore un petit garçon. Mon petit garçon. Mon second fils. L'aîné° c'est Daniel, vingt ans cette année. Il y a aussi Alberte, onze ans, et Pauline, neuf ans. Mes enfants.   *le plus âgé*

La petite phrase que l'on me dit le plus souvent, je crois, c'est celle-ci : « Comment arrivez-vous à écrire ? » ou « Je vous admire d'arriver à écrire avec ces quatre enfants. » Ceux qui me posent cette question sont en général les mêmes qui, un instant après, me demandent de faire une conférence à Angoulême,[1] de lire le manuscrit de leur cousin, de rédiger° un article « qui ne me prendra qu'un instant » sur Mme de La Fayette[2] ou la vie de Flaubert.[3]   *écrire*

Je ne sais que° répondre. Je dis platement° : « C'est une question d'organisation. » Que voudriez-vous que je dise ?   **what/flatly**

La seconde petite phrase, teintée° parfois d'une certaine admiration sportive,° parfois d'une indulgence ironique, c'est : « Ce doit être commode° d'avoir la foi° » ou « Je vous admire d'avoir... » ou « Vous avez de la chance d'avoir... »   **teinté de** tinged with / sportsmanlike / convenient/faith

---

[1] Ville à 439 km au sud-ouest de Paris, entre Poitiers et Bordeaux.
[2] Comtesse française du 17ième siècle, auteur du livre célèbre « La princesse de Clèves ».
[3] Un des romanciers français les plus importants du 19ième siècle, auteur de « Madame Bovary ».

LA MAISON DE PAPIER • 173

Je ne sais que répondre. Je dis platement : « Pas si commode. » Puis un remords° me prend : « Oui, commode, dans un sens.° »

Je ne sais pas répondre aux questions. Ou plûtot, je ne sais répondre aux questions que° par des images. Je regarde mes enfants, mon travail, ma foi. Je me dis : « Les voilà », comme on se dit devant le miroir : « Voilà mon visage. » Aux autres de° le définir. Moi, les définitions...

Le jour où j'ai eu avec Vincent une conversation que j'ai notée,° parce qu'elle m'amusait, nous étions allés prendre le thé près de Saint-Séverin,[4] dans le pub anglais où il y a de si bonnes tartes au citron.° Ce n'était pas pour le récompenser : il ne l'avait nullement° mérité. C'était parce que nous avions envie de parler, tout simplement.° Vincent à onze ans : mauvais élève, turbulent, indiscipliné, casse-cou escaladant° des échafaudages,° âme tendre fondant en pleurs pour un mot de reproche, bricoleur° impénitent° toujours couvert de colle et de peinture,° dévorant des livres de sciences naturelles et Arsène Lupin;[5] parfois un peu pédant, sale comme un peigne, les plus beaux yeux du monde et des connaissances en théologie. Lui non plus,° je ne le définis pas.

Qu'il eût envie de° parler avec moi « si on allait prendre quelque chose, pour parler un peu tranquillement ? » c'était un moment coloré° de ma vie, un de ces moments qui en contrepoint à° beaucoup de manuscrits lus et de vaisselles faites, forment le fil conducteur° de notre vraie vie, de ce qui a compté vraiment, et n'est pas toujours le plus important, en apparence. Le jour où Alberte a joué pour la première fois en public (du piano) et le jour où en sortant de la maternelle,° elle a enlevé° un petit garçon ; le jour où Pauline a dit pour la première fois : « Je dîne en ville » (Elle avait cinq ans !) et le jour où elle a eu un prix° d'orthographe° : elle avait, ce jour-là, un tablier° neuf et un tel air d'enfant bien élevé !° Le premier poème de Daniel et sa première beuverie,° et le jour où il a acheté son saxophone et où nous sommes restés tous figés° d'admiration devant l'instrument étincelant° dans son écrin de velours frappé,° et le jour où, immergé° dans la baignoire,° entre une cigarette posée sur le rebord° et un petit four° entamé dans le porte-savon,° il m'a dit : « Cette nuit j'ai fait un rêve formidable. J'avais fait un très grand et très dangereux voyage, et je revenais au milieu des bravos épouser une

a feeling of remorse
dans un sens in one sense

ne... que only

Aux autres de Let other people

jotted down

lemon
pas du tout

c'est tout

clambering up/scaffolding

do-it-yourselfer/confirmed
couvert... covered with glue and paint

neither

Qu'il eût... de The fact that he felt like

vivid
en... superimposed on
fil conducteur main theme, thread

nursery school/kidnapped

prize/spelling
smock (school uniform)
well brought-up
drinking bout
frozen
sparkling/écrin... embossed velvet case
immersed/bathtub
ledge/petit four (candy)/started
soap dish

---
[4]Église du Quartier latin de Paris.
[5]Détective célèbre des romans policiers.

fille merveilleuse. » Toute la simple jeunesse du monde, celle des chansons et des poèmes qui depuis les Croisades° s'élance° toujours avec la même joie, brillait dans ses yeux, qui sont grands et verts. Voilà des moments qui sont bien° liés° à la joie d'écrire. À la joie de croire. D'autres sont liés à la peine° de croire et d'écrire. Tout cela ne fait qu'un.° Mais est-ce que cet « un » répond aux deux petites phrases?

Crusades/rushes forward

indeed/tied

difficulté

ne faire qu'un *être la même chose*

Saga de Daniel

Quand Daniel naquit, j'avais dix-huit ans. J'achetai une quantité d'objets perfectionnés,° baignoire pliante,° chauffe-biberon° à thermostat, stérilisateur. Je ne sus jamais très bien m'en servir. La baignoire, soit, mais le stérilisateur! Il ne s'en porta pas plus mal. Je l'emmenais° parfois dans les cafés; on l'y regardait avec surprise : ce n'était pas encore la mode.° Il fut un bébé précurseur, un bébé hippie avant la lettre.° Quand j'allais danser il dormait dans la pièce qui servait de vestiaire,° lové° au milieu des manteaux. On s'aimait bien,° avec une nuance d'étonnement envers le sort° capricieux qui nous avait liés l'un à l'autre.

advanced, sophisticated/ folding
baby-bottle warmer

took him along

fashion
avant la lettre before the term had been coined
cloakroom/rolled up
on... bien *Nous nous aimions bien*
destin

À cinq ans il manifesta un précoce instinct de protection en criant dans le métro, d'une voix suraiguë :° « Laissez passer ma maman. » À huit ans, il « faisait ses courses° » et « son » dîner tout seul,° quand il estimait° que je rentrais trop tard le soir. Il me dépassait° déjà complètement. À neuf ans, nous eûmes quelques conflits. Il refusa d'aller à l'école, de se laver, et de manger du poisson. Un jour je le plongeai tout habillé dans une baignoire, un autre jour Jacques le porta sur son dos à l'école : il hurla° tout le long du chemin.° Ces essais° éducatifs n'eurent aucun succès. Du reste, il se corrigea tout seul. Nous décidâmes de ne plus intervenir.

shrill

faire ses courses to run one's errands/all by himself/*pensait*
Il... dépassait I didn't understand him

cria/**tout...** the whole way/ attempts

À dix ans, au lycée, ayant reçu pour sujet de rédaction :° « Un beau souvenir° », il écrivit ingénument : « Le plus beau souvenir de ma vie, c'est le mariage de mes parents. »

composition/memory

À quinze ans il eut une période yé-yé.[6] Nous collectionnâmes les 45 tours.° À seize ans il manifesta un vif intérêt pour le beau sexe. De jeunes personnes dont

45 rpm records

---

[6]Genre de rock français, apprécié dans les années 60.

j'ignorais° toujours jusqu'au° prénom° s'engouffraient° dans sa chambre, drapées dans d'immenses imperméa-
110 bles crasseux,° comme des espions de la Série noire.°

Il joua de la clarinette. Il but un peu.

À dix-sept ans il fut bouddhiste.

Il joua du tuba. Ses cheveux allongèrent.°

À dix-huit ans il passa son bac.[7] Un peu avant, il avait été couvert de bijoux° comme un prince hindou ou un
115 figurant° de cinéma, une bague° à chaque doigt. J'attendais en silence, ébahie° et intéressée comme devant la pousse° d'une plante, la mue° d'une chenille.°

Les bijoux disparurent. Il joua du saxophone, de la guitare. Il fit 4 000 kilomètres en auto-stop, connut° les
120 tribus du désert en Mauritanie,° vit un éléphant en liberté, voyagea couché à plat ventre° sur un wagon,° à demi asphyxié par la poussière.° Il constata° que Dakar[8] ressemble étonnamment à Knokke-le-Zoute (Belgique).

Il revint pratiquement sans chaussures, les siennes
125 ayant fondu° à la chaleur du désert, mais doté° d'un immense prestige auprès de° ses frères et sœurs. Il rasa° ses cheveux et fit° des Sciences économiques. Voilà la saga de Daniel.

Dans tout cela, où est l'éducation? Si Daniel, qui va at-
130 teindre sa majorité cette année, est un bon fils, un beau garçon, doué d'humour et de sérieux, de fantaisie° et de bon sens, y suis-je pour quelque chose°? Ah! pour rien, pour rien, et pourtant pour quelque chose, une toute petite chose, le seule peut-être que je lui ai donnée, la
135 seule, me dis-je parfois avec orgueil, qu'il était important de lui donner : la confiance.

Ce qui° ne veut pas dire que tous les problèmes soient résolus.° Daniel vient d'acheter un singe.°

Jeunes filles

140 Daniel amène° parfois des jeunes filles à la maison. Elles font de la musique, dînent, regardent la télévision avec nous, puis leurs visites s'espacent,° elles disparaissent. Nous les regrettons.° Sur° la première apparition° nous échafaudons° toujours un roman. Où l'a-t-il rencontrée?
145 Joue-t-elle d'un instrument? Chante-t-elle? Aime-t-elle

je ne savais pas/even/first name/were swallowed up

grimy/series of detective novels

got longer

jewels

extra/ring
étonnée
sprouting/sloughing, casting off old skin/caterpillar
visita
West African nation
à plat ventre flat on his belly/freight car
dust/stated

melted/*doué*
auprès de in the opinion of/shaved
étudia

imagination
y être... to be responsible for something

Ce qui Which
solved/monkey

brings

deviennent infréquentes
miss/At/appearance
construisons

---

[7]Argot scolaire pour **le baccalauréat**, examen assez rigoureux nécessaire pour recevoir le diplôme du même nom, à la fin des études secondaires au lycée.
[8]Capitale du Sénégal, nation francophone de l'Afrique occidentale.

les enfants? Devant une chevelure° blonde un instant en- — head of hair
trevue° dans l'entrebâillement° d'une porte, Pauline — glimpsed/partial opening
s'écrie°: «Est-ce que tu es enfin fiancé, Daniel?» — yells out

Daniel trouve qu'un si cordial accueil a du bon et du
150 mauvais. C'est que° si nous le suivons avec ardeur dans — C'est que mais
ses emballements, nous nous déprenons moins vite.
Nous pleurâmes deux Michèle, une Marianne, une Fanny. Simone nous consola, nous n'aimions pas Pascale.
Sara nous plaisait beaucoup, nous aurions voulu que Da-
155 niel nous laissât au moins le temps de bien la connaître.

— Et pourquoi tu ne la vois plus, Jeannine? soupira
Pauline. On l'aimait bien,° nous... — On... bien We liked her

Daniel supporte° notre intérêt avec patience. Cepen- — puts up with
dant, depuis quelque temps, quand il amène une jeune
160 fille à la maison, il m'avertit:° — warns

— Ne t'attache pas, hein? Ce n'est pas sérieux. Pas de
sentiment!

Daniel:

— Je n'ose plus amener mes amies à la maison, parce
165 que vous les recevez si cordialement qu'après, quand je
veux me brouiller, je ne peux pas.

Les niveaux de langue

L'interrogation

Un détail à ne pas oublier quand on lit en français, c'est que le choix entre les différentes façons de former une question n'est pas arbitraire. L'interrogation est un procédé stylistique que l'auteur emploie pour signaler le niveau de langue choisi et, par ce moyen, la situation sociale qu'il peint. Regardons les différentes façons de formuler les questions et le niveau de discours qu'elles signalent.

1. L'INVERSION — Le procédé préféré du français littéraire; fréquente dans la langue écrite, de moins en moins employée dans la langue parlée.

Joue-t-elle d'un instrument?
Quand viens-tu?

2. EST-CE QUE? — Procédé neutre au point de vue stylistique ; peut s'utiliser dans la langue écrite et parlée.

Est-ce qu'elle joue d'un instrument?
Quand est-ce que tu viens?

3. CHANGEMENT D'INTONATION SANS CHANGEMENT SYNTACTIQUE — Procédé typique de la langue parlée ; dans la langue familière on a la tendance à former les questions sans **est-ce que** et sans inversions, même celles qui commencent par un mot interrogatif.

Elle joue d'un instrument?
Quand tu viens?

Mallet-Joris utilise l'inversion dans les questions d'un ton soutenu *(formal)* qui ont pour sujet le pronom **vous** :

Comment arrivez-vous à écrire?
Que voudriez-vous que je dise?

et aussi dans un paragraphe où elle compare la curiosité que la famille éprouve à l'égard des petites amies de Daniel au travail d'un romancier qui prépare un roman :

Nous les regrettons. Sur la première apparition nous échafaudons toujours un roman. Où l'a-t-il rencontrée? Joue-t-elle d'un instrument? Chante-t-elle? Aime-t-elle les enfants? Devant une chevelure blonde un instant entrevue dans l'entrebâillement d'une porte, Pauline s'écrie :
—Est-ce que tu es enfin fiancé, Daniel?

Remarquez que ce paragraphe se termine par une question formée avec **est-ce que**. C'est parce que là, l'auteur cite les mots de sa fille. Elle emploie aussi une question commençant par l'interrogatif **pourquoi**, mais sans inversion ni **est-ce que**, dans un autre exemple du discours de sa fille, quelques lignes plus loin :

— Et pourquoi tu ne la vois plus, Jeannine? soupira Pauline.

Il y a un seul exemple de l'inversion avec **je** :

—... y suis-je pour quelque chose?

L'inversion dans les questions qui ont pour sujet le pronom **je** est limitée à la langue écrite. Même dans un langage très correct, la plupart des Français emploient **est-ce que**, et non pas l'inversion, pour former une question quand le sujet de la phrase est le pronom **je**.

Exercice stylistique

Refaites ces questions en français écrit. Employez l'inversion.

Modèle

> Comment est-ce que cet auteur arrive à écrire?
> *Comment cet auteur arrive-t-il à écrire?*

1. Est-ce que vous y êtes pour quelque chose?
2. Quand est-ce que Daniel a manifesté de l'intérêt pour le beau sexe?
3. Pourquoi est-ce que vous ne voudriez pas faire ce voyage?
4. Où est-ce que Mallet-Joris va faire une conférence?
5. Quel conflit est-ce qu'il y a entre eux?

❋ Questions

Vérifiez votre compréhension

Questions sur « Deux petites phrases qui reviennent souvent »

1. Nommez les quatre enfants de l'auteur et précisez l'âge de chacun.
2. Quelle est la question qu'on pose le plus souvent à l'auteur? Comment est-ce que vous savez que ceux qui lui posent cette question n'ont vraiment aucune compréhension de ses difficultés pour écrire?
3. Quelle est la deuxième phrase qu'on lui répète souvent? Quelle réponse Mallet-Joris y trouve-t-elle?
4. Décrivez Vincent.
5. Que veut dire l'auteur en faisant allusion à « un moment coloré de ma vie »? De quel genre de moments Mallet-Joris parle-t-elle? Quel est le rôle de ces moments dans la vie?

Questions sur « Saga de Daniel »

1. Décrivez la vie de Mallet-Joris avec son bébé Daniel. Pourquoi est-ce qu'elle dit que Daniel « fut un bébé précurseur, un bébé hippie avant la lettre »?
2. Comment était Daniel à l'âge de 5 ans? À l'âge de 8 ans? Comment était-il à 9 ans? Comment ses parents l'élevaient-ils *(brought him up)*?
3. Quel était le plus beau souvenir de Daniel à l'âge de 10 ans?
4. Quels changements ont marqué la vie de Daniel entre 15 et 18 ans?
5. L'auteur croit avoir donné quelque chose de très important à Daniel. Qu'est-ce que c'est?
6. Qu'est-ce que Mallet-Joris suggère quand elle dit que Daniel vient d'acheter un singe?

Questions sur « Jeunes filles »

1. Décrivez comment la famille de Daniel réagit au défilé *(parade)* de jeunes filles que leur fils amenait à la maison Qu'est-que ses parents et ses frères et sœurs voulaient savoir sur ces jeunes « invitées » ?
2. Daniel endure patiemment l'intérêt porté à ses amies par sa famille, mais il arrive un moment où il fait une observation à sa mère. Qu'est-ce qu'il lui dit ?
3. Daniel est gêné par l'accueil cordial qu'on fait à ses amies Pourquoi ?

Questions personnelles

1. En quoi votre vie diffère-t-elle sensiblement de celle des autres ? (participation à une équipe sportive, à un orchestre, à la vie politique, ou bien êtes-vous père/mère de trois enfants et pilote en même temps ?) Quelles sont les deux questions qu'on vous pose le plus souvent au sujet de votre vie ? Comment est-ce que vous y répondez ?
2. L'auteur de « La maison de papier » mentionne « les moments colorés de sa vie ». Mentionnez quelques moments colorés de votre vie.
3. Pour Françoise Mallet-Joris, les choses les plus importantes de sa vie sont sa famille, son travail et sa foi. Et vous, quelles sont les choses que vous appréciez le plus dans la vie ?
4. Relisez la description de Daniel à 5 ans, à 8 ans, etc. Comment étiez-vous à chacune de ces étapes de votre vie ? Étiez-vous comme Daniel ou complètement différent(e) ?

GRAMMATICAL NOTE

Before rereading the story, make sure you understand the author's use of this structure.

RELATIVE CLAUSES

The two most common relative pronouns in French are **qui** and **que**. **Qui** is used when the relative pronoun is the subject of the relative clause. **Que** (**qu'** before a vowel sound) is used when the relative pronoun is the direct object of the verb in the relative clause. Both **qui** and **que** can refer to people and things; the only difference between them is their grammatical function as subject or object. Study the following examples from « La maison de papier » :

Quand j'allais danser il dormait dans le pièce *qui* servait de vestiaire...	When I went dancing, he slept in the room *that* was used as a cloakroom....
Si Daniel, *qui* va atteindre sa majorité cette année, est un bon fils...	If Daniel, *who* is going to come of age this year, is a good son...
...j'ai eu avec Vincent une conversation *que* j'ai notée, parce qu'elle m'amusait...	...I had with Vincent a conversation *that* I jotted down because it amused me...
C'est une femme *que* nous admirons beaucoup.	She's a woman *who(m)* we admire a lot.

After expressions of time and place the relative clause may be introduced by **où** (English *that, when, where*) :

| ...dans le pub anglais *où* il y a de si bonnes tartes au citron. | ...in the English pub *where* there are such good lemon tarts. |
| le jour *où* elle a eu un prix d'orthographe... | the day *that* she got a spelling prize... |

Exercice structurel

Complétez les phrases suivantes avec **qui**, **que**, **où**, *selon le cas.*

1. C'est une fille _____ nous regrettons beaucoup.
2. Il a fait un voyage _____ a duré un mois.
3. C'est un père _____ passe beaucoup de temps avec ses enfants.
4. Lui, il entrait au moment _____ je sortais.
5. Vous allez écouter la conférence _____ elle va faire à Angoulême?
6. C'est une phrase _____ j'entends souvent.
7. Je l'ai vu dans le bureau _____ il travaille.
8. Il y a une jeune fille _____ t'attend dans le salon.

Perfectionnez votre vocabulaire

Choisissez le mot convenable pour compléter les phrases suivantes.

1. Ils ne sortent plus ensemble. Ils se sont _____.
   a. attachés   b. brouillés   c. regrettés

2. Quand le petit enfant a vu que son chat était mort, il a _____ en larmes.
   a. fondu   b. intervenu   c. mérité

3. Cet enfant est monté sur le toit de la maison! C'est un vrai _____.
   a. pédant   b. orgueil   c. casse-cou

4. J'ai passé la nuit couché par terre, mais je ne m'en _____ pas plus mal.
   a. déprends   b. mérite   c. porte

5. Tu vas prendre un bain avant de manger. Tu es _____ comme un peigne !
   a. turbulent   b. précoce   c. sale

6. Hier j'ai _____ un rêve formidable.
   a. eu   b. fait   c. pris

Parlons et écrivons

1. Comment êtes-vous? Cherchez dans cette liste de mots et d'expressions les termes qu'il vous faut pour décrire votre caractère et votre personnalité quand vous étiez plus jeune (par exemple, à l'âge de dix ans) ou pour décrire le caractère que vous avez maintenant.

turbulent	capricieux	sérieux
indiscipliné	précoce	l'orgueil
casse-cou	doué d'humour	la confiance
âme tendre	doué de bon sens	la patience
pédant	doué de fantaisie	ingénu

2. À quoi vous intéressez-vous? Jouez-vous d'un instrument? Si oui, duquel? Voudriez-vous faire le même voyage que Daniel à travers l'Afrique? Pourquoi ou pourquoi pas?

Traduction

A. Traduisez en anglais.

1. Il revint pratiquement sans chaussures, les siennes ayant fondu à la chaleur du désert, mais doté d'un immense prestige auprès de ses frères et sœurs. Il rasa ses cheveux et fit des Sciences économiques. Voilà la saga de Daniel.
2. Daniel amène parfois des jeunes filles à la maison. Elles font de la musique, dînent, regardent la télévision avec nous, puis leurs visites s'espacent, elles disparaissent. Nous les regrettons. Sur la première apparition nous échafaudons toujours un roman.

B. Traduisez en français.

1. They're none the worse for it.
2. They asked her to read their manuscript.
3. He's showing a lively interest in the fair sex.
4. Daniel plays the saxophone.
5. How about having something to eat?

À votre avis

Commentons le texte

Dans le cadre du récit, analysez l'importance de ces citations.

1. Voilà des moments qui sont bien liés à la joie d'écrire. À la joie de croire. D'autres sont liés à la peine de croire et d'écrire. Tout cela ne fait qu'un.
2. (C'est Daniel qui parle.) — Je n'ose plus amener mes amies à la maison, parce que vous les recevez si cordialement qu'après, quand je veux me brouiller, je ne peux pas.

Thèmes d'interprétation et de conversation

1. Françoise Mallet-Joris appelle sa maison « La maison de papier » en pensant aux maisons japonaises « si mal fermées » où on peut entrer quand on veut. S'il vous fallait donner un nom à votre maison, lequel choisiriez-vous? Pourquoi?
2. L'auteur parle de « la joie d'écrire » et de « la peine d'écrire », et aussi de « la joie de croire » et de « la peine de croire ». Comment expliquez-vous la coexistence de la joie et de la peine dans ces deux aspects de la vie de l'auteur? Y a-t-il des aspects de votre vie dans lesquels sont liés des sentiments opposés comme la joie et la peine? Lequel de ces sentiments opposés prédomine?
3. Dans « La Saga de Daniel » Françoise Mallet-Joris décrit comment elle et son mari se sont occupés de Daniel quand il était enfant. À l'âge de neuf ans, par exemple, Daniel a refusé d'aller à l'école. Son père l'a porté sur le dos, et Daniel a hurlé tout le long du chemin. Finalement, ses parents ont décidé de ne plus intervenir et Daniel s'est corrigé tout seul. Que pensez-vous de leur façon d'élever leur fils? Comment vos parents vous ont-ils élevé(e)? Comment ont-ils élevé vos frères et sœurs, si vous en avez? Croyez-vous que vos parents ont bien employé leur autorité? Est-ce que vous élèverez vos propres enfants de la même façon qu'on vous a élevé(e)? Que feriez-vous différemment?
4. Un jour, à l'école, Daniel a rédigé une composition sur son plus beau souvenir. Il a écrit : « Le plus beau souvenir de ma vie, c'est le mariage de mes parents. » À en juger par cette déclaration, quelle sorte de personne est Daniel? Et vous, quel est votre plus beau souvenir?

LA MAISON DE PAPIER

DEUXIÈME PARTIE

⇒ POUR AMORCER LA LECTURE ⇐

VOCABULAIRE UTILE

Le découragement

Substantifs

la catastrophe catastrophe
le découragement despondency
le désastre disaster
l'égoïsme (m.) selfishness
l'incapacité (f.) inability

l'obstination (f.) stubborness
la paresse laziness
la turbulence unruliness
le vide emptiness

Adjectifs

désespéré desperate, hopeless
désolant distressing
irrité irritated, annoyed

morne gloomy, dismal
pessimiste pessimistic
sombre dingy, dismal

Expressions

avoir la santé compromise to have put one's health in jeopardy
être dans un état nerveux délabré to be in a terrible nervous state, be falling apart

IDIOTISMES

Pour parler un français plus naturel, apprenez les idiotismes suivants par cœur.

- **faire des économies**
  Si je veux partir en vacances,
  il me faudra faire des économies.

- *to put some money aside*
  If I want to go on vacation,
  I'll have to save some money.

- **faire la vaisselle**
  J'ai acheté un lave-vaisselle
  parce que je déteste faire la
  vaisselle.

- *to do the dishes*
  I bought a dishwasher
  because I hate to do the
  dishes.

- **renoncer à** + infinitive
  Il est difficile de renoncer à fumer.

- **se débarrasser de**
  Il a du mal à se débarrasser de ses invités.

- **se diriger vers**
  Je me dirige vers la sortie.

- *to give up doing something*
  It's hard to give up smoking.

- *to get rid of*
  It's hard for him to get rid of his guests.

- *to head for, go towards*
  I'm heading for the exit.

CAUSONS!

Y a-t il eu un moment dans votre vie où vous avez éprouvé un profond découragement? Décrivez la situation et votre état d'âme à l'époque ou bien l'état d'âme d'un(e) ami(e) qui se soit trouvé(e) dans une situation semblable. Quelle était la cause de cette dépression? Qu'avez-vous fait pour en sortir?

• ABORDONS LE TEXTE

1. Dans la section intitulée « Autre petite voie » l'auteur décrit un moment où elle a perdu son sens de l'humour. Pour vous faire une idée de l'espace *(span)* de temps dont il s'agit, lisez les premiers mots de chaque paragraphe et prenez note des paragraphes qui commencent par un jour de la semaine. En partant de ces mots qui se rapportent au temps, formulez une hypothèse sur le nombre de jours ou de semaines écoulés *(gone by)* dans cette section de l'ouvrage.
2. Quel temps du verbe Mallet-Joris choisit-elle dans la première phrase de chaque paragraphe de « La nouvelle maison » (sans compter les deux derniers paragraphes)? Qu'est-ce que vous en concluez sur la nouvelle maison et sur l'endroit où se trouve l'auteur au moment où il rédige cette section? Pensez surtout à la proposition si souvent répétée « **quand nous serons dans la nouvelle maison** ». Quand on lit cette section d'un bout à l'autre sans interruption, quel est l'effet produit par l'avant-dernier paragraphe, en contraste avec l'emploi du futur dans tout ce qui précède?

La maison de papier

Autre petite voie

Autre petite voie° pour sortir de ce vide :° le sens de l'humour. Je me souviens d'un retour particulièrement désolant où les deux cents bouteilles (ou à peu près°) entassées° dans la cuisine, la serviette° de toilette qui
5 avait servi° en mon absence à astiquer° les cuivres,° la baignoire enduite° d'une sorte de noir vernis° (à croire que° les inconnus qui s'y plongent° travaillent tous dans l'industrie du goudron°), le pigeon° décidément tout à fait rétabli,° les monceaux° de factures° et sommations
10 d'huissier,[1] n'avaient pu m'arracher° un sourire. C'était un lundi matin. J'avais passé les fêtes de Pâques chez ma sœur Miquette : parquets° étincelants,° armoires à linge,° enfants impeccables et cependant° charmants. Mon œil avait dû se gâter° devant cette perfection. Notre
15 incapacité me semblait tout à coup aveuglante.°

J'avais perdu mon sens de l'humour.

Le lundi s'est passé dans un morne découragement. Jacques m'assiste dans la pénible° tâche° de faire la vaisselle en retard et approuve chaudement mes discours°
20 pessimistes. J'évoque° les impôts° en retard, les dentistes irrités, les écoles prêtes à se débarrasser de nos enfants ; ma santé compromise, nos métiers° aléatoires ;° le désordre de Daniel, la paresse de Vincent, l'obstination d'Alberte, la turbulence de Pauline, ne faudrait-il pas
25 mettre ces enfants en pension,° faire des économies, supprimer° le vin rouge et le téléphone, et nous retirer° dans une campagne où il n'y aurait même pas le cinéma ? Loin de me contredire,° Jacques est trop heureux de° contribuer à créer une atmosphère. Plus abstrait, il évo-
30 que cependant° la conjoncture° politique, l'instabilité du franc, la dégradation° de la notion même° de beaux-arts,° passe un moment, avec virtuosité,° sur° notre état nerveux délabré, revient au général° pour stigmatiser° l'égoïsme de la jeunesse, prononce la condamnation° à
35 la déportation immédiate des occupants du règne° animal (chat, chien, hamster, tortues,° pigeon), avec peut-

chemin/emptiness

à peu près *presque*
piled up/towel
been used/polish/ copperware
coated/varnish
à croire que one would suppose that/**se plonger** to dive
tar/(a pet)
recovered/heaps/bills snatch from me

floors/sparkling
linen/nonetheless
avait ... gâter must have gotten spoiled
blinding

difficile/*travail, besogne*
speeches
je cite/taxes

lines of work/*peu certains*

boarding school
éliminer/**se retirer** go off to
contradicting/**trop heureux de** only too happy to

meanwhile/situation
debasement/**la notion même** the very idea
fine arts/skill/**passer sur** get on the subject
general topics/to condemn
sentencing
kingdom
turtles

---
[1] A **sommation de huissier** is an official summons warning the recipient of an unpaid debt that must be taken care of (**huissier** = marshal).

être une grâce° possible pour le poisson rouge° en faveur de° sa longévité; et du règne amical (voir° Daniel)[2] et termine en exprimant la conviction qu'en dépit de° ces mesures, la catastrophe ne saurait° être évitée. Il faudra aussi renoncer à fumer et à donner les draps° à la blanchisserie.°

Sur le coin de la table de cuisine, nous partageons une canette° de bière, assez satisfaits de l'ampleur° du désastre qui s'étale° devant nous; qui a écrit le poème sur le tremblement de terre° de Lisbonne?[3] Mais je n'ai pas retrouvé mon sens de l'humour.

L'aube° du mardi est tout aussi sombre. Personne ne fait son lit. La fin du monde est proche. Je donne des tartines° aux enfants pour le petit déjeuner, au lieu des choco-BN° au moyen desquels° je flatte habituellement leur gourmandise° et ma paresse. Restrictions. Pauline annonce qu'elle a perdue sa montre en colonie de vacances:[4] silence accablé.° J'ouvrirai des conserves° pour déjeuner. Je ne remercierai° pas Simon pour l'envoi° de son livre; il va en° être très vexé. Pauline sent le vent.° «Je ne me laverai pas les dents, dit-elle. — Eh bien, tant pis.°» Déçue,° elle part pour l'école sans chanter.

Je porte les draps à la blanchisserie. C'est la dernière fois. La femme de ménage° ne vient pas. Tant pis. Le soir je prépare du poisson surgelé.° Personne ne proteste. Toute la maison se décolore° et se ternit° comme une plante sans eau. Alberte attaque son Czerny° avec une résolution désespérée.

Mercredi, je m'assieds sur le lit de Daniel, qui a l'air d'un guerrier° romain depuis qu'il a rasé intégralement° son opulente° chevelure.° Tout[5] ceci a assez duré. Ces vêtements dans l'entrée doivent disparaître. Et *qui* téléphone constamment dans le Midi°? Si on[6] s'imagine que je ne lis pas mes notes° de téléphone, on se trompe! La baignoire, la disparition° régulière° de peignes° et de brosses à dents, celle° de mon parapluie, tout défile.°

pardon/**poisson rouge** goldfish
en... en considération de/ see (refer to)
en dépit de *malgré*/could not possibly

sheets/laundry

(beer) bottle/magnitude
se montre
tremblement de terre earthquake

dawn

French bread and butter
a snack food/*au...* by means of which
gluttony

overwhelmed/cans
thank
sending/by that
sentir le vent to sense how things are going
tant pis who cares?/ disappointed

femme de ménage cleaning woman
frozen
se décolorer to fade/**se ternir** to get dull
auteur d'exercices pour piano

warrior/*complètement*
ample/head of hair

Southern France (long distance)
bills
disappearance/steady/combs
refers to **disparition**/ *disparaît*

---

[2]There is a play on words here: **règne animal** — **règne amical**. The "friends' kingdom" refers to Daniel's many guests.
[3]Reference to poem by the French writer Voltaire on the occasion of the disastrous Lisbon earthquake of November 1, 1755.
[4]A sleepaway camp to which the child was sent for Easter vacation. Many French children go to camp for the winter and spring vacations.
[5]From here until the words **Bon fils** the author is quoting her own words to Daniel.
[6]In keeping with the tone of these sentences, **on** can be translated as *people around here*.

Bon fils, Daniel murmure des onomatopées° apaisantes.° *here:* noises/soothing
Il voit bien que je ne suis pas dans mon état normal. Est-ce que je veux une cigarette? qu'il me fasse du thé? (Il dispose pour cela d'un petit attirail° dans sa chambre, et bouche° régulièrement le lavabo° en y vidant sa théière.°) Mais je ne céderai pas. Aujourd'hui, pas de tête-à-tête° oiseux,° de fumigations d'encens° (sa passion), de discussions détendues° sur les mérites comparés des romans policiers. Du sérieux°! L'après-midi se passe. Vers trois heures, sortant d'un° manuscrit que je parcours° avec l'amer° plaisir du devoir° accompli (c'est le seul plaisir que puisse procurer° ce texte), je croise° dans le couloir° étroit, devant ma chambre, un inconnu° qui sort des lavabos.° C'est un monsieur, tout à fait° un monsieur comme on en rencontre dans la rue, vingt-cinq ans, une cravate, un costume° sombre... Il s'efface° pour me laisser passer, avec l'indifférence polie que l'on témoigne° dans les cafés et dans les gares. « Pardon, madame... » Comme je me retourne° stupéfaite, je le vois se diriger très tranquillement vers la porte qui donne sur° l'escalier, l'ouvrir, disparaître. Il n'est peut-être entré que° pour utiliser les lavabos?

piece of equipment
stops up/washbasin
teapot/give in
chats/idle/with incense
relaxed
Du sérieux! Let's be serious!
sortir de to have just finished
skim/bitter/duty
provide/*je rencontre*
corridor/stranger
washroom/**tout à fait** *exactement*
suit/steps aside
displays
se retourner to turn around
donner sur to open onto
ne ... que only

Un fou rire° libérateur me cloue° dans le couloir pendant un bon moment.° La dignité de ce visiteur, l'usage qu'il fait avec tant de naturel° de mon appartement, et jusqu'à son aspect d'homme de la rue, qui use d'une° commodité° publique, cela dépasse° l'indignation. Quand je cesse de rire, je constate° que mon sens de l'humour a reparu.

fou rire giggle/glues me to the spot
un bon moment a good while
avec naturel unselfconsciously
user de to use facility/goes beyond
remarque

Daniel revenu, le soir nous essayons d'identifier le mystérieux inconnu. « Ce n'est pas Jean-Michel? Ni Richard? C'est peut-être... » Nous ne trouvons° pas. En tout cas, je ferai des escalopes° milanaises ce soir, pour célébrer le retour de mon sens de l'humour. Ce monsieur si digne,° c'était peut-être un ange?°

guess
veal cutlets
dignified/angel

La nouvelle maison

Quand nous serons dans la nouvelle maison, Pauline aura de l'ordre° et Alberte pourra faire ses gammes° tranquillement. Quand nous serons dans la nouvelle maison, Dolores,° elle nous le promet, disposera enfin

avoir de l'ordre to be tidy/scales
the family's housekeeper

d'assez° de placards° pour « s'organiser ». Les animaux seront disciplinés ; certains même supprimés. Les bibelots° subiront° une sélection sévère. Je répondrai à mon courrier° en retard et je ne perdrai plus les manuscrits. Daniel aura sa chambre et y recevra en paix ses amis sans nous déranger. Vincent aura un nouveau bureau° et fera moins de taches° sur ses vêtements et sur ses devoirs. Nous recevrons des gens normaux. Qui ne s'installeront pas chez nous, et ne joueront d'aucun instrument. Nous aurons deux salles de bain.

— J'aurai enfin un intérieur,° et vous aussi, me dit cordialement Dolores. Nous nous rangerons.°

Elle fait dans cette attente° emplette° d'un poste° de télévision à crédit et d'une robe de chambre en velours° mauve.

— Je n'aurai plus que° des amis° sérieux, et je ne les recevrai pas chez moi.[7]

Quand nous serons dans la nouvelle maison, Jacques ne dessinera plus jamais à minuit, en chemise, au pied du lit, à la lueur° d'un projecteur. J'aurai une vaisselle intacte, toute neuve. Des rideaux seront suspendus aux fenêtres, il y aura des porte-serviettes° près des lavabos, et je rangerai° ma bibliothèque. J'inviterai telle et telle « relation° utile » que je n'ai jamais osé convier° à partager nos repas mouvementés° du Panthéon.[8] Nous aurons des tas de paniers à linge° et ne réenfilerons° pas distraitement° des pantalons pleins de peinture et des jupes° dont l'ourlet° se défait.° Nous...

— Tu sais, dit Jacques un jour, comme° je rêve tout haut,° nous y *sommes*, dans la nouvelle maison.

Du moins peut-on dire encore aux gens qui ne nous connaissent pas très bien : « Excusez-nous, nous venons de déménager.° » Nous le disons depuis deux ans. Je crois qu'on peut encore tirer° six mois comme ça. Après, ça deviendra grave.

---

[7]Dolores the housekeeper is speaking here.
[8]The **Panthéon** is a famous monument in the Latin Quarter of Paris, very close to the **Sorbonne**. The reference is to the family's old apartment in that neighborhood.

Le Panthéon (Paris) et son quartier

Les niveaux de langue

En français, la plupart des adjectifs suivent le substantif. Cependant, il n'est pas rare de trouver des adjectifs comme **mystérieux**, **morne**, **pénible** placés devant le nom, surtout dans la langue écrite. En quoi le sens de la phrase se trouve-t-il modifié par ce changement dans l'ordre des mots?

1. Le ton de la phrase est plus littéraire, plus soutenu *(formal)*, plus caractéristique de la langue écrite.

>   STYLE NORMAL : une décision **importante**
>   STYLE SOUTENU : une **importante** décision

2. Quand il suit le substantif, l'adjectif est pris au sens propre *(literal)*; quand il précède le substantif, l'adjectif est pris au sens figuré, ou subjectif.

>   SENS PROPRE : un vin **amer**   *a bitter wine* (not sweet)
>   SENS FIGURÉ : un **amer** plaisir   *a bitter pleasure* (painful)
>   SENS PROPRE : un homme **morne**   *a sad man*
>   SENS FIGURÉ : un **morne** découragement   *a despondency that makes one sad*

3. Quand on déplace l'adjectif, il est mis en relief :

    POSITION NORMALE :   un vernis **noir**   *a black varnish*
    POSITION DE RELIEF :   un **noir** vernis   *a (very, really) black varnish*

Exercice stylistique

Essayez d'expliquer pourquoi dans chacune des phrases suivantes tirées des extraits de « La Maison de papier », Mallet-Joris a choisi de placer l'adjectif avant le nom.

1. Le lundi s'est passé dans un **morne** découragement. Jacques m'assiste dans la **pénible** tâche de faire la vaisselle en retard.
2. Mercredi, je m'assieds sur le lit de Daniel, qui a l'air d'un guerrier romain depuis qu'il a rasé intégralement son **opulente** chevelure.
3. Daniel revenu, le soir nous essayons d'identifier le **mystérieux** inconnu.

✷ Questions

Vérifiez votre compréhension

Questions sur « Autre petite voie »

1. Décrivez la scène évoquée par l'auteur à la suite de laquelle Mallet-Joris a perdu son sens de l'humour.
2. Pourquoi est-ce que le temps passé chez sa sœur met en évidence l'incapacité de sa famille de vivre comme il faut ?
3. Comment décririez-vous l'état émotif de l'auteur lorsqu'elle regarde sa maison, à son retour ?
4. De quoi se plaint l'auteur ? Et de quoi se plaint le mari de l'auteur ?
5. Quelles solutions trouvent-ils pour avoir de l'ordre chez eux ?
6. Qu'est-ce qui se passe chez l'auteur mardi matin ? Pourquoi Mallet-Joris réagit-elle avec les mots « la fin du monde est proche » à des événements assez peu extraordinaires (comme par exemple le fait que personne ne fait son lit) ?
7. Décrivez l'ambiance qu'il y a chez l'auteur mercredi. Quelle sorte de conversation Mallet-Joris a-t-elle avec Daniel ? En quoi est-ce que cette conversation est différente de celles qu'elle a eues avec son fils auparavant ?
8. Qu'est-ce qui rend à l'auteur son sens de l'humour ? Quelle réaction Mallet-Joris a-t-elle eue devant cet événement bizarre ?

Questions sur « La nouvelle maison »

1. L'auteur fait un grand nombre de projets à l'occasion du déménagement *(moving)* de la famille. Comment la nouvelle maison va-t-elle modifier la vie de chacun des membres de la famille?
2. Quelle surprise nous annonce Jacques, le mari de l'auteur, vers la fin de cette section?
3. Que pourra dire l'auteur aux gens qui ne connaissent pas très bien la famille et qui voient le nouvel appartement dans un état aussi lamentable? Jusqu'à quand Mallet-Joris pourra-t-elle utiliser le même prétexte?

Questions personnelles

1. Dans quelles circonstances est-ce que vous perdez votre sens de l'humour?
2. La famille de l'auteur semble vivre dans un grand désordre matériel. Pensez à une maison que vous connaissez — la vôtre, celle d'une famille que vous fréquentez, celle d'un groupe d'étudiants qui vivent ensemble, etc., et comparez-la avec la maison décrite par Mallet-Joris.
3. Malgré le manque d'ordre, la famille de l'auteur a un foyer *(home)* plein d'amour et de respect. Croyez-vous que ces six personnes seraient aussi heureuses dans une maison où les normes seraient l'ordre, la ponctualité et la propreté? Et vous? Pourriez-vous être heureux (-euse) si vous viviez avec eux?
4. Décrivez comment un déménagement important a changé (ou pourrait changer) la vie de votre famille. Est-ce que ces modifications étaient celles que vous espériez (ou seraient celles que vous espérez)?

GRAMMATICAL NOTE

Before rereading the story, make sure you understand the author's use of this structure.

THE FUTURE TENSE

The future tense *must* be used in French in subordinate clauses beginning with **quand** when the main clause of the sentence is in the future tense or has a command form. English uses the present tense in similar sentences. This particular pattern occurs several times in the section « La nouvelle maison » as the author envisions improvements in her family's way of living:

Quand nous **serons** dans la nouvelle maison, Pauline **aura** de l'ordre et Alberte **pourra** faire ses gammes tranquillement.	When we **are** in the new house, Pauline **will be** orderly and Alberte **will be able** to play her scales in peace.

Quand nous **serons** dans la nouvelle maison, Jacques **ne dessinera plus jamais** à minuit...

*When we **are** in the new house, Jacques **won't draw** at midnight **ever again**...*

Exercice structurel

Help Françoise Mallet-Joris imagine what life is going to be like once the family moves by rewriting the following sentences in the future tense.

Quand nous déménagerons...

1. Je réponds à mon courrier.
2. Daniel reçoit ses amies en paix.
3. Vincent fait ses devoirs dans sa chambre.
4. Les animaux sont disciplinés.
5. Les bibelots subissent une sélection sévère.
6. J'ai une vaisselle intacte.
7. Des porte-serviettes sont suspendus près des lavabos.
8. Je range ma bibliothèque.
9. Nous ne perdons plus les papiers.
10. Il y a deux salles de bains.

Perfectionnez votre vocabulaire

Reliez chaque définition de la série 1–8 à un mot correspondant de la série a–h.

1. répugnance au travail
2. triste, accablé par la tristesse
3. vice de celui qui ne pense qu'à soi-même
4. démoralisation
5. agitation
6. qui cause du chagrin
7. événement destructeur
8. incompétence

    a. incapacité   b. découragement   c. morne   d. catastrophe
    e. paresse   f. désolant   g. égoïsme   h. turbulence

Parlons et écrivons

1. Écrivez un dialogue entre l'auteur de « La Maison de papier » — la mère — et un de ses enfants : Daniel, Vincent, Alberte, Pauline. Vous pouvez ou bien modeler vos personnages sur ceux des extraits, et faire tourner votre dialogue autour des

événements de l'œuvre, ou bien, si vous préférez, créer des personnages dont vous inventerez les personnalités.
2. Un déménagement. Est-ce que vous vous souvenez d'un déménagement que vous avez fait ? Parlez-en à l'aide du vocabulaire suivant :

déménager	la baignoire	le parquet
donner sur	les bibelots	le placard
entasser	le bureau	le porte-serviettes
s'installer	la chambre	le poste de télévision
s'organiser	la cuisine	les rideaux
ranger	l'escalier	la salle de bains
	le lavabo	la vaisselle
	le lit	

Traduction

A. Traduisez en anglais.

1. Tout ceci a assez duré. Ces vêtements dans l'entrée doivent disparaître. Et *qui* téléphone constamment dans le Midi ? Si on s'imagine que je ne lis pas mes notes de téléphone, on se trompe !
2. Un fou rire libérateur me cloue dans le couloir pendant un bon moment. La dignité de ce visiteur, l'usage qu'il fait avec tant de naturel de mon appartement, et jusqu'à son aspect d'homme de la rue, qui use d'une commodité publique, cela dépasse l'indignation. Quand je cesse de rire, je constate que mon sens de l'humour a reparu.

B. Traduisez en français.

1. This house is a catastrophe!
2. I am in a terrible nervous state.
3. His laziness is distressing.
4. We must put some money aside.
5. You will have to give up smoking.
6. We will get rid of the animals.

À votre avis

Commentons le texte

Dans le cadre du récit, analysez l'importance de ces citations.

1. L'après-midi se passe. Vers trois heures, sortant d'un manuscrit que je parcours avec l'amer plaisir du devoir accompli (c'est le seul plaisir que puisse procurer ce

texte), je croise dans le couloir étroit, devant ma chambre, un inconnu qui sort des lavabos.
2. En tout cas, je ferai des escalopes milanaises ce soir, pour célébrer le retour de mon sens de l'humour. Ce monsieur si digne, c'était peut-être un ange?

Thèmes d'interprétation et de conversation

1. Dans cet extrait, l'auteur décrit une période de sa vie où elle dit qu'elle a perdu le sens de l'humour. Est-ce qu'il vous est déjà arrivé de sentir que vous aviez perdu *votre* sens de l'humour? Pourquoi l'avez-vous perdu? Quelle est l'importance du sens de l'humour dans des circonstances difficiles, angoissantes? Décrivez une situation où votre sens de l'humour vous a aidé(e).
2. « La maison de papier » est un exemple de littérature autobiographique. Montrez comment la présence de l'auteur dans son récit donne une unité aux cinq extraits du livre que vous avez lus.

Culmination Activities
Imagination et création

1. Choisissez un personnage ou des personnages dans une (ou plusieurs) des sélections offertes et écrivez un conte qui tourne autour de ce personnage (ou de ces personnages) pour votre récit. Vous pouvez créer une ambiance réaliste ou bien fantastique.
2. Écrivez un dialogue entre deux personnages d'une des sélections que vous avez lues dans ce livre. Dans le dialogue que vous rédigerez, ceux qui parlent raconteront les événements de l'histoire.
3. Réécrivez une partie d'une des sélections de ce livre à la troisième personne du singulier.
4. Qu'est-ce qui se passerait si un autre personnage racontait la même histoire? Comment, par exemple, le père de Brick Oussaïd verrait-il les événements narrés par son fils? Choisissez une des sélections et réécrivez-la à la première personne mais du point de vue d'un autre personnage.
5. Changez le titre d'une des sélections et expliquez pourquoi.
6. Comparez le ton des sélections. Ces œuvres sont-elles optimistes, pessimistes, humoristiques, cyniques, etc.?
7. Choisissez une des sélections et inventez un dénouement différent. Par exemple, vous savez que tout finit bien dans « D'un cheveu ». Pourriez-vous inventer un dénouement différent? Écrivez cet autre dénouement, ou inventez une fin différente pour une autre histoire de ce recueil, au choix.
8. Laquelle de ces neuf sélections vous a plu le plus? Faites une petite analyse littéraire de la sélection que vous préférez. Parlez de la langue, des personnages, du ton,

de l'emploi du dialogue et/ou de la description, du temps réel et psychologique, de la présence ou de l'absence de procédés littéraires tels que la métaphore, la comparaison, l'allitération, etc.

9. Dans quel récit est-ce que le portrait des rapports humains vous a frappé(e) le plus ? Parlez-en et analysez en détail ces rapports entre les personnages.

10. Toutes les sélections que vous avez lues ont été écrites par des auteurs de langue française, mais seulement quatre sont européens : Maupassant, Giraudoux, Boileau et Narcejac sont français; Françoise Mallet-Joris est belge mais habite Paris. On emploie le mot **francophone** pour parler des peuples de langue française hors de France. Quelles sont les caractéristiques linguistiques et culturelles qui distinguent les récits des auteurs francophones de ceux des français ? Est-ce que toutes les sélections francophones que vous avez lues sont caractérisées par ces traits (*features*) ?

Tirez vos conclusions

1. Comparez le détective de « Une femme de tête » et celui de « D'un cheveu ». Comparez les rôles qu'ils jouent.
2. Comparez les éléments surnaturels dans « La nuit », « Le portrait », et « Le vendeur d'étoiles ».
3. Comparez les aspects suivants de « Ces enfants de ma vie » avec « Les coquelicots de l'Oriental »:
    a. le rapport entre l'auteur et le narrateur
    b. la distance esthétique entre le narrateur et l'auteur
    c. le rôle de la chronologie
    d. les sentiments et l'attitude du narrateur à l'égard de ses personnages
    e. l'attitude envers l'élève qui a un talent extraordinaire.
4. L'image de l'étau (*vise*) qui apparaît dans « Dadabé » est employée aussi par Giraudoux dans « D'un cheveu ». Comparez l'emploi de cette image dans les deux récits. Pourquoi est-ce que les auteurs ont choisi l'étau ? Est-ce que l'étau signifie à peu près la même chose dans les deux récits ? Est-ce que les auteurs emploient cette image de la même façon ?
5. Michèle Rakotoson écrit sur la solitude, l'angoisse et la peur, tout comme Maupassant dans « La nuit ». Dans les deux récits, il y a aussi une description minutieuse de la nuit et des réactions du narrateur qui se promène seul sous un ciel noir. Les deux conteurs sont très attentifs aux sensations de l'ouïe (*sense of hearing*). Comparez « La nuit » et « Dadabé » sous cet angle. Quelles ressemblances et quelles différences trouvez-vous dans l'ambiance créée par les deux auteurs ? Après avoir fait la comparaison proposée, considérez la nuit telle qu'elle est décrite dans « Le vendeur d'étoiles » d'Yves Thériault. Est-ce que Thériault témoigne de (*shows*) la même attitude vis-à-vis de la nuit que Maupassant et Rakotoson ? Est-il aussi attentif qu'eux aux sensations de l'ouïe ?
6. Les trois contes groupés sous la rubrique *Trois pointes de mystère* (« D'un cheveu », « Le portrait », « Une femme de tête ») ont chacun une ambiance de mystère différente. Comparez ces trois contes à tous les points de vue, en partant des idées suivantes:

- a. la présence ou l'absence d'un détective
- b. les efforts de mystification (*bamboozling, putting something over on someone*)
- c. l'importance des raisonnements
- d. la présence d'éléments surnaturels
- e. les rapports entre les personnages du récit — les sentiments, la jalousie, la confiance, la dissimulation, etc.

7. Il y a aussi une ambiance de mystère dans « La nuit » de Maupassant. Cependant, si on établit une comparaison entre « La nuit » et « Le portrait » de Thériault, on remarque que le ton des deux contes est très différent. Comparez et contrastez les deux contes afin de préciser comment les auteurs créent l'ambiance ou le ton qu'ils recherchent. Quels éléments des deux contes sont à l'origine de la différence de ton ?

8. Quelles ressemblances et quelles différences y a-t-il entre l'attitude émotive de Françoise Mallet-Joris envers sa famille dans « La maison de papier » et celle de Brick Oussaïd envers la sienne dans « Les coquelicots de l'Oriental » ? Vous pourriez approfondir cette discussion des rapports familiaux en y ajoutant une comparaison avec les rapports que l'on observe dans « Le portrait ».

9. Dans les extraits rassemblés sous la rubrique *Trois mondes,* les enfants sont au premier plan (*in the foreground*). Comparez les rapports entre les enfants et le monde des adultes dans les trois œuvres présentées (« Ces enfants de ma vie », « Les coquelicots de l'Oriental », « La maison de papier »). Comment peut-on expliquer les différences que l'on remarque entre ces différentes sortes de rapports ?

10. La difficulté de ne pas pouvoir s'adapter au milieu où l'on se trouve est souvent à l'origine de beaucoup de tristesse. Quels problèmes d'adaptation avez-vous notés dans les personnages suivants : le narrateur de « Les coquelicots de l'Oriental », Daniel, fils de Françoise Mallet-Joris dans « La maison de papier », et la narratrice de « Dadabé » ? Quelles suites ces difficultés d'adaptation ont-elles eues pour ces personnes ? Quelle solution est-ce qu'ils ont trouvée à leurs problèmes ?

⇒VOCABULARY⇐

The following vocabulary list contains all the words that appear in *À la première personne : voix intimes* with the following exceptions:
1. Words that appear in most first-year texts (*e.g.,* **croire**) and obvious cognates (*e.g.,* **simple**).
2. Adverbs that end in **-ment,** when the adjective from which they are formed appears in the list.
3. Verb forms, except for certain participles and infinitives.

The following abbreviations have been used:

adj.	adjective	*lit.*	literary
angl.	anglicism	*m.*	masculine
Can.	Canadian	*pl.*	plural
conj.	conjunction	*qqch, qqun*	quelque chose, quelqu'un
coll.	colloquial	*subj.*	subjunctive
f.	feminine	*tech.*	technical
inf.	infinitive	*vulg.*	vulgar

A

à
  à beau rire qui veut you can laugh, but
  à croire que you would think that
  à demi half, only half
  à la bouche agréable with a pleasant mouth
  à la mode ancienne in an old-fashioned way
  à nous deux it's just the two of us
  à partir de (maintenant) from (now) on
  à peu près almost
  à tour de rôle each in his turn, one by one
  à travers through, by means of
  à travers champ across the field
  Au secours! Help!
  aux autres de let other people...
  aux cheveux bruns brown haired
s'**abaisser** to swoop down
l'**abattement** (*m.*) dejection
s'**abattre** to fall down upon
l'**abeille** (*f.*) bee

s'**abîmer dans** to be plunged into
aborder to approach
  aborder le sujet to bring up the subject
aboutir to succeed
  aboutir à to result in
s'**absenter** to be away
accablant overwhelming, depressing, burdensome
accabler to overwhelm
accéder à to gain access to
accomplir to perform
l'**accord**
  être d'accord avec to agree with
accrocher un tableau au mur to hang a painting on the wall
l'**accueil** (*m.*) reception, welcome
accueillir to receive
l'**acharnement** determination
l'**achat** purchase
s'**acheminer vers** to make one's way toward, head for
l'**adhérent** member

adossé à right next to, with one's back against
l'affaire (*f.*) business
affairé busy
s'affairer to bustle about
s'affaler to sprawl out
affecter de sourire to pretend to smile
afficher to exhibit
affolé panic-stricken
l'affolement (*m.*) panic
s'affoler to panic
affreusement terribly
affreux terrible, awful
agacer to irritate, annoy
agité excited, nervous
agréer
    Nous vous prions d'agréer, Monsieur... Sincerely yours
s'agripper à qqch to clutch something
aidant helped on by
l'aiguille (*f.*) hand of clock
ailleurs elsewhere
    d'ailleurs besides; I might add; in any case
l'aimée (*f.*) beloved
aimer bien to like
aîné older
l'air (*m.*) look, appearance; air
    au grand air out of doors
    avoir l'air de to appear to
    d'un air surpris with a surprised look
l'aise
    à l'aise at ease
ajouter to add
ajuster (qqch) to adjust something
    s'ajuster to adjust, move into line with
aléatoire uncertain
l'allée (*f.*) passageway, aisle
alléger to lighten
aller
    s'en aller to go away
l'allitération (*f.*) alliteration
allonger to stretch out, elongate
allumer to put on, turn on
    s'allumer to be kindled, lit
l'allure (*f.*) air, look, appearance
    prendre des allures provocantes to take on a menacing air
l'allure
    à toute allure at full speed
l'allusion (*f.*) reference
l'alouette (*f.*) lark
s'alourdir to get heavier
alourdissant that weighs on you
l'amant (*f.*) lover
l'amas (*m.*) heap
l'ambiance (*f.*) atmosphere, ambiance
l'âme (*f.*) soul
    C'est une âme tendre. He is a sensitive soul.
amener to bring, lead
amer bitter
l'ampleur (*f.*) magnitude
anéantir to destroy, annihilate
l'ange (*m.*) angel
l'angoisse (*f.*) anguish
s'animer to get excited
l'anneau (*m.*) ring
les antécédents (*m.*) background
apaisant soothing
s'apercevoir to notice, perceive
l'apparence
    en apparence on the face of it
l'apparition (*f.*) appearance
appartenir à to belong to
l'appel (*m.*) call, appeal
    à l'appel de when called by
l'apprentissage (*m.*) learning
apprêter to prepare
approcher to move something closer to
approvisionner to supply
appui
    à l'appui de in support of
appuyer to lean
    s'appuyer à to lean on
l'argent (*m.*) silver
aride arid, dry
l'arme (*f.*) weapon
l'armoire (*f.*) closet
l'armurier (*m.*) gunsmith
arracher à to snatch from
arrêt
    en arrêt pausing
arriver to happen
    arriver à + *inf.* to manage to

arrondi rounded
l'**art abstrait** (*m.*) abstract art
l'**artère** (*f.*) artery, street
l'**ascendance** (*f.*) ancestry
l'**aspect** (*m.*) look
assaillir to attack
l'**assassin** (*m.*) murderer
asséché dried up
assister à to be present at
assombri gloomy
assorti à matched
assouvir to satisfy
assurer quelqu'un sur la vie to take out life insurance
astiquer to polish
l'**astre** (*m.*) star (*literary*)
atroce horrible
attachant engaging, captivating
s'**attacher à quelqu'un** to become attached to someone
l'**attardé** (*m.*) straggler
atteindre la majorité to come of age, reach legal adulthood
attendre to expect
attente
   dans cette attente while waiting
l'**atterrissage** (*m.*) landing
l'**attirail** (*m.*) piece of equipment
attirer to attract
l'**attrait** (*m.*) attraction
attraper to catch
attrister to sadden
au cours de in the course of, during
au-dessus de above
au fond de at the rear of
au moyen de by means of
l'**aube** (*f.*) dawn
aucun
   à aucun moment at no point
   aucunement not in the least
auditif auditory
auparavant previously
auprès de in the opinion of; next to
aussitôt immediately
autant
   d'autant plus all the more
l'**automate** (*m.*) automaton
autour de around
autre
   quelque chose d'autre something else

tout autre completely different
avaler to swallow
l'**avance** (*f.*) (the fact of) being early
   être en avance to be early
avancer to claim
avant la lettre before the term had been coined
avantageusement honorably
avantageux attractive (*prices*)
l'**avenir** (*m.*) future
avertir to warn
aveuglant blinding
aveugle blind
avide greedy
avis
   à votre avis in your opinion
avoir to have
   avoir à to have to
   avoir bonne mine (*ironic*) to look foolish
   avoir de l'oreille pour la musique to have an ear for music
   avoir du bon et du mauvais to have its good and bad points
   avoir envie de faire qqch to feel like doing (something)
   avoir honte to be ashamed
   avoir lieu to take place
   n'avoir qu'à to merely have to
avoisinant neighboring
avouer to admit, confess

B

le **baccalauréat** French high-school diploma
le **badinage** banter
bafouiller to talk nonsense, gibberish
la **bague** ring
le **bahut** chest
la **baignoire** bathtub
le **baiser** kiss
baisser to go down, lower
   baisser la tête to lower one's head
balancer to shake
   se balancer to swing, sway
balbutier to stammer

la **balise** ground beacon (*on runways, etc.*)
la **balle** bullet
ballonner to bloat
baragouiner to speak badly
le **barillet** cylinder (*gun*)
barrer le chemin to block the way
bas
   vers le bas downward
basculer to bump into, collide with
le **bassin** dry lake basin
battant driving (rain)
le **battement du cœur** the beating of one's heart
battre to beat, tick; flutter
les **beaux-arts** fine arts
le **beau-frère** brother-in-law
le **bec de gaz** gas lamp
la **bécassine** snipe (*a game bird*)
bêler to bleat
belle
   reprendre de plus belle to start up again
bercer to cradle
la **berge** river bank
le **berger** shepherd
la **bête** animal
bêtement stupidly, foolishly
la **bêtise** stupidity
la **beuverie** drinking bout
le **bibelot** knickknack
bien indeed; very; very much
   bien élevé well brought up
   bien entendu of course
   bien-aimé beloved
   fort bien very definitely
le **bien-être** well-being
le **bijou** jewel
la **blanchisserie** laundry
le **bœuf** ox
le **bois** wood, forest
la **boîte de nuit** nightclub
bon
   un bon moment a good while
bondir to leap, spring
le **bonheur** happiness
   par bonheur fortunately
le **bonhomme** guy
la **bonne** maid
le **bordeaux** Bordeaux wine
la **botte** boot

la **botte** bunch (*vegetables, flowers, etc.*)
la **bottine** high shoe
boucher to stop up, clog
boudeur sulky
la **boue** mud
boueux muddy
la **bouffée de colère** burst of anger
bougeotte
   avoir la bougeotte not to be able to settle down
bouger to move
bouillonner to bubble, boil
le **bourdonnement** buzzing
le **bourgeon** bud
le **bourreau** torturer, executioner
la **bourse** scholarship
le **bout** end
   à bout portant point blank
   au bout de after
   jusqu'au bout to the end, to the logical conclusion
le **bouton** bud
le **bouton de cuivre** brass knob
le **braconnier** poacher
brave
   mon brave my good man
bref in short
la **bribe** snatch (of conversation)
le **bricoleur** do-it-yourself repairman
briller to shine
se **brouiller avec qqun** to break off with someone
brouter to graze
broyer to crush
bruisser to rustle
le **bruit** noise
brûlant burning
la **brume** mist
bruyant noisy
le **bureau** desk

C

caché hidden, innermost
cacher to hide
se **cacher** to hide
le **cadavre** corpse
le **cadre** frame

le **café-concert** cafe with live entertainment
calme calm
calmer to calm (someone) down, have a calming effect
le **cambriolage** burglary
le **cambrioleur** burglar
la **canette** (beer) bottle
la **canicule** dog days, sultry summer days
la **canne** cane
captivant captivating
la **capuche** hood
car for (*conj.*)
caractériser to characterize
carré square
la **carriole** cart
carthaginois Carthaginian
la **cassette** box
le **casse-cou** daredevil
le **casse-croûte** snack
cataloguer to classify
la **catastrophe** catastrophe
le **cauchemar** nightmare
causer to chat
la **causerie** chat
le **caveau familial** family plot
ce
   c'est-à-dire that is to say, in other words
   c'est que it's just that
céder to give in
le **célibataire** bachelor
celui-là that fellow
la **Centrale** elite engineering school in Paris
centrer to focus
cependant however; nonetheless
certes certainly, indeed
le **chablis** type of wine
le **chagrin** sorrow
la **chaîne** chain
la **chair** flesh
   avoir/donner la chair de poule to have/give goose bumps
la **chaleur** warmth, heat
chaloupé swaying
le **champ** field
   le **champ de pousses** a field of young plants

la **chance** luck
changeant changing, moving
la **chanson** song
le **chant** song, singing
chanter to sing
   chanter à l'unisson to sing in unison
   chanter à ravir to sing delightfully
   chanter avec entrain to sing with gusto
charger to load
   chargé de loaded down with
   charger à blanc to load with blanks
   se charger to take care to
le **charivari** ruckus, racket
la **chasse** hunting, hunting season
   la **chasse à courre** hunting
châtier to punish (*lit.*)
chaudement strongly
le **chauffe-biberon** baby-bottle warmer
la **chaussée** roadway
la **chaussure** footwear; shoe
le **chef-d'oeuvre** masterpiece
chemin faisant along the way
la **chenille** caterpillar
cher
   mon cher my good man
chercher à to try to
la **chère**
   la **bonne chère** good food
la **chevelure** head of hair
le **chevet** bedside
le **cheveu** hair
   d'un cheveu by a hairbreadth
   mes cheveux se sont dressés my hair stood on end
la **cheville** ankle
la **chèvre** goat
le **chevreau** kid
le **chiffonier** ragpicker
la **chirurgie** surgery
le **choc** shock, jolt
le **chœur** chorus, glee club
   chose certaine it is/was definite
le **chou** cabbage
la **chouette** owl
le **chuchotement** murmur
la **chute** fall
ci-avant above (*on a page*)

la **cigale** cicada, grasshopper
le **cil** eyelash
   ciller to blink
   cinglant biting
   circuler to move about
   citer to quote
le **citron** lemon
   clair bright, clear
     Il fait clair. It's light/bright out.
   clandestin secret, illicit
le **claquement** banging
   claquer to slam
     claquer des doigts to snap one's fingers
la **clarté** brightness
le **classeur** filing cabinet
la **clé du mystère** key, solution to the mystery
   clignotant blinking
le **clignotement** blinking
le **clocher** belltower
   clos closed
   clouer to glue to the spot
le **cocher** driver, coachman
le **cocon** cocoon
   cogner to bang against
le **col** collar
la **colle** glue
le **collège** middle school
   coller to stick
la **colonie de vacances** camp
la **colonne** column
   coloré vivid
   comblé filled, fulfilled
   comble
     être au comble de la déception to be terribly disappointed
   commander to order
   comme something like
   commercial business (*adj.*)
la **commisération** pity
le **commissaire** police captain
   commode convenient
la **commodité publique** public facility
la **compagne** (*f.*) fellow teacher, colleague
la **comparaison** simile
le **complet** suit
le **comportement** conduct

la **composition** composition
   comprendre to include
   comprendre
     ne rien comprendre à to understand nothing about
le **compte** bill, invoice; account
     mettre quelque chose sur le compte de to attribute something to
   concerner
     en ce qui concerne about
   conclure to draw one's conclusions
le **concours** help, working together
le **concours d'entrée** competitive entrance examination
   conçu designed, conceived
la **condamnation** sentencing
le **conducteur** driver
se **conduire** to behave; find one's way
la **confiance** confidence, trust
   confier to entrust
la **confiture** jam
le **conflit** conflict
   confus confused
le **congé** vacation
     prendre congé de to say good-bye to
   congédier to dismiss
la **conjoncture** situation
la **connaissance** knowledge
     à ma connaissance to my knowledge
     les connaissances (*f. pl.*) knowledge
   conquérant masterful
la **conscience** awareness
le **conseil** piece of advice
la **conserve** can
la **consigne** instructions
   consigner to set down on paper
   constater to discover, notice, state
le **conte** short story
   contenance
     se donner une contenance to try to look composed
se **contenter de** to be content with
le **contenu** contents
   contredire to contradict
   contrit repentant
   convaincre to convince

convenable decent
convier to invite
le **coq** rooster
le **coquelicot** poppy
le **corps** body
    faire corps avec to be one with
le **costume** suit
le **côté** side
    à côté de next to
    aux côtés de by the side of
couler to flow
la **couleur vive/sombre** light/dark color
les **coulisses** (*f. pl.*) backstage, wings
le **couloir** corridor, passage
le **coup** blow; shot; trick
    à coup sûr for sure
    du même coup at the same time
    entrer en coup de vent dans to burst into
    le coup de pinceau brushstroke
    le coup d'œil glance
    sous le coup de under the influence of
la **cour** courtyard
le **courant** current
    le courant de conscience stream of consciousness
    le courant d'air draft
    mettre au courant to inform
courant ordinary
le **courrier** mail
    par courrier séparé under separate cover
le **cours** course
    au cours de in the course of, during
    prendre le cours des choses get into the swing of things
coûte que coûte whatever the cost
la **coutume** custom
    Une fois n'est pas coutume. Just once won't hurt.
couvert de covered with
la **couverture** blanket
le **cran de sûreté** safety catch
crasseux grimy
crédit
    à crédit on credit
créer to create

le **crépuscule** dusk
le **cri** cry, shout
    le cri de guerre war cry
crier to scream, shout
    crier de plaisir to shout with delight
les **Croisades** (*f. pl.*) Crusades
croiser to run across
croissant growing
le **croquant** country bumpkin, yokel
le **croqueur de bergères** ladykiller
le **croquis** sketch
la **crosse** butt (*gun*)
le **croyant** believer
croyant religious
cru raw, harsh
cueillir to pick (*flowers*, etc.)
cuire à la vapeur to steam
le **cuivre** copperware
la **culotte** pants
la **culture** growing, crop

D

dare-dare immediately, on the double
davantage more
de
    de bonne heure early
    de nouveau again
    de plus moreover
    de sorte que so that
se **débarrasser de** to get rid of
debout
    se mettre debout to stand up
le **début** beginning
décevoir to disappoint
déchaîné wild
se **décider à** to make up one's mind to
décider de to decide on
le **décollage** take-off
se **décolorer** to fade
décontracté relaxed
découpé outlined, cut out
découragé discouraged
le **découragement** despondency
décrocher unhook
déçu disappointed
se **défaire** to come undone
défait untied

défavorisé underprivileged
défier to challenge
le **défilé** parade
défiler to march by, parade; wander off, disappear
la **dégradation** debasement
déguster to taste, eat
dehors outside
  en dehors de outside of
délabré
  être dans un état nerveux délabré to have one's nerves in a sorry state
le **délit**
  en flagrant délit in the act
la **démarche** gait, walk
déménager to move, change residence
la **demeure** residence
dénicher to discover
dénommer to name
dénoncer to give someone away
le **dénouement** working out of the conflict, outcome
les **denrées alimentaires** foodstuffs
la **dentelle** lace
le **dénuement** deprivation
dépasser to go beyond, pass by, surpass
la **dépense** expense
le **dépliant** folder
la **dépouille** remains (*lit.*)
dépouillé stark, unadorned
se **déprendre de qqun** (*lit.*) to fall out of love with someone
le **déroulement** progression
se **dérouler** to unfold (*plot of story*); to happen
dérouter to throw off the track
derrière behind
dès lors from then on
le **désastre** disaster
descendre to take down
désespéré in despair, hopeless
désespérer to give up hope
désespoir
  au désespoir in despair
la **désinvolture** casualness
le **désir de** the desire to (*do something*)

désolant distressing
désolé (de) terribly sorry (to)
désormais from that point on
dessiner to draw, form
  bien dessiné well delineated, well defined
désuni divided
se **détacher de** to become detached from
détendu relaxed
devant in front of
deviner to guess
le **devis** estimate
le **devoir** duty
les **devoirs** (*m. pl.*) homework
le **diable** devil
  où diable where the devil
différer to differ
diffus diffuse
digne dignified
  digne de foi reliable
dire
  il va sans dire it goes without saying
se **diriger vers** to head for, go toward
le **discours** speech
discuter to converse
la **disette** scarcity
disparaître to disappear
la **disparition** disappearance
disperser to scatter
disposer de to have at one's disposal
les **dispositions** (*f. pl.*) provisions, stipulations
se **disputer** to argue over
dissimuler to conceal, hide
distraitement absent-mindedly
dit called
divaguer to ramble on
un **doigt** a drop (*lit.* finger)
dolent mournful
la **domestique** maid
le **don** talent
donner
  donner le ton to give the pitch
  donner sur to open onto
  se donner à to devote oneself to
doré golden
la **dorure** gilt, gold edge
le **dos** back

    dos à   with one's back to
    doté de   endowed with
le **douar**   tent village (*Arab*)
    doubler   to double
    doué d'humour/de bon sens   blessed with a sense of humor/with common sense
    douloureux   painful
se **douter de**   to suspect
    doux   mild (*weather*), gentle, soft, sweet
le **drap**   sheet
    drapé   draped
    dresser   to train
se **dresser contre (qqun)**   to rise up against (someone)
    droit   straight
le **droit**
    avoir droit à (qqch)   to be entitled to (something)
    avoir droit à   to deserve, have earned for oneself
    drôle   funny
    durer   to last

E

eau
    les eaux ménagères   household waste water
ébahi   stunned
éblouir   to dazzle
écarquiller les yeux   to open one's eyes wide
l'**écart** (*m.*)   gap
s'**écarter de**   to step aside from
    écarter   to spread apart
    s'écarter de   to step aside from
l'**échafaudage** (*m.*)   scaffolding
    échafauder   to build, construct
l'**échapper belle**   to have a narrow escape
échéant
    le cas échéant   if need be
éclairer   to light up
éclatant   dazzling
écœurant   sickening
l'**écran** (*m.*)   screen
    porter à l'écran   to make a movie out of

    écraser   to crush
s'**écrier**   to yell out
l'**écrin** (*m.*)   case
    écrit à la machine   typed
l'**écrit** (*m.*)   document
l'**écriteau** (*m.*)   sign
l'**écrivain** (*m./f.*)   writer
l'**écurie** (*f.*)   stable
l'**éducation** (*f.*)   upbringing
    effacer   to erase
    s'effacer   to step aside; disappear
l'**effet** (*m.*)   impression
    faire l'effet de   to give the impression of
    l'effet intimiste   intimate effect
    effleurer   to brush against
s'**effondrer**   to collapse
    effrayant   frightening
    effréné   wild, unrestrained, frantic
    égal   even, equal
l'**égard** (*m.*)   respect, regard
    à bien des égards   in many respects
l'**égoïsme** (*m.*)   selfishness
    élancé   slender
s'**élancer**   to rush forward
élevé
    avoir une nature élevée   to be spiritual
    élever   to raise (*children*)
s'**élever**   to rise up
l'**éloignement** (*m.*)   estrangement
    éloigner   to lead away, estrange
    s'éloigner   to walk away
    élucider   to clarify
    émailler   to stud, dot
l'**emballement** (*m.*)   passing fancy, enthusiasm
s'**emballer**   to get carried away
l'**embarras** (*m.*)   confusion
l'**émeraude** (*f.*)   emerald
    emmener   to take (someone somewhere)
    émotif   emotional
l'**émotion** (*f.*)   emotion
    empêcher de   to keep from
l'**emplette** (*f.*)   purchase
    emplir de (*lit.*)   to fill with
l'**emploi** (*m.*)   use; work, schedule
    emprunter   to take (*a road*)

ému excited
en
  en contrepoint à superimposed on
  en dépit de in spite of
  en être pour to waste
  en face straight ahead
  en faveur de in consideration of
  en manière de as a
  en plus in addition
  en quelque sorte in a way
  en souplesse smoothly
  en sus de in addition to
  en travers crosswise
s'en vouloir to be mad at oneself
l'**enceinte** (*f.*) city walls
l'**encens** (*m.*) incense
l'**enchaînement** (*m.*) succession
l'**enclos** (*m.*) pen, corral
encourir to bring upon oneself
s'endormir to fall asleep
l'**endroit** (*m.*) place
enduit coated
énervé annoyed, edgy, upset
s'énerver to get nervous
l'**enfance** (*f.*) childhood
l'**enfer** (*m.*) hell
enfermer to shut up, lock up
enfouir to bury
enfreindre le règlement to break the rules
s'enfuir to run away
l'**engagement** commitment
s'engager dans (*m.*) to enter (*street*)
engloutir to swallow up
s'engouffrer to sink into, be swallowed up by
l'**énigme** (*f.*) riddle, problem
s'enivrer to get drunk
l'**enjouement** playfulness
enlever to take off, remove; kidnap
  s'enlever to take off, rise up
l'**ennui** (*m.*) trouble, difficulty, problem
s'enorgueillir to boast
énormément a great deal
l'**enquête (privée)** (*f.*) (private) investigation
enregistrer to record
enrhumé sick with a cold
l'**enseignement** (*m.*) instruction

enserrer to hug tightly
ensoleillé sunny
l'**ensorceleuse** (*f.*) enchantress
ensuite then, following that
entamé started, bitten into
entasser to pile up
entendre to hear; mean, imply
  faire entendre to communicate
  on aurait entendu voler des mouches you could hear a pin drop
enterrer to bury
entier all, the whole of
l'**entourage** (*m.*) surroundings
entourer (de) to surround (with)
l'**entraide** (*f.*) mutual aid
entraîner to train; drag along; entail
entrebâillé ajar
l'**entrebâillement** (*m.*) partial opening
entrer
  entrer en usage to come into use
entrevoir to catch sight of
envahir to invade, seize
envelopper to wrap, cover
envers toward
envie *see* **avoir envie de**
l'**envoi** sending
s'envoler to fly away; vanish
épais thick
s'épaissir to get heavy, thicker
épargner to spare
éparpiller to scatter, strew
l'**épaule** (*f.*) shoulder
éphémère fleeting, short-lived
l'**épingle à cheveux** (*f.*) hairpin
époque
  à l'époque at the time
l'**épouvante** (*f.*) dread
éprouver to feel; test
l'**errance** (*f.*) wandering
errer to wander
escalader to climb, scale
l'**escalier roulant** (*m.*) escalator
l'**escalope** (*f.*) veal cutlet
l'**escargot** (*m.*) snail
s'espacer to become infrequent
l'**espèce** (*f.*) kind, type
l'**esprit** (*m.*) mind; wit
  avoir de l'esprit to be witty
l'**esquisse** (*f.*) sketch

l'**essai** (*m.*)   attempt
  essayer de faire qq'ch   to try to do something
  estimer   to think
s'**étaler**   to be displayed
étant
  comme étant   as being
l'**étape** (*f.*)   stage
état
  dans tous les états   in a terrible state
l'**étau** (*m.*)   vise
éteindre   to extinguish
étendre   to stretch out
  s'étendre (sur)   to stretch over
l'**éternuement** (*m.*)   sneeze
  éternuer   to sneeze
étincelant   sparkling
l'**étoffe** (*f.*)   cloth, material
étoilé   starry
l'**étoile** (*f.*)   star
étonnamment   astonishingly
étouffer   to suffocate, muffle
étranger   unfamiliar
être
  être là à faire   to be here doing
  y être pour qqch   to be responsible for something
l'**être** (*m.*)   being
étreindre   to embrace
étroit   close, narrow
étudié   competitive (*prices*); designed
s'**évanouir**   to faint
l'**éveil** (*m.*)   awakening
éveiller   to awaken, evoke
  s'éveiller   to wake up
l'**éventail** (*m.*)   fan
  en éventail   splayed, spread out
évidemment   clearly
évoluer   to evolve, develop
évoquer   to bring up
exact   punctual
l'**exaltation** (*f.*)   intense excitement
exaucer   to grant a wish
exécrable   atrocious
exiger   to demand
expédier   to ship
expérimenté   experienced
exprès   on purpose
extérieur à   external to

extraire de   to take (a literary passage) from
l'**extrait** (*m.*)   excerpt

F

face à   facing
la **facette**   side, facet, aspect
facile à vivre   easy to get along with
les **facilités** (*f. pl.*)   opportunity
factice   artificial
la **facture**   bill, invoice
la **façon**   way
faible   weak
la **faiblesse**   weakness
faillir   to come close to, to almost do something
faire
  faire bien   to look good
  faire chanter les élèves   to have the pupils sing
  faire de la peinture à l'huile   to paint in oils
  faire de l'aquarelle, de la peinture à l'eau   to paint in watercolors
  faire de l'auto-stop   to hitch-hike
  faire des croquis   to sketch
  faire des économies   to put some money aside
  faire des mystères   to act mysterious
  faire faire (des rideaux)   to have (curtains) made
  faire honte à qq'un   to make someone ashamed
  faire la joie de   to delight (someone)
  faire la moue   to pout
  faire la vaisselle   to do the dishes
  faire le mort   to play dead
  faire oui de la tête   to nod yes
  faire penser à   to make one think of
  faire ses courses   to run one's errands
  faire signe à   to motion to
  faire un rêve   to have a dream
  faire un voyage   to take a trip
  faire + *subject*   to take, study (*at school*)

se faire to become
se faire entendre to be heard
se faire jour to emerge
ne faire qu'un to be one and the same thing
Qu'est-ce que ça vous fait? What do you make of it?
faisandé aged
le **faisceau** bundle
le **fait** fact
    en fait in fact
falot wan (*lit.*)
fané tarnished
la **fantaisie** imagination
le **fantasme** fantasy
le **fantôme** ghost, phantom
le **fardeau** burden
fatigué worn
le **faubourg** working-class neighborhood
se **faufiler** to sneak in
la **fausse piste** false trail
faute
    sans faute without fail
la **fée** fairy
féerique magical, fairy-like
feindre to pretend
la **femme de ménage** cleaning woman
fendre to crack
le **fer** iron
le **feu** fire
    de feu fiery
    à petit feu by inches, bit by bit
    Je n'y vois que du feu. I can't make head nor tail of it.
le **feuillage** foliage, leaves
la **feuille** leaf
feutrer to muffle
le **fiacre** hansom cab
le **fiancé** (la **fiancée**) fiancé(e)
la **fiche** index card
fiévreusement feverishly
figé frozen
le **figurant** extra (*movies*)
la **figure** face
la **figure littéraire** literary device
le **fil** thread
    le fil conducteur main theme, thread
la **file** line, row

le **filet** wisp
la **fille** (*coll.*) prostitute
finement subtly, cleverly
finir
    finir en to end in, have (something) at the end
    finir par + *inf.* to wind up doing something
fixe staring (*of a look*)
fixer to stare
flamboyer to flame, be aglow
flatter to flatter
fléchir to give way
le **fleuve** river
le **flot** torrent
la **foi** faith
la **folie** madness
le **fond** background
    au fond actually
    au fond de in the depths of; at the rear of
    dans le fond deep down
fondre to melt
    fondre en pleurs to burst into tears (*lit.*)
la **force** strength
    à force de by dint of
    de toutes ses forces with all one's strength
la **formation** education
formuler une hypothèse to make a hypothesis
fort loud, hard; very
le **fou rire** giggle
fouiller to search, rummage
la **foule** crowd, mob
fournir to supply
le **foyer** source, focus
la **fraîcheur** coolness
les **frais** (*m. pl.*) expenses
la **fraise** strawberry
francophone French-speaking
frappant striking
frappé embossed
frapper (à la porte) to knock (at the door)
se **frayer un chemin** to force one's way
frémir to quiver (*of the voice*)
frémissant quivering

frileux chilly
le **frisson** shudder
froidement coldly
le **frôlement** rustling
frotté de shining with
fuir to flee
funeste sinister
fur
   au fur et à mesure que as
le **fusil** gun
fustiger to denounce, criticize
futé crafty

G

le **gâchis** mess
  gagner to reach (*a place*)
  gaillard bouncy
le **gaillard** guy
la **galette** pancake, flat cake
le **gamin** kid, youngster
la **gamme** scale (*music*)
  ganté gloved
le **garçon de courses** errand boy
la **garde** care
se **garder de** to be careful not to
  garnir to pack
le **gars** boy, guy, fellow
se **gâter** to get spoiled
se **gausser de** to mock
  gelé frozen
  gêner to embarrass
    se **gêner** to be embarrassed
le **général** general topics
le **génie** engineering
  genou
    à ses genoux on his knees
le **genre** kind
    le **genre grosse tête** the genius type
la **geôle** jail
le **geste** gesture, wave
la **gifle** slap
  gigoter to gyrate
se **glisser** to slip, glide
  gonfler to swell
le **goudron** tar
la **gourmandise** gluttony
  goût
    (re)prendre goût à qq'ch to take a (renewed) liking to something
la **grâce** pardon
les **grains** (*m. pl.*) grain
la **Grande École** elite university
  grandir to make bigger
le **gré**
    au gré de drifting along with
le **grenier** attic
la **grille** bar (*of metal*)
  grimper to climb
  grisé intoxicated
  grogner to growl, grumble
  grognon grumbling, grumpy
  grouillant teeming
  guère
    ne... guère hardly
la **guérison** cure
le **guerrier** warrior
  guetter to watch intently, lie in wait for
les **guillemets** (*m. pl.*) quotation marks

H

(* indicates aspirate *h*)

  habilement skillfully
l'**habilité** (*f.*) cleverness
*****hagard** distraught
*****haleter** to pant
le *****hall** lobby
  halluciné suffering from hallucinations
la *****hantise** obsessive fear
*****harassé** exhausted
  harmonieusement harmoniously
*****hasard**
    au hasard at random
la *****hâte** haste
*****hâter** to quicken
    se **hâter** to rush
*****hausser les épaules** to shrug one's shoulders
*****haut** upward
    le **haut** upper part
la *****hauteur** height
    à la hauteur de near
l'**herbe** (*f.*) grass
*****hérissé de** covered with, fraught with

hériter de to inherit
l'**heure** (*f.*) hour
    dans l'heure within the hour
    l'heure de chant singing hour
heureux
    trop heureux de only too happy to
***heurter** to bang against
    se heurter (à) to collide (with)
le ***hibou** owl
l'**homme de loi** (*m.*) legal advisor
honnête fair
la ***honte** shame; *see also* **faire honte**
l'**horloge** (*f.*) (large) clock
***hors d'elle-même** beside herself
l'**hôte** (*m.*) host
l'**hôtesse** (*f.*) stewardess
le ***hublot** (airplane) window
***humer** to sniff
l'**humeur** (*f.*) mood
la ***huppe** crest
***huppé** classy
***hurler** to scream

I

idée
    se faire une idée to get an idea
    il ne nous serait jamais venu à l'idée de it would never have occurred to us to
l'**idiotie** (*f.*) piece of nonsense
l'**idiotisme** (*m.*) idiom
ignorer not to know
immergé immersed
l'**immeuble** (*m.*) apartment house
immobile motionless
s'**immobiliser** to stand still
impénitent confirmed
l'**imperméable** (*m.*) raincoat
importance
    ça n'a plus d'importance it doesn't matter any more
imposant imposing
l'**impôt** (*m.*) tax
impressionner to impress
imprévu unexpected
l'**incapacité** (*f.*) lack of capability
l'**incendie** (*m.*) fire
incongru out of place
l'**inconnu** (*m.*) étranger

inconnu unknown
l'**incrédule** (*m./f.*) nonbeliever
indécis undecided, indecisive
l'**indice** (*m.*) clue
l'**indigène** (*m./f.*) native
indigne unworthy
indiscipliné undisciplined
inédit unpublished
inégal uneven
l'**infâme** (*m./f.*) loathsome creature
ingénu ingenuous, artless, naive
insaisissable elusive
l'**insecte** (*m.*) insect
installer qqun to settle, lodge someone
s'**installer** to settle down
l'**instant** (*m.*) the present moment
intégralement completely
intégrer to make a part of; to get into, be admitted to (*school*)
l'**intensité** (*f.*) intensity
l'**intérêt** (*m.*) interest
intérieur inner
l'**intérieur** (*m.*) living space
l'**interlocuteur** (*m.*) speaker, person one is speaking with
l'**interrogatoire** (*m.*) questioning
intervenir to intervene
intimider to intimidate
l'**intrigue** (*f.*) plot (*of a literary work*)
l'**intrus** (*m.*) intruder
inusité unusual
inversement back, vice versa
irrité irritated, annoyed
l'**ivrogne** (*m.*) drunkard

J

jaune yellow
jeter un coup d'œil sur to glance at
    se jeter à plat ventre to prostrate oneself
joindre to catch up to
la **joue** cheek
jouer
    jouer d'un instrument musical to play an instrument
    jouer l'important to act important
jouir de to enjoy (*to have use of*)

le **jour**
 Il fait jour. It's daylight.
 sous un bon/mauvais jour in a good/bad light
le **joyau** jewel
juger
 au jugé by guesswork
la **jupe** skirt
jurer to swear
jusqu'à even, everything including
jusque-là until then
juste on key
justement precisely

L

lâcher le morceau to let go of a good thing
laisser
 se laisser aller to let oneself go
 se laisser trahir to give oneself away
lancer to call out to
la **lassitude** weariness
le **lavabo** washbasin
les **lavabos** (*m. pl.*) washroom
 là-dessus about that; at that moment
 là-haut up there
 tout là-haut way up there
le **lecteur** reader
léguer to bequeath
le **lendemain même** the very next day
la **lettre anonyme** anonymous letter
levant rising (*sun*)
lever to lift, raise
 Le jour se lève. It's daybreak.
 le lever du soleil sunrise
la **lèvre** lip
la **liaison** link; relationship
libérateur liberating
liberté
 en toute liberté quite freely
lier to tie, bind
le **lieu** place (*lit.*)
 au lieu de instead of
 au lieu de quoi instead of which
 avoir lieu to take place
la **lieue** league (*longer than a mile*)
 être à cent lieues de to be nowhere near doing

ligne
 en première ligne to the front line
le **linge** laundry, linen
livrer to hand over, deliver
la **loi** law
loin far
 loin de far from
 au loin far off
loisir
 à loisir unhurriedly
long
 de tout mon long headlong
 le long de all along
la **longévité** long life
longuement for a long time
lors de at the time of
lorsque when
le **lot** (*cemetery*) plot (*Can.*)
la **loupe** magnifying glass
lourd heavy
lover to roll up, coil
la **lueur** glimmer
luisant gleaming, shining
la **lumière** light
lumineux shining
la **lune** moon
le **lustre** chandelier
la **lutte** struggle
lutter to struggle

M

le **machin** thingamabob
machinalement automatically
la **machine à battre** threshing machine
le **magnétophone** tape recorder
maigre thin
maintes fois many times
le **maître (d'école)** school teacher
la **maîtresse (d'école)** schoolteacher
la **maîtrise** master's degree
mal with difficulty
 mal nourri ill-nourished
la **maladresse** blunder
maladroit awkward
le **malgache** language of Madagascar
malgré moi in spite of myself
le **malheur** misfortune
le **malheureux** wretched man
malin shrewd, clever

le **manège** trick, ploy
  manifester un vif intérêt pour le beau sexe to show a keen interest in the fair sex
  manœuvrer to operate
  manquer to lack
    manquer de to lack something, feel the lack of something
    ne pas manquer de to be sure to
le **maquillage** makeup
se **maquiller** to put on makeup
le **maraîcher** vegetable vendor, truck farmer
la **marche** progress, development, movement (*of a story*); step (*of a staircase*)
    se remettre en marche to start walking again
  marivauder to banter, chatter
  marquer to mark
le **marronnier** chestnut tree
  marteler to hammer
  matériel physical, concrete
la **maternelle** nursery school
la **matinée** morning
la **mécanique** mechanism, gadget
le **mécanisme** device
la **médaille** medal
se **méfier** to be wary, distrustful
la **mélasse** molasses
  mêler à to mix with
  même even; same
    faire de même to do the same, do likewise
  mémoire
    pour mémoire for the record
le **ménage** home life
  mener à to lead to
la **mentalité** way of looking at things
  menteur, menteuse lying, deceitful
  mentir to lie
le **menton** chin
se **méprendre sur** to be mistaken about
  mépriser to scorn
  Merde! Crap! (*vulg.*)
  mériter to deserve
  mesuré measured, careful
la **mesure** measure
    à mesure que as
    en mesure de in a position to
  les mesures (*f. pl.*) measurements
la **métaphore** metaphor
le **métier** line of work
le **mets** dish
  mettre to put
    mettre au courant to inform
    mettre du temps à + *inf.* to take a long time to do something
    mettre en cause to accuse, blame
    mettre en relief to emphasize
    mettre en scène to direct (*a play*)
    se mettre à to begin to
    se mettre en rang to get in line
    se mettre en route to set out
le **miaulement** meowing
le **micro** microphone
le **Midi** Southern France
les **miens** (*m. pl.*) my family
le **milieu** environment
le **milliard** billion
  mine
    faire mine de to pretend to
    see also : **avoir bonne mine**
  ministériel ministry level (*government*)
la **miséricorde** mercy
le **mobile** motive
la **mode** fashion
la **moelle** marrow
    jusqu'aux moelles through and through, to the bone
le **moineau** sparrow
la **moiteur** dampness
le **monceau** heap
  monde
    du beau monde (*Can.*) a handsome person
le **monologue intérieur** interior monologue
  monter to go up; stage
    monter à la tête to go to one's head
la **montre** watch
    la montre de gousset pocket watch
    la montre-bracelet wrist watch
se **moquer de** to make fun of, laugh at
    se moquer pas mal de not to care at all about

    mordu wild (about someone)
    morne gloomy, dismal
le **mot** word, short note
    le mot de reproche harsh word, reproachful word
le **moteur marin** marine engine
le **mot-clé** key word
le **mouchoir** handkerchief
    moue *see* **faire la moue**
    mouillé wet
    mourant dying
le **mouton noir** (*Can.*) black sheep
    mouvant shifting
    mouvementé lively, stormy
la **mue** sloughing (*casting off of old skin*)
    muet mute, silent
    munir de to supply, equip with
le **mur** wall
la **muselière** muzzle
le **musicien** musician
    muter transfer
    myope nearsighted
le **mystère** mystery
    mystifier to dupe

N

    nacré pearly
    nage
        être en nage to be covered with sweat
la **naissance** birth
    naître to be born
        naître de to arise from
la **nappe** tablecloth
    narguer to scoff at
la **narine** nostril
    narquois derisive, sardonic
la **natte** mat
le **naturel**
    avec naturel unselfconsciously
le **navet** turnip
    naviguer to navigate, steer
    ne
        ne... que only
        n'empêche que all the same,...
        n'importe où anywhere
    négliger de to fail to
la **nervosité** nervousness, agitation

le **nez** nose
le **nid** nest
le **nigaud** simpleton
    nocturne nightly
le **nœud** ribbon
    noir dark
        Il fait noir. It's dark. (*of a place*)
        le noir darkness
    noirci blackened
le **nombre**
    être du nombre to be one of them, be (counted) among them
    nombreux numerous, many
    nommer to name
    se nommer to be named
    non plus neither
    non plus que and not
la **note** bill, invoice
    noter to jot down
les **nôtres** (*m. pl.*) our relatives
    nouer to knot
    nourrissant nourishing
    nouveau
        à nouveau a second time
la **nouvelle** short story
    noyer to drown
le **nuage** cloud
    nullement not at all
la **nuque** back of the neck

O

    obliger qqun à to force someone to
    obscur dark
l'**obscurité** (*f.*) darkness
l'**obstination** (*f.*) stubbornness
    obstiné stubborn
    obtenir to get, achieve
l'**odorat** (*m.*) sense of smell
l'**œuvre** (*f.*) work, works
    oiseux idle, pointless
l'**ombre** (*f.*) shadow
    omettre de to fail to
l'**onde** (*f.*) wave
    ondoyer to ripple
    onduler to move in waves
l'**onomatopée** (*f.*) onomatopoeia, imitative noise
    opulent ample
l'**or** (*m.*) gold, gilt

l'**orage** (*m.*) storm
ordre
  avoir de l'ordre to be tidy
l'**oreiller** (*m.*) pillow
s'**organiser** to get organized
l'**orge** (*f.*) barley
l'**orgueil** (*m.*) pride
  originaire native
  orné de adorned with
l'**orthographe** (*f.*) spelling
  oser to dare
l'**ouate** (*f.*) (absorbent) cotton
l'**ouïe** (*f.*) hearing
l'**ourlet** (*m.*) hem
  outre besides
l'**ouvrage** (*m.*) book, literary work

P

la **page**
  à la page up to date
  paisible peaceful
la **paix** peace
le **paletot** woolen jacket for men
la **palette** palette
  pâlir to grow pale
le **panier** basket
  Pâques Easter
  par
    par dessus on top of
    par économie for reasons of economy
    par là by that
    par rapport à in comparison with
  paraître to appear; be published
  parbleu to be sure
  parcourir to scan; to travel; to pass through
  pareil à similar to
la **parente** female relative
la **paresse** laziness
  parier to bet
  parler to speak
    parler de choses et d'autres to talk about this and that
    parler horaire to talk about schedules
le **parquet** floor
  part

  faire part à qqun de qqch to inform someone about something
  partager to share
  partie
    faire partie de to belong to
  partir au loin to leave for distant places
la **parution** publication
  par-ci par-là here and there
le **pas** step
  Pas de sentiment! Don't get sentimental!
le **passant** passer-by
  passer to pass; vent
    passer au laminoir to put through the mill
    passer le bac to take one's high-school exams (*France*)
    passer sur to get onto the subject of
    faire passer son amour avant sa dignité to put his love before his dignity
  se passer to happen
le **passereau** sparrow
le **pavé** pavement
  payer
    être payé pour le savoir to have learned something the hard way
le **paysage** landscape
la **peau** leather
  pédant pedantic
le **peigne** comb
  peindre to paint; depict
la **peine** difficulty
    se donner la peine de to bother to
  peint *past participle of* **peindre**
la **peinture** paint, painting
se **pencher** to lean over
la **pendaison** hanging
  pendre to hang
  pénible difficult, upsetting
  penser à to think of
la **pension** boarding school
  perçant piercing
  percer to break through
  percevoir to sense
  perdre de vue to lose sight of
  perfectionné advanced, sophisticated

la **péripétie** event, incident
permettre
    Vous permettez? May I?
le **permis** permit
la **perruque** wig
la **personnification** personification
la **perte** undoing
perturber to disturb
peser le pour et le contre to weigh the pros and cons
pessimiste pessimistic
petit à petit little by little
le **petit four** a French pastry
se **peupler** to fill up with people
la **peur** fear
phosphorescent shining in the dark
piaffer to fidget impatiently
le **piège** trap
la **pierre d'achoppement** stumbling block
piétiner to trample
pimpant classy, snazzy
le **pinceau** paintbrush
se **pincer** to pinch oneself
piquer l'intérêt de to kindle the interest of
le **pistolet** pistol
le **placard** cupboard
la **place** seat
plaindre to pity
    être à plaindre to be pitiful, pitiable
    se plaindre de to complain about
plaire à qq'un to appeal to someone, to be liked by someone
le **plan** street map
le **plastron** shirt front
le **plat** dish, prepared food
le **plateau** platter
platement flatly
la **plénitude** fullness
pleurer son saoul to cry one's heart out
pleurnicher to whine
le **pli** envelope
pliant folding
plier to bend, yield
plonger to thrust
    plongé dans immersed in

se plonger dans to dive, get deeper into
la **pluie** rain
la **plume**
    y laisser des plumes to take a loss
la **plupart des** most of
plus more
    de plus en plus more and more
    plus de no more
    plus personne no more people
    plus rien nothing else
    une fois de plus once again
la **pluviométrie** rainfall (*scientific term*)
la **poche** pocket
le **point**
    au point où elle en est considering the situation she's in
    ne... point not
la **pointe** touch, bit
la **pointe des pieds** tiptoe
le **poireau** leek
le **poisson rouge** goldfish
la **poitrine** chest
poli polite
le **porche** portico
les **propos** (*m. pl.*) comments
la **porte cochère** carriage entrance
porter to carry
    porter un jugement sur to pass judgment on
    se porter bien/mal to be well or ill
    Il ne s'en porte pas plus mal. He's none the worse off for it. It didn't do him any harm.
le **porte-savon** soapdish
le **porte-serviettes** towel rack
le **portraitiste** portrait painter
poser to place, to put down; to state
    poser la couleur to put down, apply the color
    poser une question to ask a question
le **poste de télévision** TV set
se **poster** to take up a position
le **pot** jar
le **potage** soup
le **poteau** post, pole
le **pouce** thumb

le **poudrier** compact (for face powder)
poursuivre en justice to prosecute
pourtant however
la **pousse** sprouting
pousser to push
  se pousser du coude to nudge each other
  pousser l'amabilité jusqu'à to be so kind as to
  pousser un cri to utter a cry
la **poussière** dust
pouvoir
  n'en plus pouvoir not to be able to take it any more
  se peut-il que is it possible that
la **prairie** prairie
précipitamment hastily
la **précipitation** haste, rush
se **précipiter** to rush
préciser to give in detail
les **précisions** (*f. pl.*) details, points of information
précoce precocious
le **précurseur** forerunner
la **prédilection** preference
la **préfiguration** foreshadowing
prendre to take hold of (*of a feeling*)
  prendre de l'air to get some air
  prendre en grippe to take a dislike to
  prendre sa retraite to retire
  prendre ses dispositions to make one's arrangements
  se laisser prendre to let oneself be taken in
  se prendre pour to take oneself for
le **prénom** given name
presque almost
pressé rushed
presser to urge
la **pression** squeeze
prêt à ready to
  prêt(e) à tout ready for anything
la **preuve** proof
prévenant attentive
prévenir to warn, notify
prévoir to foresee, make provision for
prier to beg, request
  prier qqun de faire quch to ask someone to do something

sans se faire prier without having to be coaxed
pris caught
  pris de vertige suddenly dizzy
  pris de fureur in a sudden rage
priver to deprive
le **prix** price, worth, value; prize
le **procédé** device
proche close
procurer to supply, furnish
prodiguer to lavish
se **produire** to occur
proférer to utter
le **profit** advantage, benefit
  au profit de qqun for someone's benefit
  tirer profit de qqch to make money from something
  profiter de quelque chose to take advantage of something
la **profondeur** depth
propre clean
  (re)mettre au propre to wash (again)
proprement
  à proprement parler strictly speaking
la **propreté** cleanliness
provenir de to result from
la **provision** retainer
pudique modest
puiser to draw from, get
puissant powerful
pulluler to swarm
punir to punish
le **pupitre** school desk
purger to give a purge to

Q

le **quai** river bank
le **quarante-cinq tours** 45 rpm record
quelque part somewhere
se **quereller pour des riens** to argue over nothing, over trifles
quérir to look for (*lit.*)
question de it is/was a question of
la **quête** begging, seeking
la **queue** tail
quitter to take off (*clothing*)
quotidien daily, everyday

R

raccompagner to see someone to the door, to take someone home
la **racine** root
raconter to relate, tell, narrate
se **raconter** to talk about oneself
la **raillerie** mockery, sarcasm
la **raison**
   en raison inverse in inverse proportion
raisonnable reasonable
ramasser to pick up
ramener to bring (someone) back
la **rampe** footlights
la **rancune** grudge
le **rang** row
ranger to organize
   se **ranger** to settle down
rappeler to remind (of)
rapporter to report
les **rapports** (*m. pl.*) relations
le **rapprochement** closeness
raser to share, cut off
rassembler to summon up, gather together
ras
   au ras du sol right next to the ground
rater to miss
se **rattacher à** to be related to, associated with (*of phenomena*)
ravissant delightful
raviver to revive
le **réacteur** jet engine
réagir to react
rebelle rebellious
reboire to drink again
le **rebord** ledge
reboutonner to rebutton
recevoir to have someone over
réchauffer to warm up
la **recherche** search
   à la recherche de in search of
   à ma recherche looking for me
le **récit** story
la **récolte** harvest
récompenser qqun to reward someone
reconduire to take back, go back with someone

la **reconnaissance** gratitude
le **recours** recourse
   avoir recours à to resort to
rectifier to correct
le **recueil** collection
recueillir to gather up
se **recueillir** to collect oneself
la **rédaction** composition
redescendre to go back down
rédiger to write
la **redingote** long coat
redoubler to increase
redouter to dread
réenfiler to put on again (*clothing*)
rééternuer to sneeze again
refermer to close again
réfléchi thoughtful, reflective
le **reflet** reflection
refluer to ebb
refouler to repress
regagner to go back to
le **regard** look
regarder qqun de haut en bas to look someone over from head to toe
regarder to concern
le **régime des pluies** rainfall
la **règle** rule
   dans les règles according to the rule book
régler to settle
le **règne** kingdom
regretter qqun to miss someone
régulier steady
réjoui cheerful
se **relâcher** to relax (*muscles*)
relâcher un muscle to relax a muscle
la **relation** acquaintance
relever to take down, note down
se **relever** to get up again
remercier to thank
remettre to hand over
   remettre qqun à sa place to put someone in his/her place
la **remise** shed
remonter to go back (*up*) to, be traced to
le **remords** remorse
la **remorque** towing
   à sa remorque after him, following his lead

remplir   to fill
rempocher   to put back into one's pocket
remporter un prix   to get, win a prize
remuant   restless, fidgety
remuer   to stir
la **rencontre**   meeting
le **rendez-vous**   tryst, appointment
se **rendormir**   to fall asleep again
rendre   to depict, render
  rendre + *adj.*   to make someone + *adj.*
  se **rendre à**   to go to
renfrogné   frowning
la **renommée**   fame
renoncer à + *inf.*   to give up doing something
renouveler   to renew
rentré   sunken
la **rentrée**   return
rentrer   to go inside
se **renverser sur son fauteuil**   to tip one's chair back
renverser   to turn upside down
reparaître   to reappear
repartir   to leave again
repasser   to stop by again
repêcher   to get hold of again
repenser   to think again
repérer   to notice, spot, locate
le **répit**   rest
répondre de   to be responsible for
réponse
  pour toute réponse   his only reply was
le **repos**   rest
reposant   restful
repousser   to push away
reprendre   to continue
  reprendre connaissance   to come to, regain consciousness
  reprendre en main   to take control again
  Cela le reprend.   There he goes again.
résolu   solved
la **résolution**   determination
résonner   to resound
respirer   to breathe, sniff
ressembler à   to resemble
ressentir   to feel

se **resserrer**   to tighten
ressortir   to go back out
  faire ressortir   to bring out
les **ressorts** (*m. pl.*)   motivations (*lit.*)
rester   to remain, be left
  il me restait à   what I had left to do was
  il ne reste que   the only one(s) left is (are)
rétabli   recovered (*from illness*)
retenir   to hold back
  se **retenir**   to hold oneself back
retirer   to take out
  se **retirer**   to go off to
le **retour**   return
retourner   to go back, come back; to turn over
  retourner qqun comme un gant   to change someone's mind
  se **retourner**   to turn around
la **retraite**   retreat
retrouver quelqu'un   to meet someone
se **retrouver**   to meet
retrouver   to rediscover
le **rêve**   dream
  faire un rêve   to have a dream
le **réveil**   alarm clock
revenir   to come back
rêver   to dream
le **réverbère**   street light
la **rêverie**   daydreaming
revigorer   to reinvigorate
revivre   to come alive again
la **révolte**   rebellion
le **rez-de-chaussée**   ground floor
le **rideau**   curtain
rien
  pour un rien   for no reason
  en rien   at all
rieur   cheerful
rire de   to laugh at
le **rire**   laughter
la **rizière**   rice paddy
la **rocaille**   rocky ground
rôder   to prowl, lurk
le **rôdeur**   prowler
le **roman**   novel
  le roman policier   detective novel
le **romancier**   novelist

romanesque fictional
ronfler to throb
la **roue** wheel
rougir to blush
roulant rolling
le **roulement** rumbling
rouler to travel along
rouvrir to open again
le **ruisseau** rain gutter; brook
ruminer to chew the cud
le **rythme** rhythm

S

le **sable** sand
le **sabot** hoof
saccadé jerky
saigner to bleed
sain d'esprit of sound mind
saisir to get hold of, grasp
   se saisir de to grab
sale comme un peigne absolutely filthy
le **sanglot** sob
sangloter to sob
la **santé**
   avoir la santé compromise to have put one's health in jeopardy
saoul drunk
satisfaisant satisfactory
sauter to jump; to be skipped
sauvage wild
sauver to save
le **scénariste** scriptwriter
le **scintillement** sparkling
scolaire school (*adj.*)
la **scolarisation** schooling
la **scolarité** schooling
scruter to search, examine
sec, sèche brusque, unemotional; dry
secouer to shake
la **secousse** jolt
sédentaire settled
le **sens** sense, meaning
   dans un sens in one sense
   en sens inverse in the opposite direction
sensible sensitive

le **sentier** path
sentir to feel; to smell of
   sentir le vent to sense how things are going
les **séquelles** (*f. pl.*) aftermath
serein calm, serene
la **sérénité** calm
le **sergent de ville** policeman
sérieux
   Du sérieux! Let's be serious!
serrer to tighten
la **serviette** towel
servir
   servir a + infinitive to serve to, have the purpose of
   servir (de) to be used (as)
   se servir de to use
le **seuil** threshold
sévir to act ruthlessly, be mean
si
   Si on allait prendre qqch? How about having something (to eat or drink)?
   si bien que with the result that
sidéral sidereal, pertaining to stars (*tech.*)
siffloter to whistle (*a tune*)
signaler to point out, report
signer to sign
signifier to mean, signify
la **silhouette** figure (*shape of a body*)
le **sillage**
   dans le sillage de in the tracks of
simplement
   tout simplement that's all there is to it
le **singe** monkey
singulier peculiar
singulièrement remarkably
la **société** company
soigné (*slang*) huge
soigner to take care of
soins
   les petits soins (*m. pl.*) being waited on
Soit. So be it.
le **sol** ground, soil
la **solitude** loneliness
sombre dingy, dismal; in dark colors
la **sommation** summons
le **sommeil** sleep

le **son** sound
  sonder to probe
  songer à to think of
  sonner to ring
la **sonnerie** doorbell, ringing
  sonore echoing, hollow
la **sonorité** sonority, pleasant sound
le **sort** fate
  sorti de a graduate of
la **sortie** exit
  sortir to take out
    au sortir de l'école when school was over
    sortir de to have just left
    sortir ses griffes to show one's claws
  soucieux worried
  souffler to blow out
le **soufre** sulphur
le **soulagement** relief
le **soulèvement** uprising
  soulever to lift up
le **soulier à lacets** shoe with laces
le **soupçon** suspicion
  soupçonner to suspect
  soupirer to sigh
  souple pliable
  sourire to smile
le **sourire** smile
  sournois sly
  sous-entendu implied, hinted
le **sous-sol** basement
le **sous-titre** subtitle
le **souterrain** underground passage
le **souvenir** memory
  soyeux silky
  sportif sportsmanlike
la **station des fiacres** hansom cab stand
le **statut** statute, status
le **stérilisateur** sterilizer
  stigmatiser to condemn
  stupéfait stunned
  subir to experience, undergo, be affected by
  succulent delicious
la **sueur** sweat
  suffire à to be enough to/for
la **suite** series
    les suites (*f. pl.*) consequences
    à la suite de following
    de suite in a row
    par la suite subsequently
  sujet à given to, subject to
le **sujet** subject
  au sujet de about
le **supplice** torture
  supplier to beg
  supporter to put up with
  supprimer to eliminate
  suraigu shrill
  surcroît
    de surcroît to boot
la **sûreté** self-assurance
  surgelé frozen (*food*)
  surmonter to overcome
  surpris surprised
  sursaut
    en sursaut with a start
  surtout pas anything but that
  surveiller to watch, tail
  survenir to arise, happen
la **survivance** survival
la **sympathie** liking

T

  tabasser to beat up
le **tableau** painting (picture)
le **tablier** smock (*school uniform*)
la **tache** spot, stain
la **tâche** task, job
la **taille** size
le **talent** talent
  tandis que while
  tant
    tant bien que mal as well as can be expected
    tant et plus ever so many
    tant pis who cares?
  tantôt sometimes
  tapageur obtrusive
se **tapir** to hide
  tapoter to pat
  tari dried up
la **tartine** bread and butter
  tasser to pack together, crowd
  tâter to feel, grope, touch
  tâtonner to feel one's way
le **taureau** bull

  prendre le taureau par les cornes to take the bull by the horns
le **teint** coloring
 teinté de tinged with
la **teinte** hue, shade
 tel such
  tel que just as
 tellement so
le **témoignage** testimony
 témoigner to witness
  témoigner de to give proof of, show, demonstrate
 temps
  avoir tout le temps de to have more than enough time to
 tendre to reach out
  tendre l'oreille to prick up one's ears
  tendre un piège à qqun to set a trap for someone
la **tendresse** tenderness
 tendu outstretched
les **ténèbres** (*f. pl.*) darkness (*lit.*)
 tenir to hold
  tenir à ce que (+ *subj.*) to insist that
  tenir compte de qqch to keep something in mind, take something into account
  tenir qqun au courant to keep someone informed
  qu'à cela ne tienne never mind that
  se tenir to behave, conduct oneself
la **tension** pressure
 tenter de to try to
la **tenue** dress, outfit
 terne dull
se **ternir** to get dull
le **terrazzo** (*angl.*) stone floor
la **terre** earth, land
le **testament** will
la **tête** head; face (*facial expression*)
  la tête d'épingle pinhead
  sur un coup de tête on an impulse
  une femme de tête a capable woman
le **tête-à-tête** chat
la **théière** teapot

le **thème** subject
le **tic-tac** tick-tock
 tiède warm
 tiens well now
le **tiers** third
la **tige** stalk
le **timbre** bell, doorbell
 tinter to ring
 tirer to pull; shoot
  tirer sa montre to take out one's watch
  tirer son nom de to get its name from
  se tirer plus haut to pull oneself up higher
le **tiret** dash
le **tire-bouton** button-hook
le **tissu** cloth
le **titre** title
  le titre universitaire university degree
le **toit** rooftop
  sans toit without shelter
 tomber
  laisser/faire tomber to drop
le **ton** tone
la **tortue** turtle
 torturer to torture
 tôt early, early on
 toucher à to border on
le **toucher** touch
 toujours still
le **tour**
  à mon tour in turn
le **tournant** turning point
 tourner to spin; turn
  tourner par to turn into (*a street*)
la **tourterelle** turtle dove
 tout
  à tout moment at every moment
  tout à coup suddenly
  tout à fait just like
  tout à l'heure a little while ago
  tout de même even so
  tout haut aloud
  tout juste just now
  tout le long du chemin the whole way
  tout net outright
 toutefois however

tracer to sketch, draw
traduire en justice to take to court
trahir to reveal
train
   être en train de to be in the process of
le **trait** feature
le **trait d'union** hyphen
se **traiter de tous les noms** to curse oneself
traiter to deal with, handle, treat
traître
   en traître insidiously
la **tranquillité** tranquillity
transpercer d'un regard to give a piercing look to
transpirer to perspire
trapu d'encolure thick at the neck
le **tremblement de terre** earthquake
se **trémousser** to move about
tremper to dip in
la **trêve** respite (*literally* truce)
   trêve de plaisanterie stop your joking, let's stop joking
la **tristesse** sadness
tromper to cheat on
   se **tromper** to be mistaken
trop
   de trop in the way
se **troubler** to get flustered
le **troupeau** herd, flock
trouver to guess
se **trouver de l'appétit** to work up an appetite
le **truand** gangster, crook
tuer to kill
   se **faire tuer** to get oneself killed
la **turbulence** unruliness
turbulent unruly
le **tympan** eardrum

U

l'**unité d'impression** unity of impression
l'**usage** (*m.*) use
   d'usage customary
user to wear out
user de to use

V

vaisselle *see* **faire la vaisselle**
Vas-y! Go ahead!
la **Vierge** Virgin Mary
le **vagabondage spécial** pimping (*old term*)
vague vaguely related
la **vague** wave
vaincre to conquer, defeat
la **vaisselle** set of dishes
valoir to be worth
   mieux vaut it's better
   lui a valu la réputation de won him/her the reputation of
vaquer à ses occupations to tend to one's chores
la **vase** mud, sludge
le **va-et-vient** comings and goings
la **veille** day before
   à la veille de just before
la **veine** good luck
le **velours** velvet
venir
   s'il venait à if he should happen
le **ventre**
   à plat ventre flat on his belly
le **vernis** varnish
le **verre de couleur** colored glass
vers toward
verser to deposit, pay in advance
le **vertige** dizziness
la **veste** jacket
le **vestiaire** cloakroom
le **vestige** vestige, remnant
les **vêtements** (*m. pl.*) clothing
vêtu dressed
vibrant vibrating
vibrer to vibrate
vide empty
le **vide** emptiness
vider to empty
vieux
   Pauvre vieux! Poor guy!
vilain ugly
vindicatif vindictive
la **virtuosité** skill
vis-à-vis de about
le **visage** face
la **vitesse** speed, gear

    vitré made of glass
la **vitrine** store window
    vivant living, alive
les **vivres** (*m. pl.*) provisions
la **voie** track, path, way
le **voile** veil
    voiler to veil
    voir see (cross-reference)
    voir
      y voir see about it
    voisin neighboring
la **voix** voice
le **vol à la tire** pickpocketing
la **volée** flock
    voler to steal
le **voleur** thief
la **volonté** will
le **vouloir** will (*lit.*)
    vouloir
      en vouloir à quelqu'un to bear someone a grudge
      Vous voulez bien? Would you like to?

la **voûte** arch
la **vraisemblance** narrator's credibility
la **vue** sight
    à ma vue when you see me
    à vue de nez as a rough guess

W

le **Winchester à répétition** Winchester repeater rifle
le **wagon** freight car

Y

    yeux
      sous les yeux de in view of
le **yé-yé** rock and roll

Z

le **zébu** hump-backed ox

PERMISSIONS

Guy de Maupassant, "La nuit" from *Apparition et autres contes d'angoisse*, Paris: Flammarion, 1987.

Yves Thériault, "Le vendeur d'étoiles", © Yves Thériault, 1961, from *Le vendeur d'étoiles et d'autres contes*, Montréal: Fides, 1974.

Michèle Rakotoson, "Dadabé" from *Dadabé et autres nouvelles*, Paris: Éditions Karthala, 22–24 Bd Arago, 75013-Paris, 1984.

Yves Thériault, "Le portrait" from Yves Thériault, *L'Île introuvable*, Montréal. Éditions Libre Expression, 1980.

Jean Giraudoux, "D'un cheveu" from *Les contes d'un Matin*, 8ème édition, Paris: © Éditions Gallimard, 1952.

Boileau & Narcejac, "Une femme de tête" from *Manigances*, Paris: © Éditions Denoël, 1971.

Gabrielle Roy, "L'alouette" from *Ces enfants de ma vie*, © Fonds Gabrielle Roy, Montréal: Éditions Stanké, 1977.

Brick Oussaïd, excerpts from *Les coquelicots de l'Oriental*, Paris: Éditions La Découverte, 1984.

Françoise Mallet-Joris, excerpts from *La maison de papier*, Paris: Éditions Bernard Grasset, "Livre de Poche" edition, 1986.

PHOTO CREDITS

Cover art, The Metropolitan Museum of Art, purchased with special contributions and funds given or bequeathed by friends of the Museum.

Pages xxii-xxiii, Courtesy of Holt, Rinehart and Winston, Inc. map collections.

Page 6, The Bettmann Archive, Inc.; **page 8,** The Granger Collection; **page 12,** The Granger Collection; **page 13,** French Cultural Services; **page 29,** Cannapress Photo Service; **page 47,** Frans Lanting; **page 49,** Frederick Ayer/Photo Researchers, Inc.; **page 79,** French Cultural Services; **page 99,** French Government Tourist Office; **Page 102,** Peter Menzel/Stock Boston; **page 123,** CannaPress Photo Service, **page 144,** Andy Bernhaut/Photo Researchers, Inc.; **page 149,** Shelley Rotner/UN Photo; **page 160,** Beryl Goldberg; **page 171,** Beryl Goldberg; **page 189,** Mark Antman/The Image Works.

PERMISSIONS AND PHOTO CREDITS

The publisher and the authors are grateful to the late Mr. Felix Cooper, his family, and business associates who helped prepare the illustrations on **pages xxiv; 10; 24; 43; 63; 81; 84; 97; 124; 136; 137; 143.**